Een Wereld te Winnen

Eerder verscheen van Teun Toebes en Jonathan de Jong:

VerpleegThuis. Wat ik leer van mijn huisgenoten met dementie (2021, herziene editie 2023)

Teun Toebes en Jonathan de Jong

Een Wereld te
WINNEN

Mijn internationale zoektocht naar
een andere kijk op dementie

Uitgeverij De Arbeiderspers
Amsterdam · Antwerpen

MIX
Papier | Ondersteunt verantwoord bosbeheer
FSC® C004472

Omslagontwerp: Jan van Zomeren
Omslagfoto: Jasper Doest
Portret auteurs: Martin Dijkstra
Foto's beeldkatern: Jonathan de Jong, stills uit de documentaire *Human Forever*
Typografie: Perfect Service

ISBN 978 90 295 4788 8 / NUR 320

teuntoebes.nl
arbeiderspers.nl

‘Het allerbelangrijkste is om ervan uit te gaan dat mensen met dementie tot het einde van hun leven voelende wezens zijn, met een rijk en innerlijk bestaan.’

– Carla Molenberghs

Inhoud

Voorwoord

Mijn naam is Teun. Ik ben vierentwintig, kerngezond, en ik woon op de gesloten afdeling van een verpleeghuis.

Waarom?

Ik ben vierentwintig, maar niet heel mijn leven...

Nu wordt er nog geluisterd naar wat ik wil,
wat ik voel en wat ik vind.
Nu ben ik nog vrij om te zijn wie ik ben en te gaan en
staan waar ik wil, maar de kans dat dit in de toekomst
niet meer het geval zal zijn is één op vijf.

Daarom ga ik nu op zoek naar antwoorden voor later.

Nu ik al jaren in een verpleeghuis woon, heb ik kunnen ervaren hoe het 'normale' leven voor mijn huisgenoten geleidelijk door de kieren van de gesloten deur wegsijpelt. Ze beginnen de leegte steeds meer te voelen en blijven zitten met een gevoel van eenzaamheid en uitsluiting. Elke dag ervaar ik hun verdriet dat ze 'er niet meer toe doen' zwaarder wegen. Hoe goed we de gezondheidszorg in Nederland ook geregeld hebben en hoe bevoorrecht we ook zijn dat we hier geboren zijn, ik kan me niet voorstellen dat we dit leven voor mensen met dementie voor ogen hadden toen we deze vorm van institutionele zorg creëerden. Hoe zijn we hierop uitgekomen, en belangrijker nog, hoe kunnen we het veranderen?

Om die grote vraag te beantwoorden, besloot ik drie jaar geleden om samen met mijn goede vriend en filmmaker Jonathan de Jong de wereld rond te reizen en in andere landen op onderzoek uit te gaan. Hoe gaan ze daar om met dementie? Hoe bieden ze zorg aan mensen die ermee moeten leven? Waarom doen ze het op die specifieke manier? Welke nieuwe ontwikkelingen of inzichten zijn er bij hen? En vooral: wat kunnen we van elkaar leren om de toekomst humaner in te richten voor alle mensen met een vorm van dementie en hun naasten? Want gezien de verdubbeling van het aantal mensen met dementie in de komende twintig jaar (in 2040 zijn het er 81 miljoen wereldwijd) is zo'n zoektocht echt een noodzaak.

In ons onderzoek kwamen we al snel uit bij iets wat lang geleden internationaal is afgesproken over een goede levensstandaard, namelijk Artikel 25 van Universele Verklaring van de Rechten van de Mens. Dat artikel beschrijft een bestaan dat mijn huisgenoten en ik op dit moment niet in alle opzichten ervaren:

> Eenieder heeft recht op een levensstandaard die hoog genoeg is voor de gezondheid en het welzijn van zichzelf en zijn gezin, waarbij inbegrepen voeding, kleding, huisvesting en geneeskundige verzorging en de noodzakelijke sociale diensten, alsmede het recht op voorziening in geval van werkloosheid, ziekte, invaliditeit, overlijden van de echtgenoot, ouderdom of ander gemis aan bestaansmiddelen, ontstaan ten gevolge van omstandigheden onafhankelijk van zijn wil.

Met dit artikel in gedachten zijn we op zoek gegaan naar de kern van medemenselijkheid en samenleven. We waren benieuwd of we ons internationaal aan onze afspraken houden, want zorgen we nog wel voor elkaar? En hoe ervaren de mensen die zorg nodig hebben dat zelf? Want als er één ding is waar ik achter ben gekomen, dan is het wel dit: hoewel er bij het onderwerp dementie vooral over verlies wordt gesproken, is er nog een wereld te winnen.

Verwachte wereldwijde toename van dementie

Verwachte toename van dementie, wereldwijd 2019-2050

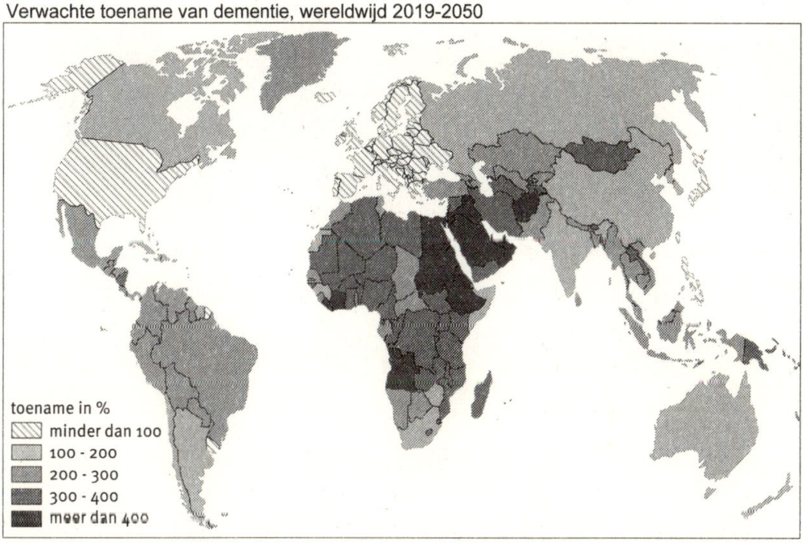

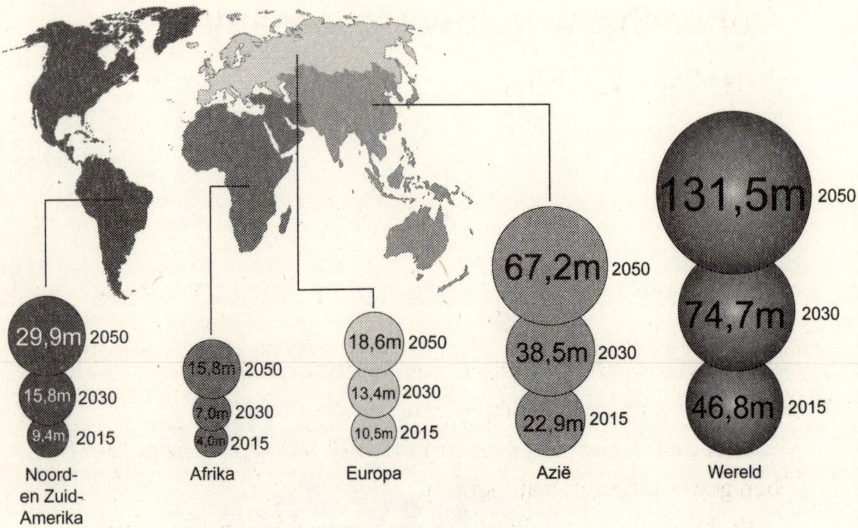
29,9m 2050
15,8m 2030
9,4m 2015
Noord- en Zuid- Amerika
15,8m 2050
7,0m 2030
4,0m 2015
Afrika
18,6m 2050
13,4m 2030
10,5m 2015
Europa
67,2m 2050
38,5m 2030
22,9m 2015
Azië
131,5m 2050
74,7m 2030
46,8m 2015
Wereld

1 Status quo

Het begin van een zoektocht

Utrecht, Nederland

'Vriendje...? Vriendje?' klinkt het gestrest vanaf de gang terwijl ik me aan het aankleden ben.

Snel trek ik een trui over mijn hoofd. 'Ja, Ad, wat is er? Ik ben gewoon hier in mijn kamer.'

Ik hoor de onmiskenbare verbandschoenen van mijn vriend door de gang sloffen, als een bezem over een grindpand. Deze situatie herhaalt zich de laatste tijd zo'n tien keer per dag, want Ad voelt haarfijn aan dat het einde van mijn verblijf nadert.

'Goh, jongen, wat ben ik blij dat ik je zie! Je bent de laatste tijd zoveel van huis. Je gaat toch niet weg hé?' Puffend en kreunend komt hij tegen de deurpost even bij van dit stukje ochtendgymnastiek.

'Nee, Ad, nog niet... Maar zoals je weet blijf ik hier niet voor altijd, en vind ik het steeds moeilijker worden om het vol te houden. Bakkie?'

Ik wil niet liegen tegen Ad, maar dat is allesbehalve gemakkelijk. Constant zoek ik een balans tussen eerlijk zijn en hem niet onnodig veel pijn doen, want ik weet dat hij er onzeker van wordt als dingen in zijn leven veranderen. Het zou moeilijk voor hem zijn als zijn steun en toeverlaat in huis verdwijnt. Zijn dementie maakt mijn afweging extra moeilijk, omdat zijn tijdsbesef minder wordt en hij steeds vaker gebeurtenissen door elkaar begint halen. Laatst liep hij strak in het pak mijn kamer binnen om naar de première van mijn theatervoorstelling te gaan, die een maand eerder al had plaatsgevonden. Ik zal zijn intens verdrietige gezicht nooit vergeten toen het kwartje viel. 'O, is het weer zover?' zei hij, waarop hij zich met hangende schouders omdraaide en op zijn vers gelakte schoenen over de al even glimmende linoleumvloer naar zijn kamer sjokte. Het zijn dat soort momenten die mijn leven hier loodzwaar maken en zorgen dat ik me schuldig begin te voelen als ik er alleen al aan denk wat mijn vertrek met Ad zal doen.

'Maar, eh, fijn dat je niet weggaat, vriendje. Kom je vanavond weer een pilsje pakken op mijn kamer?' zegt Ad gerustgesteld, waarna hij zijn koffie in één teug achterover klokt, net zoals hij graag met zijn bier doet.

'Natuurlijk, Adje, ik zou niets liever willen.' Als hij de deur uit loopt, roep ik hem nog na: 'Is er ook voetbal op tv?'

Vanaf de gang schreeuwt hij op zijn Ads terug: 'Er is altijd voetbal op tv, jochie...'

Met een grijns op mijn gezicht trek ik mijn jas aan, gris mijn laptop van tafel en ren naar mijn fiets om op tijd te zijn voor college. Terwijl ik met het zweet op mijn rug de Oudegracht oversteek, denk ik: ik weet het zeker, ik ga verhuizen!

Sinds de publicatie van mijn boek *VerpleegThuis* in 2021 hangt er een sfeer in huis die aanvoelt als een onuitgesproken familieruzie. De zorgverleners knikken vriendelijk naar me, maar hun lichaamstaal spreekt boekdelen: afstand houden! Niet gek en zeker niet onverwacht, maar ik merk dat het veel met me doet. Nooit eerder voelde ik me zo eenzaam en was ik zo onzeker en bang om de afdeling op te lopen, want overal heb ik het gevoel dat de verstikkende stilte elk moment kan omslaan in een storm. Wat het niet echt makkelijker maakt is dat er om de twee dagen een tv-ploeg of journalist van een krant in de huiskamer staat om 'die schattige jongen' in het verpleeghuis vast te leggen.

Het is dan ook een grote opluchting als een zorgverlener met wie ik in de loop der tijd een vertrouwensband heb opgebouwd vraagt of ik tevreden ben met de impact van het boek. 'Eindelijk! Ik ben zo blij dat je het vraagt, Niels,' zeg ik met overslaande stem.

'Haha, het zat je letterlijk hoog hè?' grapt hij om me op mijn gemak te stellen. 'Ik vind het wel dapper hoor, om zo de vinger op de zere plek te leggen terwijl je hier woont. Natuurlijk vinden ze daar iets van, maar dat waait wel over, joh... Ik weet dat je het niet persoonlijk bedoelt, maar leg dat maar eens uit aan iemand die hier al dertig jaar met de beste bedoelingen werkt en nu ineens een spiegel voorgehouden krijgt.' Hij doet duidelijk zijn best om zijn boodschap zo lief mogelijk over te brengen. 'Het is heel simpel: het is jouw huis, en jij ziet elke dag hoe iedereen hier maar op zijn einde zit te wachten. Dan ben jij het toch aan jezelf verplicht om er iets van te zeggen? Ik zou het heerlijk vinden om niet vanuit een zorgplan te moeten werken, lijsten af te vinken en minder ontlasting te monitoren, zodat ik meer tijd met de mensen heb. Ik sta achter je, wat er ook gebeurt. Dus ga zo door. Ik praat wel op ze in... Hier, een lekker bakkie van die waterige koffie waarover je het had in je boek.'

Als de weken verstrijken en de eerste storm van aandacht wat afneemt, blijft er één gedachte bij me hangen: ik moet duidelijker laten zien dat het ook anders kan. Ik merk aan de vele vragen en reacties dat mensen best willen geloven dat anders kijken ook tot anders doen leidt, zoals ik ze vertel, maar dat ze zich er moeilijk iets bij kunnen voorstellen. Er is een grote behoefte aan meer antwoorden. Op een dag weet ik plotseling wat me te doen staat: handen uit de mouwen en de wereld in.

Met een energie alsof ik zojuist de gloeilamp heb uitgevonden, pak ik een schaaltje met olijven uit de koelkast en been naar Muriëlle om haar mijn briljante idee te vertellen, want als iemand een avontuur kan waarderen, is zij het wel. Samen met Ad, Leny, Tineke en Elly behoort ze tot mijn beste vrienden in het huis. Met Muriëlle kan ik eindeloos praten over de grote onderwerpen, zoals de opwarming van de aarde en politiek, maar ook over kleine huiselijke dingen en onze andere huisgenoten. Roddelen, zeg maar. Als een soort rijdende rechter velt ze in een handomdraai haar oordeel over lawaaierige buurvrouwen, een bazige zuster en opdringerige buurman, waardoor het altijd een feest is om bij haar langs te gaan.

'Muriëlle, ik heb nieuws!' roep ik terwijl ik haar kamer binnenstorm. 'Muri...' Dan zie ik het bleke en ingevallen gezicht van de normaal gesproken zo stralende vrouw uit de Antillen. 'Gaat het niet?' zeg ik een stuk zachter, en ik ga bij haar op de bedrand zitten.

'Nee, Teuntje... Ik mis het leven en de mensen om me heen. Hoewel mijn dochter Rosita hier vaak komt, kan ik het eenzame gevoel van afstand maar niet overbruggen. Als jij er niet bent, zit ik maar wat voor me uit te staren en te dromen over wat is geweest. Dat is toch niet hoe het leven hoort te eindigen?'

Ik krijg het gevoel dat ze afscheid neemt, maar weet nog niet in welke vorm.

'Daarom, lief Teuntje – ik vind het heel moeilijk om het te

zeggen, want ik ga je verschrikkelijk missen – denk ik erover om te verhuizen. Naar een plek in de buurt van Harderwijk, om dichter bij mijn dochter te zijn.'

Hoewel ik opgelucht ben dat het niet het andere afscheid is, waar ik even bang voor was, weet ik niet zo goed wat ik van deze verrassing vind. Ik staar zwijgend voor me uit.

Muriëlle pakt mijn hand. 'Daar zou jij ook eens over na moeten denken... Maar goed, wat wilde je daarnet zo blij vertellen?'

Hoe graag ik ook zou bekennen dat ik er net zoals zij over denk om te verhuizen, ik wil haar moment niet overschaduwen. Tegelijk vraag ik me af of haar verhaal klopt en of het allemaal praktisch uitvoerbaar is, maar ik kies ervoor om te doen wat ik altijd doe: meebewegen en de ander geloven totdat het tegendeel bewezen wordt.

Ik baal wanneer ik merk dat ik in twijfel trek wat mijn huisgenoten zeggen, omdat het op het moment zelf eigenlijk niet uitmaakt of iets waar is, en ik altijd wil uitgaan van het goede. Een valkuil is immers dat je met je 'feitelijke' waarheid de 'emotionele' waarheid kan negeren van wat een persoon met dementie probeert te vertellen, en als ik één ding heb geleerd van mijn huisgenoten, is het dat emotie hier achter de gesloten deur een van de belangrijkste levensaders is. Door de emotie achter het gedrag te lezen kom je erachter wat waar en van waarde is voor degene met wie je contact maakt.

Voordat Muriëlle niet een olijf maar het pure teentje knoflook in haar mond stopt, vraagt ze: 'Nou? Komt er nog wat van, jongeman? Wat was er zo dringend?'

'Ik kwam vertellen dat ik de wereld over wil reizen om te onderzoeken hoe er in andere landen wordt omgegaan met dementie, hoe mensen er leven en wat wij daarvan kunnen leren. Cool, toch?'

Bedenkelijk kijkt ze me aan. 'Jij, alleen over de wereld?'

'Nee, waarschijnlijk met de documentairemaker die hier laatst op de koffie was...' Ik ben aan het bluffen omdat ik het plan nog niet met Jonathan zelf besproken heb, maar tegelijk weet ik dat het geen gek idee zou zijn; we hebben een goede klik, omdat we de liefde voor mensen met dementie delen en graag hun wereld willen verbeteren.

Haar zwarte kraalogen glunderen. 'O, je bedoelt die lange jongen met die pet?' Hoewel ze regelmatig de tijd en gebeurtenissen vergeet, heeft de dementie haar aandacht voor mannen niet aangetast.

'Ja, precies die!' antwoord ik.

Met een zelfvoldane blik prikt ze twee olijven op haar prikker. 'Mooi dat jullie dat willen doen. Nuttig ook. Het leven hier kan wel wat jonge energie gebruiken...'

Sinds mijn komst is Muriëlle een kompas voor me geweest. Ze weet altijd de juiste dingen te zeggen en voelt soms zelfs aan wat nog alleen in mijn hoofd speelt. Echt ongelooflijk. Het zijn dit soort momenten die ik elke dag koester en die ik aan de buitenwereld wil tonen, want mensen krijgen er zelden iets van mee. Juist door ook zulke ervaringen te delen doe je recht aan een groep die zo veel te vertellen heeft en maar zo weinig gehoord wordt.

Om mijn wilde idee werkelijkheid te maken besluit ik na mijn gesprek met Muriëlle meteen Jonathan te bellen. Die laat er geen gras over groeien: 'Ja, fantastisch! Laten we het binnenkort bespreken en een plan maken. Dit kan bijzonder worden...'

Jonathans belangstelling voor het onderwerp stamt uit zijn studententijd, toen hij als bijbaantje zes jaar lang chauffeur was bij de daginvulling voor mensen met dementie en tussendoor schoonmaakte op de gesloten afdeling. De wereld die hij zag liet ook hem niet los, en in zijn carrière als zelfstandig filmmaker besloot hij om er een docuserie over te maken. Die werd landelijk goed ontvangen en viel zelfs in de prijzen, waarop de manager van de zorgboerderij uit de documentaire me benaderde met het idee ons te koppelen voor een film. Het bleek een *match made in heaven*. Francien, nogmaals bedankt!

Een week later zitten we aan tafel in mijn kamer om onze afspraak te bezegelen. We besluiten een documentaire te maken die onderzoekt hoe we de toekomst voor mensen met dementie kunnen verbeteren. Belangrijk is dat we het met open blik doen en ons niet laten verblinden door het Nederlandse zelfbeeld dat dit het 'beste zorgland ter wereld' zou zijn. Dat is immers niet wat ik de afgelopen jaren heb meegekregen van mijn huisgenoten en hun naasten. Wrang is dat mensen met dementie zelf eigenlijk nooit meetellen bij dat soort beoordelingen, terwijl ze wel te pas en te onpas lachend op websites van verpleeghuizen terechtkomen als een soort uithangbord voor onze superieure zorg.

Het zijn al die beelden van een lang gelukkig leven die zorgen dat veel families het verpleeghuis als een oase van rust beschouwen, een waar niets kan gebeuren en ze hun dierbare met een gerust hart kunnen achterlaten. Daarbij vragen ze zich vaak niet af wat een 'gelukkig leven' precies is en of hun dierbare wel veilig achter slot en grendel *wíl* zitten. Een poster of een website met mensen met blauwe plekken komt op het eerste gezicht wat luguber over, maar het zou wel realistischer zijn. In elk geval worden de zorg en het verpleeghuis dan niet neergezet als een soort kuuroord en werp je de belangrijke vraag op waar een echt leven begint of eindigt, en wie daar verantwoordelijk voor is.

Ik denk echt dat we een eerlijker beeld moeten schetsen

van de zorg in het algemeen, maar vooral die tijdens de laatste levensfase. Ik merk namelijk dat heilige huisjes vooral heilige huisjes zijn voor iedereen behalve mijn huisgenoten. Privacy bestaat niet achter de gesloten deur, je gêne moet je verliezen als je schone billen wil, en de dood komt hier vaker langs dan je lief is. Het is misschien niet het aantrekkelijkste affiche, maar hoe groot is de teleurstelling als je erachter komt dat je vrolijke vijfsterrenresort eigenlijk een treurig vakantiepark zonder glijbanen is waar je nooit meer wegkomt?

Een dierbare naar een nieuw thuis brengen is al loodzwaar, dus laten we vooral afspreken dat we het niet nog erger maken door verwachtingen te wekken die onmogelijk waar te maken zijn. Zorgverleners willen families niet teleurstellen, en andersom willen families niet teleurgesteld worden, maar dat is wel wat in de praktijk vaak gebeurt. We moeten onszelf serieus de vraag stellen of het mogelijk is om aan de wensen en verwachtingen te voldoen van degenen die hier moeten wonen. Misschien dat we dan uiteindelijk op een punt kunnen komen waarop die lachende foto's met recht te gebruiken zijn?

Omdat we allebei van actie houden, staat Jonathan diezelfde week al in onze woonkamer te filmen. Onze zoektocht is officieel begonnen.

Ad vindt het allemaal reuze-interessant en noemt Jonathan vanwege zijn mooie cameraspullen continu 'directeur'. Hij bedoelt '*director*' op zijn Engels, maar door zijn platte Utrechtse accent komt het woord er wat anders uit. 'Hé directeur,' roept hij vanaf zijn vaste stek aan de eetkamertafel, 'komen jullie zo ook even in mijn kamer filmen? Dan kunnen jullie mijn Ministeckcollectie zien.'

Niet veel later staan we in zijn kamer, waar inderdaad een verzameling kartonnen dozen en plastic schilderijtjes rondslingert: tijgers, landschappen en stripfiguren.

'Tjee, wat knap,' zegt Jonathan meteen.

Ad begint te grijnzen. 'Ja, dat is wel even een werkje hoor...' Hij gaat achter zijn bureau zitten en zucht ineens diep.

'Wat is er, Adje?' vraag ik. 'Ben je niet trots?'

Hij mompelt binnensmonds en begint dan te vertellen. 'Nou ja... het mag misschien knap wezen, maar het is puur tijdverdrijf hoor. Buiten is de wereld, hier zit je maar opgesloten, dus je moet wat, hè?'

Verrast door deze plotse wending in het gesprek kijken Jonathan en ik elkaar aan. Misschien dat de Ministeckverzameling een excuus was en Ad ons eigenlijk heeft meegenomen naar zijn kamer omdat hij zijn ongenoegen over zijn leven wil ventileren. 'Voelt dat zo?' vraag ik om hem ruimte te geven voor zijn verhaal.

'Zo zit het toch?' antwoordt hij licht verontwaardigd. 'Ja, dat vind ik jammer. Hier droom je weg. Je kan niet naar buiten toe. Tenminste...' zegt hij met een bedenkelijke blik, en hij maakt aanhalingstekens met zijn vingers.

'Je bedoelt dat je toestemming moet vragen?'

Met een gezicht dat boekdelen spreekt kijkt hij naar de grond, en hij knikt lichtjes. 'Ja, dat is moeilijk soms. Voor de rest is er niks. Als ik dit niet doe, dan...' Hij wijst naar zijn Ministeck. 'Tja, opgeruimd staat netjes, zo voelt het. En dan durven ze te zeggen: "Hij hebt het zo goed daar." Makkelijk, dat is het.'

Nog steeds ontdaan door de woorden van mijn beste vriend in dit huis, kijk ik toe terwijl hij in slaap dommelt voor de televisie in zijn slaapkamer. Er komen reclames voor zonovergoten vakanties op exotische eilanden voorbij, en het contrast met deze plek kan niet groter zijn. Eigenlijk voelt het alsof de hele buitenwereld hier iets van op televisie is; het groen achter de hoge omheining lijkt even ver weg als deze tropische bestemmingen. Allerlei gedachten malen door mijn hoofd. Is het waar wat Ad zegt? Is gemak echt de reden waarom we mensen als collectief opsluiten in huizen waar alleen nog de maaltijd of een zorgverlener een verschil maakt in hun dag? Dat kan toch niet de bedoeling zijn?

Ik schrik op als ik vanuit de keuken achter me een stem hoor: ‘Meneer van Dokkum, meneer van Dokkum.’

Ook Ad schrikt, waarna hij omkijkt en op zijn typische manier reageert: ‘Nounou, ik ben toch niet doof? Is er brand of zo?’ Als hij mij ziet zitten, geeft hij me een knipoog.

‘Grapjas. Ik wist niet of je sliep, maar wil je nog een kopje koffie?’ vraagt de zorgverlener lief.

‘Altijd, met alles erin,’ antwoordt Ad, die weer wat hoger in zijn stoel gaat zitten en de afstandsbediening pakt. ‘Eens kijken wie er vanavond speelt.’

Geïntrigeerd door de uitspraken van Ad besluiten we eerst een paar weken bij mij thuis te filmen en tegelijkertijd ons internationale onderzoek vorm te geven. We doen een beroep op alles wat we weten en iedereen die we kennen op het gebied van dementie om helder te krijgen hoe het avontuur eruit moet zien. Al snel blijkt dat een wereldwijde zoektocht leuk klinkt, maar dat de uitvoering ervan een complexe zaak is. Waar begin je? Welke landen en continenten bezoek je, en waarom? En nog veel belangrijker: hoe kom je er?

In de maanden die volgen spreken we in Nederland met vooraanstaande wetenschappers, zorgorganisaties en andere mensen uit het veld, waardoor we steeds beter gaan begrijpen hoe de zorg in ons land geregeld is en op welke andere plekken we mogelijk iets kunnen leren. Uiteindelijk krijgt ook het ministerie van Volksgezondheid, Welzijn en Sport lucht van onze plannen, en na een aantal gesprekken over het toenemend aantal mensen met dementie en de noodzaak om daar in de toekomst zo goed mogelijk mee om te gaan geeft het ministerie aan dat het onze reis wil ondersteunen en van plan is de eindfilm te integreren in een G20-top over dementie. Door die steun raakt ons onderzoek in een stroomversnelling. De wereld lijkt binnen handbereik, en in korte tijd komen we in contact met een groep overheidsfunctionarissen, wetenschappers en andere mensen uit meer dan vijfendertig landen.

Ik zal er duidelijk over zijn: zelfs een wereldreis kan nooit de volledige waarheid vangen, en dat is ook niet het doel van onze reis. We hopen antwoorden te vinden die bijdragen aan een betere kwaliteit van leven voor mensen met dementie, en welk land op papier de beste gezondheidszorg heeft, is voor ons minder belangrijk. Naar mijn mening moet je zoiets zelf ervaren, want als er één ding is dat ik heb geleerd gedurende mijn leven in een van de beste gezondheidszorgstelsels ter wereld, is het dat je kwaliteit van leven nooit en te nimmer kan kwantificeren of kwalificeren op basis van cijfers. Juist om niet in die valkuil te trappen, bedrijven we geen onderzoeksjournalistiek op basis van harde feiten, maar kijken we vanuit een menselijk perspectief naar ervaringen.

Dus als de telefoon gaat en ik hoor dat we buiten de deur ervaringen mogen gaan opdoen, bel ik meteen naar Jonathan. 'Het is zover! Onze eerste reis gaat beginnen.'

'Wat gaaf! Waar gaan we als eerste heen?' klinkt het al even enthousiast.

'Apeldoorn,' zeg ik heel stoer.

Het blijft even stil. 'Apel... doorn, als in: de Nederlandse Veluwe?'

'Die ja!'

'Top, altijd al naartoe gewild!'

11 De armoede van de welvaart

Het systeem van achttien miljard waar bijna niemand in wil wonen

Apeldoorn, Nederland

Vaak hoor ik van zorgverleners: ‘Teun, bij ons is de zorg zoveel beter. Je moet echt eens op onze locatie kijken.’ Vervolgens kom ik op die plekken en zie ik dat dezelfde zorg in de meeste gevallen in een ander jasje verpakt is. Nieuwe gebouwen, beleefpanelen, hypermoderne verlichting en hippe meubels zijn leuk, maar als er nog steeds versufte bewoners alleen aan tafel zitten die niet de kracht hebben om zich naar de nepbushalte of snoezelkamer te slepen, vraag ik me af hoe we dan precies bepalen wat betere zorg is. Hoe kunnen we trots zijn op spullen als diezelfde spullen en faciliteiten uiteindelijk mensen voor de gek houden of passiever maken? Soms lijkt het alsof we voor mensen met dementie een speeltuin willen creëren en daarbij van alles verzinnen om ‘hen’ maar te vermaken, zodat ze niet doorhebben op wat voor treurige plek ze wonen. We willen zelf ons leven toch ook niet in een veredelde ballenbak doorbrengen? Gelukkig zijn er steeds meer plekken in ons land die zich wel inzetten om een echt thuis te scheppen, maar dat zijn de uitzonderingen op de regel.

Dit beeld werd wederom bevestigd toen ik op bezoek ging

bij een bevriende zorgbestuurder, Margje Mahler, en vroeg of we voor onze documentaire ook bij haar mochten logeren. Direct zei ze: 'Zeker, maar dan laat ik je wel een "standaardplek" zien, want het zou te makkelijk zijn om snel te scoren met een van onze nieuwe kleinschalige locaties. Dat soort voorbeelden zie je tegenwoordig steeds meer voorbijkomen in de media.' Ze keek me aan van: toch?

Wat gaaf, dacht ik, om jezelf en de organisatie zo kwetsbaar op te stellen omdat je wil bijdragen aan de vooruitgang die zo hard nodig is.

'Kleinschalige plekken zijn fantastisch,' vervolgde ze, 'maar de overgrote meerderheid van de mensen in ons land komt terecht in grote verpleeghuizen. Dus als we echt iets willen veranderen, moeten we kijken hoe we van die grootschalige huizen een mooi thuis kunnen maken.' Margje vertelde dat ze al een huis voor ons op het oog had, met de veelbelovende naam Het Zonnehuis. Het stond in Beekbergen, vlak bij Apeldoorn, en was het oudste verpleeghuis van Nederland. 'Het is sinds 1929 een paar keer verbouwd, maar we zijn druk aan het kijken hoe we het weer de toekomst in kunnen loodsen. Als jullie alvast je spullen pakken, zorg ik dat iedereen op de hoogte is en dat jullie binnenkort welkom zijn.'

Iets meer dan een maand later rijd ik in mijn oldtimer door het bosrijke landschap van de Veluwe en zie ik aan het eind van de weg iets opdoemen wat onmiskenbaar een verpleeghuis is. In het felle zonlicht is het contrast tussen het oorspronkelijke gebouw en de modernere bijgebouwen die er in de loop der jaren aan zijn toegevoegd des te duidelijker. Als ik mijn auto op de grote betegelde parkeerplaats zet, wacht Jonathan mij buiten op. Ik zet de motor af en pak mijn plunjezak met kleren vanachter de bijrijdersstoel.

Vol goede moed wandelen we door een schuifdeur richting de receptie, waar we vriendelijk worden onthaald. We lopen samen met een medewerker naar de afdeling, en ironisch genoeg stoppen we onderweg bij het statige portret van Jo Visser, waaronder het cijferkastje hangt dat toegang geeft tot de wereld die zij heeft helpen uitvinden. Jo is een van de grondleggers van het verpleeghuis in het algemeen, en van Het Zonnehuis in het bijzonder. En nu ben ik bijna honderd jaar later op bezoek in haar huis om te zien of dit nog steeds de manier is waarop we de zorg moeten organiseren.

Kort daarop moeten we door weer een gesloten deur, waarachter zich twee bewoners verschanst blijken te hebben voor een ontsnappingspoging. Oei, ook hier gaat het dus zo, denk ik, terwijl ik vriendelijk contact probeer te maken om het leed te verzachten. Als zoiets bij me thuis gebeurt, gaat het altijd door merg en been, niet alleen omdat de mensen zo'n angstige blik in hun ogen hebben, maar ook door wat er gezegd wordt om ze te kalmeren: 'Komt goed hoor, mevrouw Hendriks, U woont niet in Hoenderloo, u woont hier. Uw vader komt zo op bezoek. Nee, u mag straks naar uw kinderen toe. Komt u nou maar gewoon even "lekker" mee naar de huiskamer.' Je hoeft geen raketgeleerde te zijn om te begrijpen dat de bewoners daar meestal niet in trappen en dat het juist olie op het vuur is. In zo'n geval hoor je het geschreeuw diep door de lange gangen nagalmen. Hartverscheurend.

Eigenlijk is het heel simpel: hoe oud of nieuw een locatie is maakt niet uit, dat je opgesloten zit voel je altijd. Tijdens een kort bezoek aan het wereldberoemde grote verpleeghuis Hogeweyk, dat is opgezet als een soort afgeschermd dorp voor mensen met dementie, zag ik precies hetzelfde: mensen achter gesloten deuren die weg wilden. Welke naam je de poort naar de buitenwereld ook geeft en waar je hem ook neerzet, de drang naar vrijheid weet hem altijd te vinden.

Jaarlijks wordt er ruim achttien miljard euro uitgegeven aan de verpleeghuiszorg in Nederland, dat is gemiddeld dus zo'n 1000 euro per Nederlander per jaar. Is dit nou wat een systeem van achttien miljard ons te bieden heeft? Kunnen we echt niet meer geluk creëren met al dat geld?

Als de 'vluchtende' bewoners weer terug naar de woning zijn begeleid en wij ons aan de zorgmedewerkers hebben voorgesteld, ga ik naar mijn kamer aan het einde van de donkere gang met groene linoleumvloer. De chique kasteeldeurprint op mijn deur, waar het personeel zojuist nog over opschepte, voelt na mijn binnenkomst eerder als een commentaar op de gesloten vesting waarin ik beland ben, en het ziekenhuisbed inclusief bedgalg (een stang met triangelvormige beugel waaraan je je kan optrekken) stemt me niet veel vrolijker. Voor de verandering besluit ik de inhoud van mijn plunjezak netjes in de daarvoor aangewezen kastruimte te leggen.

Stel je eens voor dat dit geen logeerpartij is, zoals voor ons, maar de eerste dag nadat je hiernaartoe bent verhuisd. Zinkt de moed je dan niet gelijk in de schoenen? Helemaal als je vaststelt dat het enige lichtpuntje in de kamer de welkomstkaart met zonnebloem op je nachtkastje is. Zoiets heeft toch helemaal niks weg van een warm en liefdevol thuis? Ik durf te wedden dat niemand van de medewerkers zo'n plek voor zichzelf of een geliefde zou willen, maar waarom vinden ze het dan wel oké om er te werken? Dat ga ik vragen, besluit ik, terwijl ik vanaf mijn bed naar de hoge stalen hekken rond de binnentuin zit te staren.

Als ik mezelf heb herpakt, loop ik naar de huiskamer, waar ik word verwelkomd door de Drake van de verpleeghuiswereld, André Rieu. Overal waar ik kom, zie ik die man eindeloos walsen op tv's die nooit uitgezet worden. Wel op de sluimerstand staan de bewoners achter in de huiskamer. Bewegingloos liggen er daar drie met hun hoofd op tafel, waardoor het eerder lijkt op een plaats delict dan een gezellige koffiekamer. Ook dit is eerder regel dan uitzondering in het verpleeghuis. Niet dat ik André daar de schuld van wil geven, maar als je de hele dag aan tafel zit, houdt zelfs *The Second Waltz* je niet meer wakker.

Godzijdank hoor ik achter me een vrouw met stamelende stem vragen: 'Z-zeg, wie ben jij? En wat kom je hier doen?'

Ik draai me om en loop naar de tafel waar twee dames naast elkaar zitten. Van achteren zouden het makkelijk twee zussen kunnen zijn met hun grijze korte kapsel, gebloemde blouse, zwarte broek en instapschoenen. Dit beeld wordt versterkt als ik bij de tafel aankom en zie dat de vrouwen, die ver in de tachtig zijn, niet alleen dezelfde brilkeuze hebben maar ook dezelfde nieuwsgierige blik. Terwijl ik me op een stoel laat zakken, antwoord ik: 'Zal ik me even voorstellen? Mijn naam is Teun, en ik kom hier een weekendje wonen.'

Haar ogen worden groot en beginnen te stralen. 'Is dat zo? Dan ben je de tweede man hier. Piet woont hier ook, en die zit normaal daar achter...'

Mijn enigszins droevige stemming slaat door haar opgewekte houding in één keer om. 'Wat is uw naam?' vraag ik.

Ze kijkt eerst even naar haar buurvrouw en zegt op deftige toon: 'Mijn naam is Gon, en dat is Wil. Maar...hoe oud ben jij eigenlijk?'

Ik kijk de twee dames van ruim boven de tachtig aan, die zich naar voren buigen om mijn antwoord goed te kunnen horen. 'Eenentwintig,' zeg ik.

Eigenlijk reken ik op een 'O, echt?', maar na een korte stilte zegt Gon: 'Tja, dat had ik ook wel gedacht. Wel leuk, wat meer mannen in huis.' Het is de beste reactie die ik me zou kunnen wensen. Leeftijdsgenoten kijken me vaak raar aan als ik vertel dat ik met oudere mensen samenwoon, maar Gon lijkt het heel normaal te vinden.

'Ik heb al een beetje honger. Weten jullie toevallig hoe laat we gaan eten, dames?' zeg ik met een blik op de antieke slingerklok aan de muur.

'Stipt om vijf uur, jongen. En waar je nu zit, mag je straks blijven. Vroeger zat Marie er, maar die is niet meer... Lia zit naast je aan de andere kant, en wij tegenover je, oké?'

Met een knik accepteer ik haar indeling. 'Ja, mevrouw.'

Ze draait haar hoofd naar Wil, die meteen dichterbij komt en haar hand om haar oorschelp legt om beter te kunnen horen. 'Zo, dat hebben wij mooi geregeld, Wil. Piet zal wel jaloers zijn...'

En terwijl de dames samen grinniken over hun tafelaanwinst, zak ik wat onderuit en laat mijn oogleden zakken voor een hazenslaapje, want '*When in Rome, do as the Romans do. Take it away, André...*'

Langzaamaan wordt het geroezemoes sterker, en ik merk dat ik echt even in slaap moet zijn gevallen als ik mijn ogen opendoe en de tafel al gedekt is.

'Lekker dutje gedaan?' vraagt een medewerker die de laatste kopjes op tafel zet.

'Eh, ja... ik denk het wel,' zeg ik ietwat versuft.

'Ik hoop dat je van Hollandse pot houdt, want we eten witte bonen in tomatensaus, met een rundervink en sla.'

Eigenlijk moet ik nog even nadenken of ik dat wel zo'n geslaagde combinatie vind, maar ik zeg vol overtuiging: 'Klinkt lekker zeg! Bij mij thuis eet ik meestal ook een avg'tje (aardappelen, vlees en groenten), dus dat komt goed.'

Op hetzelfde moment verschijnt er een kleine Indische vrouw in een dikke badjas die haar omvang bijna verdubbelt. 'Hallo jongeman, ik had je daarnet al zien zitten maar wilde je niet wakker maken. Ik ben Lia, je buurvrouw aan tafel.' Haar lieve ogen vallen me meteen op, en ook haar vlotte manier van praten.

'Hallo Lia, ik ben Teun. Wat leuk om u te ontmoeten. Kom, ik pak uw stoel even.'

Meteen schiet ze in de lach, en ze wuift mijn poging om op te staan weg. 'Ben je mal. Ik woon dan wel in een verpleeghuis, maar ik kan dit nog prima alleen.' Met haar enigszins cynische gevoel voor humor doet ze me gelijk aan Muriëlle denken. Haar gevoel voor humor zorgt op de afdeling voor veel leven in de brouwerij, maar wordt niet door iedereen gewaardeerd.

Net als bij ons thuis wordt Lia meteen van repliek gediend door onze overbuurvrouwen, die inmiddels ook zijn aangeschoven. 'Je mag wel wat liever zijn voor onze nieuwkomer hoor,' zegt Gon, en ze ontfermt zich moederlijk over me. 'Let maar niet te veel op haar, jongen. Ze vindt het hier niet zo leuk. O, kijk, daar komt het eten! Fijn, precies op tijd.'

Waarop Lia mij aanstoot, knipoogt en zegt: 'Nou, dat wordt echt weer smullen...'

Ik kijk door de glazen ruit en zie twee grote aluminium warmhoudkarren die worden voortgeduwd door medewerkers.

Hoewel ik van tijd tot tijd echt kan genieten van Lia's humor is het onderliggende probleem natuurlijk allesbehalve grappig. Want hoe ongelukkiger Muriëlle zich tijdens haar verblijf in ons verpleeghuis begon te voelen, hoe spottender ze ging reageren op situaties. In het begin ging ze nog weleens in discussie met de zorgverleners als ze het ergens niet mee eens was, maar omdat ze als bewoner niet altijd serieus genomen werd, zag ik haar steeds meer berusten in haar onvrede. Als een oude en moegestreden leeuw bijt ze soms nog venijnig van zich af. 'Het is de enige manier om te laten zien wat ik kan, Teun,' zegt ze dan, als ze merkt dat ik haar doorheb. Ik zou heel blij zijn als Muriëlles verhuizing doorgaat, want een laatste levensfase vol cynisme is bijzonder eenzaam.

De borden worden op tafel gezet, een voor een, en de dampende, drillende bonenmassa komt tot stilstand. 'Eet smakelijk, dames,' zeg ik, terwijl ik er voorzichtig mijn lepel in steek om niet te knoeien. Als ik mijn bord voor de tweede keer heb leeggegeten en ook nog een vlaflip, een flinke bak filterkoffie en een koekje achter de kiezen heb, vraag ik aan Lia: 'Stukje wandelen?'

Ze weet niet hoe snel ze moet opstaan. 'Dat zijn nog eens goede ideeën!'

Terwijl we door de gangen slenteren, vertelt ze over haar flamboyante leven als muzikant en danseres in Amsterdam. 'Ik ben zeer goed geschoold, weet je. Tja, dan is het lastig om op zo'n plek terecht te komen, waar ze je alleen nog naar het weer vragen. Ik mis de verdieping in mijn leven die ik gewend was, dus ik hoop dat wij daar samen een beetje voor kunnen zorgen.'

'Natuurlijk. Graag zelfs. Maar mag ik eerst nog wat meer over uw avonturen in Amsterdam horen?'

Ze pakt mijn hand en knijpt er stevig in. 'Met alle liefde. Maar als je echte vrienden wil worden, moet je me geen u noemen. Dat ik zesennegentig ben wil nog niet zeggen dat ik me ook zo voel.' Waarop ze me een knipoog geeft en doorschuifelt. Ik krijg te horen hoe ze in Paradiso de sterren van de hemel heeft gedanst en in de jaren zestig samen met haar

Hawaïaanse band op pad ging met The Blue Diamonds. Op haar kamer laat ze me trots foto's aan de muur zien, die haar verhalen nog meer tot leven wekken. 'Zie je wel,' zegt ze plagerig. 'Jij denkt dat die oude vrouw maar een beetje aan het opscheppen is, hé?'

Ik trek een punaise uit de muur om een zwart-witfoto te bekijken waarop ze een jaar of twintig moet zijn geweest, en ik plaag haar terug. 'Nou, ik moest anders twee keer kijken of je dit was. Hier lijk je wel een topmodel.'

Het lijkt alsof ze zweeft van geluk. In één vloeiende beweging maakt ze een buiging en gooit haar lokken stijlvol naar achteren, alsof ze weer even op het podium van de Amsterdamse poptempel staat. '*Merci, mon amour...*' Voordat ik haar kan complimenteren met haar optreden, verandert haar blik in die van een jonge activist. 'Dat bedoel ik nou precies. In al die tijd dat ik hier zit, heb ik nog nooit zo fijn kunnen praten en dollen als nu. Dat is toch ongehoord? Waarom ze mij hier überhaupt weggestopt hebben mag God weten.'

Ik kom dichterbij staan. 'Wat denk je zelf?'

Ze laat haar hoofd zakken. 'Geen idee. Ze zeiden toentertijd: het is voor je eigen bestwil. Maar ja, in mijn eigen huis zat ik veel prettiger... Daar had ik vrienden en kennissen bij de hand, hier niemand.'

Ik vind het spannend om op zo'n pijnlijk onderwerp in te gaan, maar ik voel dat de behoefte en de ruimte er zijn. 'En, hoe kijk je dan naar de toekomst? Want over vier jaar ben je al honderd,' zeg ik, terwijl Lia op de rand van het bed gaat zitten.

'Pfff, ik hoop dat ik het niet meer hoef mee te maken. Ik ben hier lang zat geweest. Ik ben toch helemaal niet meer van enig nut.'

Zoekend naar de juiste woorden vraag ik: 'Ja, voel je dat zo?'

‘Dat is toch ook zo...? Wat voor nut heeft het nog dat ik leef?’

Ik probeer iets te verzinnen om Lia op te beuren, maar ik voel in elke vezel van mijn lijf hoe erg ze het meent. Hoe kan het dat zo’n mooi mens, iemand die zoveel te vertellen heeft, haar leven zo ervaart? En hoe verdrietig moet je je voelen als de dood aantrekkelijker lijkt? In een poging om de avond een beetje hoopvoller af te sluiten, zeg ik: ‘Ik ben in elk geval heel blij dat ik je heb leren kennen en hoop dat we nog veel van deze fijne gesprekken mogen hebben.’

Ze zucht diep. ‘Dat hoop ik ook, jongen, dat hoop ik ook... Ga maar lekker slapen. Het is al laat.’

Ik geef haar een knuffel en steek volledig uit het lood geslagen de gang over naar mijn kamer, waar ik op bed plof en begin te huilen. In de eerste acht uur van mijn bezoek heb ik al zo veel verdriet gehoord en gezien dat ik letterlijk overloop. Ik zou Lia het liefst willen meenemen naar Amsterdam om samen te dansen tot de zon opkomt, langs de grachten te lopen terwijl ze haar wilde verhalen vertelt, en heerlijk naar muziek te luisteren alsof er geen morgen is. Alles om te zorgen dat ze het laatste deel van haar leven niet ervaart als last, maar als iets wat recht doet aan wie ze is.

Drie uur later lig ik nog steeds naar mijn systeemplafond te staren, en ik besluit een rondje over de afdeling te doen om mijn gedachten van me af te lopen. Algauw merk ik dat het niet de beste methode is om mezelf op te vrolijken, want wat ik te zien krijg ken ik alleen uit zombiefilms. Dat zeg ik niet om te choqueren of kwaad bloed te zetten, maar puur uit verbijstering over de manier waarop het verpleeghuis na middernacht verandert.

Het lijkt alsof sommige bewoners die overdag apathisch

overkwamen tot leven zijn gewekt maar mij niet kunnen zien. Ik heb Gerard overdag op alle mogelijke plekken zien slapen, maar nu loopt hij bijna dwars door me heen, alsof ik er niet ben. Met wijdopen ogen komt hij tot twee keer toe als een houterige pop op me af, waarna hij letterlijk tegen me aan loopt, even doodstil blijft staan en verder de lange donkere gang in schuifelt.

Ik kijk toe hoe Jannie, die de hele dag in haar rolstoel heeft rondgereden en alleen maar wat kon giechelen, hele zinnen tegen zichzelf zegt in de badkamerspiegel. 'Hoi mam, wat leuk om je weer te zien. Ja, ik ben het. Ik heb papa niet meer gezien, maar als je zo tegen me doet, ga ik bij je weg. Hoor je me?' Ze kijkt zoekend naar haar spiegelbeeld, alsof ze probeert te bepalen wie ze daar ziet. 'Nou... Proost dan maar,' vervolgt ze, waarop ze de plastic medicijnbeker pakt, hem vult met water en hem omhoogsteekt.

Ik kijk gebiologeerd toe terwijl ze ingebeeld hele gesprekken voert, en begrijp steeds beter waarom ze de vrouw in de spiegel verwart met haar moeder. Dementie kan je soms terugbrengen naar vroegere periodes in je leven; de grijze haren en rimpels die ze nu ziet komen niet overeen met haar zelfbeeld, maar doen haar aan haar moeder denken. Het is een bekend gegeven dat dementie het dag-en-nachtritme kan verstoren, maar in deze mate heb ik het nog nooit gezien. Overal lopen mensen door de gangen, en anderen zitten in pikzwarte woonkamers met grote ogen voor zich uit te staren.

Op mij komt het over alsof de meeste bewoners strak staan van de haloperidol, een klassiek antipsychoticum dat nog altijd wordt voorgeschreven in verpleeghuizen en dit soort bijwerkingen kan veroorzaken. Het vermoeden wordt de volgende ochtend bevestigd. Gerard blijkt het middel te hebben gekregen omdat hij boos werd toen alle deuren ineens voor hem op slot zaten. Het personeel vond dat hij niet meer in andermans kamer mocht snuffelen, en hij was hierdoor zo van streek dat zijn 'agressieve' houding als probleemgedrag werd bestempeld en dus mocht worden 'afgevlakt' met haloperidol. Niet alleen zijn nieuwsgierigheid en boosheid verdwenen zo, maar ook zijn vermogen om andere levende wezens te herkennen.

Ik vraag me oprecht af wat erger is, het medicijn of de kwaal. Waarom mag een bewoner geen deuren openen? Wat kan hij voor kwaad aanrichten als daar toch nauwelijks persoonlijke spullen staan, laat staan iets van waarde? Stelen is onmogelijk, want hij kan met zijn buit nergens naartoe. En wat wordt er dan van hem verwacht? Dat hij keurig de hele dag op een stoel blijft zitten totdat het licht uiteindelijk uitgaat? Wat moet je in hemelsnaam doen als je niks meer mag? Dan krijg je toch juist mensen die van ellende de godganse dag met hun hoofd op tafel liggen of boos worden?

De volgende ochtend schuif ik met een licht katerig gevoel aan bij het ontbijt. Gon en Wil zitten duidelijk op me te wachten. 'Kijk, daar hebben we onze man. Lekker geslapen, jongen?' zegt Gon.

Terwijl ik twee kleffe sneetjes brood, een paar cupjes boter en een plak kaas van de schaal pak, antwoord ik: 'Als een baby!' De stoel rechts van me blijft leeg, ook als ik inmiddels mijn halve boterham opheb. 'Weten jullie waar Lia is?'

'O, ja. Die slaapt altijd heel lang uit,' zegt Wil.

Gon vult aan: 'Trouwens, als je koffie wil, die staat achter je,' waarna ze een blik over mijn schouder werpt om duidelijk te maken dat ik best even die kant op mag lopen.

Wat een heerlijk duo, denk ik.

'Ik pak de thermoskan wel even voor nog een warm rondje voor ons.'

De dames kijken elkaar tevreden aan.

Onderweg naar de roestvrijstalen koffietrolley, waar je de hele dag terechtkan voor je cafeïneshot, zie ik de zorgmedewerkers in de huiskamer tegenover ons met zijn allen koffiedrinken, en ik zwaai vriendelijk. Het is een beeld dat voor veel mensen niet gek zal zijn, maar dat sinds ik bewoner van een verpleeghuis ben heel afstandelijk voelt. Koffiedrinken is van oudsher een gezellige bedoening, een moment om even te vragen hoe het met iedereen gaat, maar door het in twee verschillende groepen te doen verdwijnt de huiselijke sfeer. Het komt dan meer over als: zo, die hebben koffie gehad, kunnen wij even relaxen. Waarom komen de medewerkers niet gewoon bij ons zitten? Juist hun verhalen over gebeurtenissen thuis of op het werk zijn heerlijk voor mensen die zelf zo weinig meemaken. En een bijkomend voordeel: je hoeft niet bang te zijn dat er vervolgens roddels de afdeling verlaten. Op welke plek er koffie wordt gedronken klinkt misschien als een onbeduidend detail, maar zulke details kunnen het gevoel van saamhorigheid helpen creëren waar zoveel mensen in deze levensfase naar op zoek zijn. Het mooie is dat dit soort dingen morgen al kunnen veranderen, zonder dat het een cent extra kost.

Als ik de dames van koffie heb voorzien, loop ik naar het zorgpersoneel, want ik ben benieuwd hoe zij hun werkplek ervaren en of ze er hetzelfde gevoel bij hebben als ik. 'Goedemorgen allemaal!' roep ik om zo vrolijk mogelijk te beginnen. De eerste gesprekken verlopen meestal wat onwennig, want ik ben een soort indringer die via de 'baas' is binnengekomen. Mijn vragen worden gelukkig goed ontvangen, en inderdaad blijkt dat niemand hier zelf graag zou willen wonen.

Ik merk echter ook dat er weinig gevraagd wordt waarom dingen zijn zoals ze zijn, of hoe het anders zou kunnen. Als het gesprek op de veranderingen komt die in het verleden zijn doorgevoerd, hoor ik de nodige frustratie, die het duidelijkst wordt verwoord door de EVV'er (Eerst Verantwoordelijke Verzorgende/Verpleegkundige): 'Elke twee of drie jaar komt er weer een zorgbestuurder die het roer wil omgooien, maar het zijn allemaal mooie praatjes. Voordat zo'n verandering op de vloer terechtkomt, is die bestuurder alweer weggepromoveerd, en daardoor blijft alles zoals het was.'

Een harde constatering, maar het helpt me begrijpen waarom er zoveel weerstand is tegen verandering. Niemand gelooft er meer in, dus net als Lia en Muriëlle is het personeel cynisch geworden over verpleeghuizen. En als de hoop op een beter leven in de zorg aan beide kanten vervlogen is, is het toch niet gek dat de bewoners en werknemers alleen maar steeds gefrustreerder raken? Het is vooral de hoop die we moeten zien terug te vinden.

Lia komt voorbij, kijkt even naar André Rieu en zegt: 'Heb je die snotaap weer. Kijk hem eens tekeergaan met zijn viool.' Waarop ze naar de tafel schuifelt en gaat zitten.

Ja, denk ik, dat is het: we hebben weer hoop nodig!

En ik loop richting de woonkamer om mijn nieuwe vriendin te begroeten.

Twee dagen later word ik in het centrum van Beekbergen gebeld door Margje, die benieuwd is hoe het gaat. Als ik haar een beetje heb bijgepraat en vertel dat Lia vanavond bij me komt borrelen, zegt ze: 'Wat leuk, Teun. Als er borrels in mijn verpleeghuis worden gehouden, moet ik daar natuurlijk bij zijn. Dus haal maar een extra fles!' Ik maak een rondje om wat lekkers voor op de plank te halen en sluit mijn uitstapje af met een bezoek aan de wijnwinkel.

Die avond zoek ik Hawaïaanse muziek op Spotify, leg de borrelplank op tafel en steek een kaars aan. Daar loop ik de gang over en klop op de deur van mijn buurvrouw. 'Lia, ik heb alles klaarstaan. Kom je?'

Als ik voorzichtig de deur open, zie ik dat ze net haar lippenstift aan het opdoen is. 'Ik hou mijn pyjama aan, want dan kan ik er straks zo in kruipen, maar een beetje make-up hoort er natuurlijk wel bij op zo'n avond.'

We praten tijdens het borrelen over mijn leven, mijn studie, de liefde, en we lachen samen om haar ondeugende verhalen van vroeger. Ik zeg: 'Het is vanavond alweer mijn laatste avond. Met wat voor gevoel denk je terug aan de dagen dat ik hier was?'

Lia neemt een slok van haar rode wijn en denkt even na. 'Interessant, leuk, maar eigenlijk ook heel intiem, en dat maakt het natuurlijk echt bijzonder. Dus van mij mag je nog wel een paar maanden blijven.'

Ik geef haar een knuffel, en dan zie ik dat Margje in de deuropening staat mee te luisteren. Samen drinken we nog een wijntje, waarna Lia zegt: 'Wat een heerlijke avond, lieve mensen. Dit heb ik gemist. Gaan we hopelijk snel weer doen, maar ik moet echt slapen. *Bonne nuit!*' In haar goudsatijnen pyjama met fluffy sloffen schuifelt ze mijn kamer uit.

'Wat heerlijk dat je dit doet,' zegt Margje. 'Het blijft gek hoe weinig je dit soort dingen nog meemaakt als je eenmaal mijn functie hebt, echt zonde. Dus ik ga vanavond ook niet naar huis en blijf net als jij slapen.' Ze heft haar glas. 'Proost. Op meer van dit soort avonden!'

Als we het hebben over mijn dagen in het huis, is ze onder de indruk van wat ze hoort, helemaal als blijkt dat niemand van het personeel hier wil wonen. 'Dat kan ik best begrijpen, en ik vermoed dat jij na de afgelopen dagen hetzelfde denkt,' zegt ze.

Ik knik.

'Het ziet er hier ook niet mooi uit, het is oud, dat is allemaal waar. Maar als wij hier zelf al niet willen wonen, dan gaat er toch iets gruwelijk mis? Hoe moeten we de mensen dan het gevoel geven dat ze een fijn huis hebben? Juist dat bewustzijn is zo belangrijk, en daarom ben ik heel blij dat je ernaar gevraagd hebt. We moeten ermee beginnen een plek of een thuis te creëren waar we zelf zouden willen wonen, dan zijn we op de goede weg. De bewoners mogen aangeven hoe dat eruit moet zien, en wij als directie moeten uitzoeken hoe we het kunnen faciliteren. Dat is verandering van binnenuit en niet van bovenaf, en dat is wat we nodig hebben. Daarom was jullie bezoek voor ons al goud waard. Het begint met het planten van het zaadje, en dat is gebeurd.'

Ik denk aan wat de zorgverleners op de vloer me hebben verteld. 'Geweldig dat je daar zo voor in bent, maar hoe ga je zorgen dat het zaadje ook groeit? Want als bestuurder ligt daar natuurlijk ook een taak voor jou.'

Met een grijnslachje op haar gezicht zegt ze: 'Heel goed, zo ken ik je. Geen mooie praatjes, maar actie. Ik heb lang meegeschreven aan het landelijk beleid en weet hoe moeilijk het is om dat in de praktijk te implementeren. Daarom ben ik zelf weer de praktijk in gegaan. Ik geloof namelijk dat nieuw beleid alleen kan werken als eerst de cultuur wordt veranderd. Dat is aan mij, de directie, het management daaronder, maar vooral aan de mensen op de vloer zelf. Dus geen nieuwe rage creëren, maar samen de basis veranderen. Dat doe je niet in één dag, maar daar doe ik wel elke dag mijn best voor.'

Ik schenk nog een glas rode wijn in. 'Zo zie ik het ook. Een fijne cultuur komt iedereen ten goede, dus laten we meteen beginnen door dit erin te houden: lekker borrelen in het verpleeghuis en mooie gesprekken hebben. Volgende keer bij mij?'

Margje lacht. 'We hebben een deal!'

III Europa's vallende ster

Zorg in het armste land van Europa

Moldavië

Al snel nadat de landing is ingezet, zie ik door het raampje immense flatgebouwen uit het Sovjettijdperk opdoemen, te midden van grote plaggen groen. Met elke meter die we dalen, wordt duidelijker dat we op het punt staan een compleet andere wereld te betreden. Die gedachte wordt nog versterkt als de mensen in het vliegtuig massaal beginnen te klappen na het landen, wat duidelijk overbrengt dat vliegen hier geen alledaagse bezigheid is.

Vrolijk en onbevangen loop ik met mijn kleurrijke outfit en grote vintage zonnebril het vliegveld van Chişinău op. 'Man, wat heb ik zin in deze reis!' roep ik naar Jonathan, die bezig is om zijn cameratassen onopvallend te herorganiseren. Tijdens de vlucht heeft hij al geprobeerd om zijn geheugenkaarten en harde schijven zo veel mogelijk over zijn bagage te verspreiden, want we zijn gewaarschuwd dat men diep achter het 'oude IJzeren Gordijn' niet dol is op pottenkijkers.

Terwijl we in verschillende rijen richting de douane lopen, stel ik vast dat we de enige buitenlanders zijn. En... ik ben niet de enige die dat ziet. 'Ja, jij. Kom mee!' zegt een politieman, die met een armgebaar duidelijk maakt welke kant ik op moet. Als ik even omkijk, zie ik dat ook Jonathan door drie agenten uit de rij wordt gepakt, boven wie hij een flink stuk uittorent. Hij trekt een gezicht van: daar gaan we. Gelukkig kan hij naast films maken ook aardig acteren, want tijdens het vragenvuur dat volgt hoor ik hem de mooiste verhalen ophangen over al die tassen met cameraspullen. Hij probeert het legertje politieagenten er zelfs van te overtuigen dat de camera heus niet zo groot is als hij lijkt.

Het woord 'dementie' zegt de dienders duidelijk niets, dus hoe langer Jonathan over dat onderwerp doorgaat, hoe roder de gezichten van de normaal zo bleke Moldaviërs worden. Net als hun geduld opraakt en ze ons willen meenemen naar een verhoorkamer, trekt Jonathan een brief tevoorschijn en roept: 'Kijk, een brief van onze regering!' Voltreffer! 'Regering' is duidelijk het toverwoord om deze verhitte situatie te doen afkoelen. Hierop worden de agenten een stuk relaxter, en even later helpen ze Jonathan zelfs met het tillen van zijn spullen.

Met een triomfantelijke grijns draait hij zich naar me toe. 'Zie je, Teun, het komt altijd goed.'

Als we door de douane zijn, zien we het opgeluchte gezicht van onze fixer, die al gewaarschuwd had voor een ruwe landing. Marcella is in de aanloop naar deze reis van onschatbare waarde geweest. Hoewel ze het hoofd is van een grote school, en moeder van drie kinderen, stond ze dag en nacht klaar om ons door de verwarrende Moldavische papiermolen te loodsen bij het maken van onze afspraken.

Als de schuifdeuren van de aankomsthal opengaan, heb ik het gevoel dat ik veertig jaar terug in de tijd stap. In de verte zie ik vervallen gebouwen in felle kleuren en enorme propagandaborden vol Russische symbolen. Al snel verplaatst mijn aandacht zich naar al de reusachtige mannen met nog grotere leren jassen die buiten staan te wachten en ons vanonder hun bontmutsen met argwanende blikken gadeslaan.

'Kijk,' roept Marcella, 'daar heb je Pjotr. Hij zal jullie chauffeur zijn.'

Alweer zo'n beer van een vent komt op ons afgelopen. Hij heeft een gehavend gezicht vol littekens, die onzichtbaar lijken te worden als hij ons aankijkt met een van de liefste glimlachen die ik ooit heb gezien. Met zijn kolenschop geeft hij ons een zachte handdruk, en hij zegt in zijn beste Engels: 'Dag jongens, we zijn zo blij dat jullie er zijn. Kom, laat me jullie naar het hotel brengen. Jullie zullen wel moe zijn van de reis.'

Als Pjotr de koffers in de achterbak heeft gelegd en we in zijn met dieselrook besmeurde Mercedes stappen, kijk ik even naar Jonathan, die net als ik helemaal hyper is van wat ons net is overkomen. Terwijl we beginnen te rijden, zegt hij: 'Ik voel het aan alles, dit wordt zo bijzonder hier. Ik weet het zeker.' Van voren klinkt de stem van Pjotr: 'Kijk, dat is de poort van Chişinău, ook wel de poort van de hel genoemd.' Hij kijkt over zijn schouder en glimlacht. 'Welkom in Moldavië.'

De Republiek Moldavië ligt in Oost-Europa en grenst in het westen aan Roemenië en in het noorden, oosten en zuiden aan Oekraïne. Het land hoorde tot 1991 bij de Sovjet-Unie, en de sporen van die periode zijn nog duidelijk aanwezig in het straatbeeld. Overal zie je grote grijze flats uit de tijd van Chroesjtsjov, toen vierkante meters belangrijker werden gevonden dan architectonische vormgeving. Zodra je echter wat verder het centrum van Chişinău in rijdt, stuit je op imposante gebouwen in de stijl van het brutalisme, en je hoeft er geen twee keer over na te denken waaraan die stijl zijn naam te danken heeft. De massieve betonnen kolossen komen met hun geometrische vormen eerder over als monumenten uit de toekomst dan uit het verleden.

Hoewel deze indrukwekkende bouwwerken wellicht anders doen vermoeden, is Moldavië veruit het armste land van Europa, en er is door de overheid niets geregeld op het gebied van dementiezorg. Juist om die reden wilden we hier zo graag naartoe. In ons eigen land wordt meer geld vaak gezien als dé sleutel tot betere zorg, maar is dat ook zo? En zien ze dat hier hetzelfde?

Pjotr slaat links en rechts af door de smaller wordende straatjes, op een steeds trager tempo, totdat wij bij een grote weg uitkomen waaraan een vergeeld kasteelachtig hotel staat dat zo uit een film van Wes Anderson afkomstig lijkt. Met zijn strakke lijnenspel van glas en beton moet het absoluut een pronkstuk zijn geweest in de hoogtijdagen van de Sovjet-Unie – met de nadruk op 'geweest'. In grote rode letters staat op de gevel een naam die je in dit deel van de wereld niet meteen zou verwachten: MANHATTAN. In welke staat het ooit prachtige viersterrenhotel tegenwoordig verkeert, wordt wel duidelijk als we bij de ingang omhoogkijken en de vierde ster los aan de gevel zien bungelen.

'Vallende sterren brengen geluk,' zeg ik terwijl we door de grote glazen deur lopen, en we tikken zachtjes op de bel van de receptie.

Als we de volgende ochtend om halfvijf op Pjotrs autoraampje kloppen, zien we dat hij zijn stoel naar achteren heeft gedraaid en heerlijk ligt te snurken. Ik hoop dat ik ernaast zit, maar ik heb de indruk dat hij de hele nacht in de auto heeft geslapen om niet te laat te komen voor onze afspraak. Zijn oude diesel heeft hoorbare opstartproblemen en produceert een zwarte rookpluim, maar uiteindelijk haalt Pjotr opgelucht adem en zegt met zijn karakteristieke glimlach: 'Ik hou van Duitse auto's, die gaan nooit stuk.'

Tien minuten later halen we Marcella op bij haar huis, waarna we een flink eind de stad uit rijden. Ze vertelt dat onze eerste locatie, een psychiatrisch ziekenhuis, meteen de spannendste van de hele reis is omdat ze gisteravond laat van de autoriteiten te horen heeft gekregen dat we misschien niet meer welkom zijn. Ze had al in eerdere gesprekken verteld dat het inlichtingenorgaan van de overheid nog altijd op volle toeren draait en bijna niks ontgaat, dus laat staan als er buitenlanders een kijkje in hun keuken komen nemen. In Moldavië bestaan er namelijk geen speciale regelingen voor mensen met dementie, waardoor iedereen die onbegrepen gedrag vertoont en 24/7 zorg nodig heeft in een psychiatrisch ziekenhuis terechtkomt. Ik ben megabenieuwd hoe dat in de praktijk uitpakt, want ik begrijp nooit goed waarom we mensen met dementie allemaal sorteren en bij elkaar laten wonen op basis van hun ziekte. Het gaat om een groep die minder snel geprikkeld wordt dan anderen, en als ze allemaal bij elkaar zitten, wordt dat alleen maar versterkt. Tel daarbij op dat ze zich in de prikkelvrije omgeving van een verpleeghuis bevinden, en het slaapfeestje is compleet.

Plotseling trapt Pjotr op de rem, zodat we door elkaar worden geschud op de achterbank. Er blijken enorme gaten in het wegdek te zitten, waar hij omheen moet sturen. We rijden door een oude poort, waarop in vervaagde letters nog net het woord PSYCHIATRIE te lezen is, en de slechte weg kronkelt verder door een dicht bos dat aanvoelt als een onheilspellend voorteken. Dat gevoel wordt nog sterker als we uiteindelijk een parkeerplaats bereiken en worden opgewacht door twee mannen in lange witte jassen.

Marcella stapt uit de auto om ze te woord te staan, en

algauw is er een discussie gaande die wij, ondanks het ontbreken van enige Roemeense taalvaardigheid, door de handgebaren redelijk kunnen volgen. Na een halfuurtje praten, een gang van zaken die ons na het vliegveld niet geheel vreemd meer is, komt Marcella terug naar de auto met goed en slecht nieuws. Het slechte nieuws is dat we het nieuwere gebouw op het terrein niet mogen bezoeken. Gisteravond heeft een regeringsfunctionaris namelijk de directeur gebeld, de grootste man met witte jas, en heel duidelijk gemaakt dat hij op staande voet ontslagen wordt als hij dat toelaat.

Op dat moment gebaart dezelfde man dat we hem moeten volgen.

'En wat is het goede nieuws?' vraagt Jonathan als hij de deur achter zich dichtgooit.

Marcella geeft een vriendelijk knikje en vervolgt haar verhaal terwijl we achter de witte jassen aan lopen. 'Het goede nieuws is dat we wel de andere huizen op het terrein mogen bezoeken, die sinds vorige week leegstaan omdat er reparaties nodig zijn. Dat is ook de reden waarom iedereen nu tijdelijk in het gebouw verblijft dat ze niet willen laten zien. Maar dit hier is de plek waar mensen met dementie en andere mentale problemen normaal gesproken terechtkomen.' Ze wijst naar een van de gebouwen.

Even denk ik dat ze een grapje maakt. 'Nee, niet deze toch?' zeg ik. Ik staar naar wat nog het meest op een grote barak uit de Tweede Wereldoorlog lijkt. Voor de smerige ruiten, waarvan de meeste zijn ingegooid, zitten stalen tralies.

Er komen nog twee mannen bij ons staan die duidelijk van een veiligheidsdienst zijn, en de directeur zegt: 'Nu mogen jullie naar binnen.'

Het geluid van de stalen deuren weerklinkt door de brede ziekenhuisgangen als we onze weg vervolgen. Waar het daglicht zijn weg naar binnen vindt door de aanslag op de ramen, gloeit de donkere gang groen op. Bij de eerste lichtbundel kijk ik naar links, en ik zie een witte betegelde ruimte met een hoog plafond waaraan kleine sproeikoppen bevestigd zijn. Wederom krijg ik flashbacks naar vervlogen oorlogstijden, want veel fantasie heb je er niet voor nodig om te begrijpen dat mensen hier en masse worden afgespoeld. In de kamer ernaast markeren vijf gaten in de grond de plekken om je behoefte te doen, waarna zich een kille eetkamer aandient, en dan het slaapgedeelte aan het eind van de gang.

'Dit kan toch niet waar zijn?' roep ik naar Jonathan, terwijl ik langs de stalen bedjes met schuimrubberen matten loop. Zonder op de enigszins nerveuze veiligheidsbeambten te letten schiet ik vol. 'Het lijkt wel alsof de bewoners gevlucht zijn.' Overal liggen kledingstukken, haarborstels en pantoffels zonder wederhelft. De weeïge geur van een intens binnenleven vermengt zich met een penetrante urinelucht, waarvan de oorsprong meteen duidelijk wordt als ik naar de matrassen kijk: die zijn bedekt met oude en verse kringen van ontlasting. Overal zitten krassen en inkepingen in de azuurblauwe lambrisering, en mijn paniekgevoel wordt compleet als ik me realiseer dat in elke kamer vijftien bedden op een kluitje staan. 'Waar ben ik terechtgekomen?' vraag ik me hardop af terwijl ik door de tralies naar buiten kijk. 'Dit is toch onmenselijk? Ik denk dat veel beesten het bij ons in Nederland nog beter hebben. Hoe zouden...'

Bam, bam! Een paar harde knallen doen me opschrikken uit mijn gedachten. Ik kijk om en zie dat een van de mannen van de veiligheidsdienst hard op de deur bonkt en roept: 'Genoeg, we moeten gaan!' De directieve klank in zijn stem laat geen ruimte voor twijfel. Als we de kamer verlaten en de donkere gang weer oversteken, worden we vlak voor we naar buiten gaan ingehaald door de echo van de dichtslaande afdelingsdeur achter ons, waarna de beveiligingsman met een ouderwetse loper aan komt lopen en het gebouw afsluit.

Terwijl wij ons in Nederland druk maken over het koffiezetapparaat dat op de afdeling moet komen, de kleur van de nieuwe gordijnen of de foto's die we willen ophangen, mogen mensen hier al blij zijn als ze überhaupt een bed en iets te eten hebben. Termen als kwaliteit van leven, waardigheid, eigen regie en persoonsgerichte zorg zijn zo te zien volkomen onbekend. Nee, hier lijkt in de zorg wonen eerder een kwestie van overleven. Dat bij ons zoveel dingen vanzelfsprekend worden gevonden stemt me nederig, maar tegelijk vraag ik me af of de omstandigheden waarin mensen hier leven daadwerkelijk tot een ongelukkiger bestaan leiden. Of is dat mijn eigen invulling? Al vroeg heb ik geleerd dat we niet zomaar onze normen en waarden op andere culturen mogen projecteren. Dat wij inmiddels gewend zijn aan flatscreens en ruime eenpersoonskamers wil nog niet zeggen dat die voor andere mensen, elders ter wereld, ook automatisch een teken van welvaart en welzijn zijn.

Een aantal dagen later rijden we noordwaarts vanuit de hoofdstad Chişinău. De gigantische Sovjetflats maken plaats voor akkers die tot aan de horizon reiken, en de auto's worden steeds vaker ingeruild voor paard-en-wagen. Naarmate we verder het platteland op rijden, worden het landschap en de huizen lieflijker. Fruitbomen en zacht gekleurde hekken fleuren de straten op, waar kinderen spelen en oudere mensen in een bij hun leeftijd passend tempo rondlopen. Niet gek om hier oud te worden, is mijn eerste gedachte wanneer we de auto parkeren voor ons bezoek aan de burgemeester van Grebleşti.

Juist omdat de Moldavische overheid niets geregeld heeft op het gebied van dementie, ben ik ontzettend benieuwd hoe de mensen die ermee moeten leven opgevangen worden in de maatschappij. Vooral omdat het overgrote deel van de bevolking geen idee heeft wat dementie precies inhoudt.

In het gemeentehuis, dat niet groter is dan het huisje ernaast, komt er een jonge vrouw in een knalgele rok op me af. Ze begroet me alsof ik haar lang verloren kind ben. 'Teun, zo leuk dat je er bent! En welkom in Grebleşti.'

Nog enigszins overrompeld door haar vlotte verschijning in deze ouderwetse ambiance, antwoord ik na een korte stilte met de Roemeense woorden die ik geleerd heb in het vliegtuig: 'Eh, dank je wel!'

De burgemeester, Aliona Chricu, is door Marcella uitvoerig bijgepraat over dementie, met daarbij de vraag of ze mensen in haar gemeenschap kent die wellicht met zulke symptomen kampen. Aliona kent iedereen, en zonder aarzel neemt ze me bij de hand mee het dorp in. 'We hebben hier verhoudingsgewijs veel oudere mensen omdat de jongere generatie is vertrokken naar het buitenland, op zoek naar meer welvaart,' zegt ze terwijl ze een pastelgroen tuinhek opent. 'Hier woont Iulia van drieënnegentig, en dat is echt een schat van een mens. Ze zit hier samen met haar dochter, die alles voor haar moeder doet.'

De dochter komt verlegen over, maar ze is duidelijk trots dat we bij haar op bezoek komen. Iets voorbij een waakzame hond, die luid begint te blaffen, zie ik een oudere dame in de tuin zitten; voorovergebogen leunt ze op haar wandelstok, en haar bloemrijke hoofdoek maakt het idyllische boerenplaatje compleet. We gaan bij haar op het gras zitten.

'Dag mevrouw, mijn naam is Teun, en ik vind het geweldig om te zien hoe u hier woont met uw doch...'

Nog voordat ik mijn zin kan afmaken, begint ze te praten: 'Ik ben heel blij dat ik nog thuis mag wonen en niet naar zo'n andere plek hoef.' Waarop ze een wuivende beweging met haar wandelstok maakt. 'Dat zou ik verschrikkelijk vinden. Hier is het leven goed.' Ondanks het taalverschil voel ik dat ze het meent.

Ik complimenteer de dochter met haar toewijding en zorg voor haar moeder en als ik me terugdraai om gedag te zeggen, blijkt de ouderdom het gewonnen te hebben van de vurige opleving van een moment geleden: de oude vrouw is weer teruggezakt in haar middagdutje. Haar dochter moet er hard om lachen.

'Wat heerlijk dat jullie hier zo gelukkig zijn samen,' zeg ik. 'Ik hoop dat dit nog maar lang mag duren.'

De vrouw knikt, waarop we met een hartelijke knuffel afscheid nemen en verder het dorp in lopen.

Bij de volgende poort wordt het ideaalbeeld van daarnet meteen weer bijgesteld. Ivan is achter in de zeventig en woont al een tijdje alleen in een vervallen boerderij, waar, als we aankomen, een paar theedoeken en broeken aan een waslijn hangen te drogen en de waterput het voorzieningenniveau aangeeft. Zijn toenemende cognitieve problemen maken het steeds moeilijker voor hem om voor zichzelf te zorgen, waardoor hij volledig afhankelijk is van zijn buurman, die hem zo goed en kwaad als het gaat ondersteunt bij de alledaagse dingen. Thuis blijven wonen klinkt mooi, denk ik, maar dan moet de omgeving daar wel op ingericht zijn.

We stappen op een platte kar met houten spaakwielen, en de jongen op de bok laat de teugels vieren. Om me te helpen begrijpen hoe mensen met dementie in hun thuissituatie leven, zal de burgemeester me afzetten bij pastoor Andrei Pirgaru, hoofd van de plaatselijke orthodoxe kerk en de sociale spil van de gemeenschap. Op de wagen vertelt de burgemeester dat de pastoor 'als een Moeder Teresa' meerdere keren per week een ronde langs de huizen maakt om te kijken hoe het met de mensen die hulp nodig hebben gaat en ze voedsel te geven dat is ingezameld.

Als we bij de kerk aankomen, wordt mijn stereotiepe beeld van een priester in één klap omvergeworpen, net zoals eerder dat van een burgemeester. Een stoere jong uitziende man met een glad kapsel in een soutane (zwarte toga) met witte priesterboord zwaait en komt met grote passen op ons af, waarbij het grote gouden kruis om zijn nek heen en weer bengelt. Nadat hij de burgemeester een tas met spullen heeft toegestoken voor iemand in het dorp, geeft hij het paard een tik op zijn achterwerk, en gaat het er in draf vandoor met mijn nieuwe vrienden.

'Zo, wat fijn dat je met me meekomt, Teun. Dat zullen de mensen fijn vinden,' zegt de pastoor, alsof een introductie overbodig is. Hij geeft me een schouderklopje en pakt mijn tas, en we lopen richting de maagdelijk witte kerk met gouden torenspitsen. Net zoals mijn moeder wanneer er gasten op bezoek komen, zegt onze heilige vader: 'Let niet op de rommel, jongen...' Thuis is dat meer uit beleefdheid, maar hier moeten we letterlijk over verfemmers heen stappen en ons door het klamme plastic afplakfolie heen bewegen voor dat we op zijn kantoor aankomen. Overal waar je kijkt zie je vuilniszakken met dekens, kartonnen dozen met handzeep, blikvoer en stapels grote ronde broden.

'Het is misschien niet wat je van een kerk verwacht,' zegt pastoor Pirgaru, 'maar ik probeer vooral te doen wat nodig is. De renovatie binnen is al jaren aan de gang, en we zouden eigenlijk nieuwe stoelen moeten kopen van het collectegeld, alleen stil je daar geen honger mee, nietwaar?' Daarop propt hij zoveel broden als hij kan onder zijn arm, plus nog een stel luiers, en gebaart dat ik hetzelfde moet doen.

Helemaal onder de indruk volg ik hem naar het veld achter de kerk. Bij de afdaling naar het lagergelegen deel van het dorp zie ik aan mijn linkerzijde grafstenen door het hoge gras omhoogsteken. Straathonden blaffen venijnig terwijl we vervallen schuurachtige huisjes met kanten gordijnen passeren.

'Pas op je hoofd. De deurenposten zijn hier heel laag,' zegt de pastoor met een lach op zijn gezicht, en hij trekt drie keer aan een krakkemikkige deur om hem open te krijgen.

In het vochtige huisje, waar het door kieren vallende daglicht de heiligenbeelden aan de muur doet opgloeien, ligt een gedrongen vrouw op een bed met een paar gehaakte spreien. Ze heeft die duidelijk over haar benen gemoffeld om iets te verbergen, en als we naast het bed komen zitten, lopen de tranen gelijk over haar wangen.

'Kun je helemaal niet meer lopen?' vraagt de priester, die er niet omheen draait.

'Ik kan niets meer. Ik lig hier de hele dag. Ze hebben zelfs een po gebracht om mijn behoefte te doen,' zegt ze, en ze begint nog harder te huilen.

'Ach, lieve Elena, ik wou dat ik meer voor je kon doen. Ik hoop dat God je mag beschermen, je kracht en geduld mag geven... En dat hij je de kracht schenkt om door te vechten.' Pastoor Pirgaru houdt haar hand nog eventjes vast, geeft er een kus op en laat de broden bij haar achter.

Als ik nog een keer achteromkijk, zie ik Elena door het raam zwaaien en besef ik nog sterker dat als wij zo lang mogelijk thuis willen blijven wonen, een goed leven voor mensen met dementie creëren niet zozeer een zorgvraagstuk is, als wel een sociaal vraagstuk.

Lang heb ik gedacht dat een behoorlijke levensstandaard een recht van ieder mens is, maar bij elk huis dat wij binnenlopen ervaar ik dat het geen recht is, maar een voorrecht. Wat heb je nog te kiezen als het leven je geen opties geeft?

De jonge generatie is zoals gezegd grotendeels vertrokken, en het wordt pijnlijk duidelijk wat er met oudere generaties kan gebeuren als de overheid niets doet. Maar is de overheid echt dé oplossing als je het hebt over een beter leven? Hoeveel miljarden euro's belastinggeld we in Nederland ook uitgeven aan zorg, het lijkt erop dat we daarmee geen geluk kunnen kopen voor degenen die er zo om verlegen zitten.

De broodstapels onder onze armen slinken, en we komen bij het laatste huis van de ronde, waar we recht een schilderij van Rembrandt in lopen. Door een fijn kanten gordijntje zie ik in een kamer een stokoude vrouw met bloemetjesjurk en bijpassende hoofddoek alleen op een bank zitten. Het strijklicht van buiten valt op haar gezicht en verlicht haar gouden tanden terwijl ze een zuurtje in haar mond stopt. Onder haar voeten, die tegen de bank bungelen, speelt een jong wit katje met haar leren slippers.

'Goedemiddag Alexandra, ik heb bezoek voor je meegenomen,' zegt de pastoor als we binnenstappen. Hij gaat naast haar zitten, maar zodra hij dat doet, springt het witte poesje in zijn gewaad.

De oude vrouw moet lachen als hij opveert van schrik, waarbij zijn 'jurk' een stukje omhoogvliegt. 'Welkom, vader, blijf rustig zitten. Mijn tijger doet niks.'

Nadat we een glas water hebben gekregen om af te koelen van onze wandeling, begint ook Alexandra te snikken. 'Vader Andrei, hoelang moet ik zo nog leven? Wat heb ik gedaan om dit te verdienen? Ik zou zo graag de genade van onze Heer ontvangen om te mogen gaan.'

De pastoor werpt me een blik toe waaruit meer onmacht dan hoop spreekt. 'Mijn lieve Alexandra, je bent zo moedig. Wij kunnen ons lot niet zelf bepalen, maar ik zal onze Vader in de hemel vragen of hij je gebed wil verhoren.' Dan wendt hij zich tot mij en begint te vertellen. 'De kerk is de enige organisatie die zich hier om ouderen bekommert, want helaas geeft de overheid niet om oudere mensen. In dit land krijgen ze het gevoel dat ze vanaf hun zestigste een last zijn voor de staat en beter een spuitje kunnen krijgen.' Hij valt even stil, en ik veeg de tranen van Alexandra's wangen. 'Ja, Teun, de enige rijkdom die je in het leven hebt is de diepgang van je ervaringen. Als die vervagen, moet je geloof wel heel sterk zijn om hoop te houden.'

Ontroerd door de zichtbare breekbaarheid van het leven en de prachtige woorden van de pastoor geef ik ze allebei een knuffel bij het afscheid. Hoe kan het toch dat onze situaties zo anders zijn, vraag ik me af, maar dat veel mensen hier net als in onze verpleeghuizen de dood boven het leven verkiezen? Als meer geld niet per se dé oplossing is, gaat er toch in de basis iets mis met de manier waarop we het leven voor onze oudere en kwetsbare medemens inrichten? Moeten we niet veel meer zoeken naar wat er nog wél toe doet en dat waar mogelijk faciliteren, in plaats van een wachtkamer voor de dood te creëren, zoals mijn vriendin en professor Anne-Mei het ooit zo treffend omschreef?

Lichtelijk terneergeslagen na alles wat we zijn tegengekomen, lopen we de volgende dag richting een opvallend schone Mercedes. Pjotr staat te glunderen. 'Vandaag is het een speciale dag, jongens...' Hij pakt onze tassen aan en legt ze in de achterbak. 'Het is jullie laatste reis, dus daarom heb ik mijn "liefje" helemaal opgepoetst.' Hoe dol we ook op Pjotr zijn, we weten dat ons geplande bezoek aan de minister van Volksgezondheid waarschijnlijk ook wel een rol heeft gespeeld bij dat besluit. De afgelopen week hebben we tijdens het rijden voortdurend de ramen moeten opendoen om iets te zien.

Na aankomst lopen we richting het parlementsgebouw in Chişinău, dat al even imposant is als het presidentieel paleis ertegenover. Ons eigen Binnenhof is eigenlijk niet meer dan een vakantiebungalow in vergelijking met dit voormalig hoofdkwartier van de ooit zo machtige Communistische Partij. Het heeft de vorm van een rechtopstaand open boek, en precies in het midden is er een ingang met vier reusachtige zuilen.

Als we door de beveiliging gescreend zijn en onze paspoorten als onderpand hebben afgegeven, kom ik er tijdens het gesprek met de minister tot mijn verbazing achter dat een van de machtigste mensen van het land nauwelijks weet wat dementie is. Daardoor vallen meteen veel stukjes op hun plaats, maar tegelijkertijd rijzen er nieuwe vragen. Hoe ga je met iets om als je niet weet wat het is? En hoe kun je voor een grote groep mensen zorgen als je hen niet weet te vinden? Begrijp me niet verkeerd: ik zie geen greintje desinteresse of onwil bij de minister. De man heeft een sociaal hart en is duidelijk aangedaan door mijn woorden.

De jarenlange corruptie in de regering heeft dit arme land alleen maar armer gemaakt, zodat er in de eerste plaats ingezet moest worden op economische wederopbouw, armoedebestrijding en basale gezondheidszorg om Moldavië er weer bovenop te helpen. Het is dus niet verwonderlijk dat dementie tot nu toe geen prioriteit is geweest; zoals de pastoor al duidelijk maakte, zal er nooit iets veranderen zolang de bevolking hongerlijdt. En hoezeer ik ook schrik van de onwetendheid van de minister, het gevoel van urgentie dat ik bespeur stemt me toch voorzichtig hoopvol. Vooral omdat hij graag vaker zou willen afspreken om meer te leren en samen plannen te maken voor de toekomst. Om die mooie woorden kracht bij te zetten maken we, zoals het hoort, een mooi staatsieportret voor de vrolijke Moldavische driekleur, waarna we onze weg vervolgen.

Er staat ons nog een hele rit te wachten, want Marcella heeft net op tijd een psychiatrisch ziekenhuis gevonden waar we de mensen mogen ontmoeten. Het is iets wat hoog op het lijstje stond na de ervaringen op onze eerste dag, dus deze kans willen we niet laten lopen. Dat het psychiatrisch ziekenhuis pal tegen het 'afvallige en onafhankelijke' deel van Moldavië aan ligt, kan hebben geholpen bij het regelen van deze afspraak, die normaal gesproken zo ingewikkeld wordt gemaakt door de overheid. In het begin van de jaren negentig riep die regio, Transnistrië, zijn onafhankelijkheid uit, waarna een korte burgeroorlog uitbrak. De afvallige provincie kreeg vervolgens hulp van het 14de Russische leger, dat met zijn overmacht al snel een einde maakte aan het conflict. Hoewel de troepenmacht aanzienlijk is ingekrompen, waakt het 14de leger nog altijd over de onafhankelijkheid van Transnistrië, al wordt die door weinig landen erkend. Omdat de status quo al zo lang voortduurt, was de vijandigheid een tijd wat afgezwakt, maar momenteel is deze weer in volle hevigheid terug, nu Rusland dreigt buurland Oekraïne binnen te vallen en ook Transnistrië zijn kans schoon ziet om de afscheiding officiëler te maken.

Na bijna drie uur rijden arriveren we wederom in een bosrijke omgeving met een psychiatrisch ziekenhuis. Aan de buitenkant van het gebouw, dat eruitziet als een oude school, zijn metalen kooien bevestigd waarin mensen vriendelijk staan te zwaaien. Hierdoor weet ik niet meteen zeker of het overdekte balkons zijn om de mensen te beschermen of dat ze meer zijn bedoeld om te voorkomen dat ze vluchten. Als ik dichterbij kom, zie ik op de bovenste verdieping een kooi met een groep oudere mannen die wat staan te roken, terwijl op de verdieping eronder veel jongere vrouwen te zien zijn die nieuwsgierig hun gezicht tegen het metaal drukken om mij beter te kunnen zien. Het zijn beelden die me aan een gevangenis doen denken, en ik vraag me bezorgd af wat ik zal aantreffen. Als ik door de ingang loop en de pijlen naar boven volg, word ik bovenaan de trap opgewacht door een kleine man met een grote snor en de bekende witte jas. 'Dag Teun, ik ben Gheorghe, directeur en hoofdarts van dit psychiatrisch ziekenhuis,' zegt hij terwijl hij de sleutel omdraait van een houten deur met veel glas. 'Kom erin, dan stel ik je voor aan onze mensen.'

Met een handgebaar laat hij mij voorgaan de afdeling op, waar ik meteen voel dat alle ogen op me gericht zijn. Het is een grote open ruimte, die vriendelijk verlicht wordt door azuurblauwe lambrisering en sierlijke gordijnen. Links vooraan hoor ik hoe er druk gekookt wordt in een kleine keuken die aan de kamer vastzit, maar dit geluid wordt steeds meer overstemd door het steeds luider wordende gegiechel dat uit de kamer komt, waarop ik besluit om aan een willekeurige tafel te gaan zitten en te kijken of ik contact kan maken. Er wordt uit tinnen soepkommen geslurpt door vrouwen van allerlei leeftijden. Tegenover me zit een oude vrouw met een rode hoofddoek en een blauw-wit gestreepte jurk, waarover een parelketting met kruis hangt. Met haar helderblauwe ogen kijkt ze me gemoedelijk aan terwijl ze een hap neemt; ze is duidelijk niet van plan om zich te laten afleiden van haar soep. Haar buurvrouw is een tandeloze jonge vrouw met flinke baardgroei, die me zonder gêne bestudeert.

'Hoi,' klinkt het schuin achter me.

Ik draai mij om en zie een nog jonger gezicht met een grappig donker bloempotkapsel.

'Mijn naam is Teun. Hoe heet jij?' vraag ik vriendelijk.

Ze lacht, en ook bij haar zie ik dat de meeste tanden verdwenen zijn. Zonder aarzeling geeft ze me een dikke knuffel, en ze zegt: 'Ik ben Nathalie. Waar kom je vandaan?' Ze blijft dicht bij me staan.

'Holland, ken je dat?'

Het blijft even stil, waarna ze bedenkelijk kijkt en haar hoofd schudt.

Tijdens ons korte praatje hebben zich een stuk of tien vrouwen om me heen verzameld. Als Nathalie me nogmaals omhelst met de woorden 'Ik vind je leuk,' vormen ze haastig een rij, waarna Nathalie aan de kant wordt geduwd en de volgende kandidaat zich aandient. Ontroerd sta ik op, stel me voor en geef haar een knuffel. De rij wordt nog wat langer als ook de laatste dames uit de kamers aansluiten. Dit had ik zeker niet verwacht.

Als ik in de middag op de afdeling rondloop, kan het contrast niet groter zijn: het ene moment zie ik mensen in donkere kamers liggen waar een veelvoud aan bedden staat, waar de hele garderobe van de dames over een enkele stoel hangt en het zeil op de vloer met gaffertape aan elkaar is geplakt. Maar als ik de andere kant op kijk, zie ik in de eetkamer het ene sprankelende gezicht na het andere en voel dat hier een saamhorigheid heerst die ik alleen uit de familiesfeer ken. Soms slaan mensen een arm om elkaar heen, en de plagende opmerkingen gaan over en weer, gevolgd door hard gelach. Jongere vrouwen helpen oudere met eten, andere zingen voor elkaar, en op de gang troost mijn nu al grote vriendin Nathalie een vrouw die verdrietig is.

Hoe kan het dat ik zo veel vrolijke gezichten zie en dat iedereen zo begaan is met elkaar als deze mensen in kooien moeten luchten, met zijn zessen op een kamer slapen en weinig tot geen voorzieningen hebben? Ik stap op de directeur af, die met een trotse grijns staat te genieten van wat hij ziet, en zeg: 'Het is ongelooflijk wat ik hier zie. Ik kan me geen andere plek herinneren die vanaf het allereerste begin zo inclusief voelde. Wat is je geheim?'

Hij lacht en geeft me als laatste ook een stevige knuffel. 'Zoals je merkt, hebben we niet veel om te laten zien, maar wel veel om te geven. We streven ernaar om mensen een zo mooi mogelijke dag te bezorgen; of dat nou geborgenheid of lol betekent, voor alles moet ruimte zijn. Ik zie de mensen niet als patiënten, maar alsof het mijn eigen kinderen zijn. Ik luister naar ze, geef complimenten, steun waar ik kan, maar probeer vooral altijd en overal vriendelijk te blijven.'

Ik blijf van de ene in de andere verbazing vallen.

'Niemand kiest ervoor om de aandoening te krijgen waarvoor hij of zij hier komt, maar wij als personeel kunnen wel kiezen hoe we met mensen omgaan. Door ons op die manier op te stellen zorgen we dat ze hier graag komen en zich veilig voelen. Dat is het doel.' Na die woorden verontschuldigt de directeur zich omdat hij wordt weggeroepen naar een andere afdeling.

Beduusd blijf ik achter. Ik kan niet bevatten dat dit land mij in één dag meer heeft teruggegeven dan het me in een week heeft afgenomen. Een paar uur geleden kwam ik nog in een hopeloze stemming binnen, maar nu sta ik te stralen.

Dit is wat ik zo vurig hoopte te vinden: mensen van verschillende leeftijden en met verschillende aandoeningen die van hun huis gezamenlijk echt een thuis maken. Mensen die niet voor apathie kiezen, maar voor empathie. En het is duidelijk dat dit niet alleen het levensgeluk van de bewoners ten goede komt, maar ook dat van de werknemers.

Als aan het eind van de middag een bewoner haar telefoon pakt en folkloristische muziek opzet, grijpen de vrouwen elkaar bij de hand en beginnen in een kring te dansen. Ze hebben al snel door dat ik niet meedoe, waarop Nathalie naar me toe komt en me de kring in trekt. Meedeinend op de muziek kijk ik naar de stralende ogen van de vrouwen om me heen, en ik denk terug aan de vallende ster van ons hotel. Een mooier symbool voor deze reis en dit land kan ik niet bedenken.

IV Het laatste biertje

Afscheid van een tijdperk

Utrecht, Nederland

‘Wil je een koppie soep, Teun?’ klinkt het vanuit de keuken.

‘Oeh, lekker, Angelique. Wat voor soep is het?’ antwoord ik terwijl ik mijn laptop op de eettafel dichtklap.

‘Even kijken, want ik heb hem zelf niet gemaakt... Het ziet eruit als gebonden groentesoep...’ Ze roert met een flinke pollepel door de pan en roept: ‘...met ballen!’

Ik lach om haar enthousiasme. ‘Heerlijk, precies waar ik zin in had.’

De knikkebollende huisgenoten aan mijn tafel beginnen nu ook te ontwaken, want ze willen natuurlijk niets missen van het gebeuren rond etenstijd.

‘Voor mij ook graag een kommetje,’ roept Tineke als eerste, waarna de hele tafel in koor volgt: ‘Voor mij ook.’

Ik geniet van deze momenten, die je als twintiger anders nooit zou meemaken. In ons huis voel je dat mensen van maaltijd naar maaltijd leven, en dat is niet alleen vanwege het verse eten dat we gelukkig krijgen, maar ook omdat er altijd iets te ervaren valt. De medewerkers in de keuken zorgen voor reuring, en de geur van het eten voor geluksgevoelens en gesprekken over iedereens favoriete kostje. De sfeer in de woning wordt losser, en je hebt het gevoel dat de muren ineens veel minder op je afkomen.

Net als vroeger bij ons thuis worden de 'koppen' geteld als de borden op tafel komen, waarbij meteen opvalt dat er iemand ontbreekt.

'Waar is Elly?' vraag ik aan Ad.

'Geen idee, jongen. Ik heb haar vanochtend nog wel in de gang zien staan, dus ze kan niet ver zijn.'

Ook de zorgverleners weten het niet. Ik begin me lichtelijk zorgen te maken, want Elly is normaal gesproken, hoe erg dat ook klinkt, de hele dag lang een vaste waarde aan tafel. Een tijdje terug is haar 'gewone' rolstoel vervangen door een aangepaste kantelrolstoel, wat gebeurt als je mobiliteit sterk achteruit is gegaan. Het is een duidelijk teken dat er een volgende fase is aangebroken. Zodra ook het brood op tafel staat en iedereen begint te eten, ga ik toch even kijken of het wel goed met Elly gaat.

Lang hoef ik niet te zoeken. Als ik de woonkamer uit stap, zie ik haar voor haar kamerdeur staan. Trillend en ineengekrompen hangt ze tegen haar rolstoel.

Ik sla een arm om haar heen. 'Ach, lieve Elly, wat is er aan de hand?'

'Ik-ik-ik-ik...' stottert en snottert ze. 'Ik ben zo bang, Teun. Wil je alsjeblieft bij me blijven?'

Ik druk haar dicht tegen me aan en zeg: 'Natuurlijk. Waarom ben je bang?'

Ze legt haar hoofd tegen mijn borst en ontspant zich wat. 'Ik ben zo bang dat ik alleen ga... Begrijp je? Wil je alsjeblieft blijven en me vasthouden?' Ze drukt haar hoofd nog steviger tegen me aan.

'Altijd, Elly, altijd...' zeg ik, waarbij ik zachtjes over haar hoofd aai. Haar slechte gezondheid heeft al een paar keer tot kritieke situaties geleid, maar elke keer volgde er een wonderbaarlijk herstel. Het grote verschil is nu alleen dat ze sterk vermagerd is, waardoor haar lichaam veel minder veerkrachtig is geworden.

Het naderende einde is voor de meeste mensen al een beangstigende gedachte, dus stel je voor hoe het moet zijn om daarmee geconfronteerd te worden als je niet meer volledig bevat wat er om je heen gebeurt en je belevingswereld zich steeds meer achter je oogleden afspeelt. Waarbij het vaak bij mij een gevoel oproept alsof je de hele dag opgesloten zit in je eigen nachtmerrie, waaruit je steeds minder vaak ontwaakt.

Heel begrijpelijk dus dat Elly zo sterk verlangt naar geborgenheid, ondanks het feit dat ze misschien wel het meeste bezoek krijgt van de afdeling. Haar dochter Ellen is een van de warmste mensen die ik ken, en het is hartverscheurend om te zien hoezeer ze lijdt onder de problemen van haar moeder. Als ze op bezoek komt bij Elly, klopt ze vaak ook even bij me aan om koffie te drinken, wat tot mooie gesprekken leidt. Als geen ander weet ze onder woorden te brengen hoe het voelt om als kind en mantelzorger zoiets mee te maken.

Vorige week vertelde Ellen nog hoeveel verdriet het doet om je moeder en beste vriendin hierheen te brengen, haar steeds onzekerder en angstiger te zien worden en haar toch te moeten achterlaten na elk bezoek. 'Het is onmenselijk, Teun. Ik neem het mezelf zo vaak kwalijk dat ik mijn moeder hiernaartoe heb gebracht, maar ik wist geen andere oplossing,' zei ze met betraande ogen. 'Het leven is toch niet bedoeld om zo te eindigen? Echt waar, het klinkt misschien gek, maar ik hou zoveel van mijn moeder dat ik haar gun dat het klaar is. Kijk, sinds jij hier bent, ga ik al met een ander gevoel weg, omdat ik weet dat ze knuffels krijgt en iemand heeft om bang bij te mogen zijn. Maar ook jij hebt het druk met school en al die gave initiatieven om de wereld te verbeteren voor mensen zoals mijn moeder. En dat is goed hè? Alleen... als dat er niet is, wat is er dan nog wel? De medewerkers zijn stuk voor stuk lieve mensen die mam keurig te eten en te drinken geven, maar geen tijd lijken te hebben om gewoon even lekker een-op-een te kletsen of buiten met haar te wandelen, waar ze zo van houdt. Dat moeten wij als "beschaafde samenleving" toch anders kunnen inrichten?'

Ik kon het daar alleen maar mee eens zijn en vertelde Ellen over mijn ervaringen in Moldavië: dat ik daar had gezien dat de mate van beschaving die in de zorg aanwezig is inderdaad niet valt af te meten aan spullen, zorgplannen of huizen, maar veel meer aan het geluk van de mensen die in de huizen leven.

'Vertel de wereld wat je ziet en meemaakt, en zorg dat het verandert, Teun. Doe het voor mijn moeder en al die anderen, oké?'

Ik beloofde het plechtig.

Inmiddels ligt Elly half tegen mij aan te slapen. Ik fluister in haar oor: 'Zullen we iets gaan eten?'

Ze knikt zachtjes, en ik rijd haar naar de eetkamer, waar de andere huisgenoten al in hun afterdinnerdip voor de tv hangen. 'Hoi Angelique. Ik heb haar gevonden, maar we moesten even bijkletsen. Is er nog soep over, of vinden we de hond in de pot?' vraag ik.

'Ach, Teun, je weet toch hoe het hier gaat?' antwoordt ze laconiek. 'Er kan desnoods nog een heel weeshuis aanschuiven. Ga lekker zitten samen.'

Ik zet Elly aan de kop van de tafel en neem rechts van haar plaats.

'Zo, extra ballen voor meneer, en ik heb wat koud water bij Elly in de soep gedaan, zodat ze meteen lekker kan beginnen. Smakelijk eten!' zegt Angelique terwijl ze de achtergebleven kruimels van tafel veegt.

'Dank je wel, je bent een engel!' zeg ik. Omdat ik weer eens met een half oor heb zitten luisteren, neem ik meteen een hap van mijn veel te hete soep.

Veel journalisten vragen me: 'Teun, wat is er bij jou thuis veranderd sinds je boek?' Dat is een vraag die ik best begrijp, en ik beantwoord hem altijd hetzelfde: door te benadrukken dat ik niet ben aangenomen als een of andere verandermanager. Ik woon hier, vertel daarover en hoop op die manier een beweging in gang te zetten; het is vervolgens de verantwoordelijkheid van de organisatie om er iets mee te doen. Hoe makkelijk dat misschien ook klinkt, het is helaas de realiteit. Het enige wat ik kan doen is aangeven waar de pijnpunten en oplossingen liggen, maar ik kan niets afdwingen. Door mijn boodschap zo persoonlijk mogelijk te vertellen, hoop ik het morele kompas aan te spreken van degenen die dat wel kunnen. En dat zijn er na het verschijnen van mijn boek gelukkig heel veel.

Twee van zulke mensen zijn de bestuursvoorzitters van de organisatie waarin ik woon, Martin en Marie Claire, met wie ik vanaf het begin een fantastisch contact heb gehad. Ze hebben me gelijk het volste vertrouwen gegeven en alle kritiek van de afgelopen tijd geweldig opgepakt. Het getuigt van lef om je als organisatie zo open en kwetsbaar op te stellen, en dat de kritiek door hen vooral als verbeterpunten wordt beschouwd mag een voorbeeld zijn voor andere organisaties. Ik heb gezien dat wanneer zij tweeën de beslissing nemen om iets te veranderen, dat onmiddellijk kan gelden voor de organisatie als geheel, alsof er een grote olietanker van koers verandert. Veranderen is dus echt mogelijk. Het kost veel kracht en tijd, maar dat mag geen reden zijn om alles bij het oude te laten. Want ja, een koerswijziging kan lang duren, maar je kan nu al eindeloos veel doen om eraan bij te dragen.

Neem het feit dat er nog steeds waskarren met incontinentiemateriaal naast me staan als ik moet douchen, of dat we nog steeds geen zachtgekookte eieren mogen eten, of dat de deur naar de omheinde tuin nog steeds op slot zit. Dat is voor mij als bewoner teleurstellend, helemaal omdat ik weet dat we al die dingen vandaag al kunnen veranderen. Blijkbaar zijn we zo verstrikt geraakt in de processen van medezeggenschapsraden, belangenbehartigers en andere instanties dat verbeteringen erdoor afgeremd worden, of misschien dat we de urgentie nog niet genoeg voelen. Maar dit kan ook onze toekomst zijn als we niet in beweging komen.

Een ander probleem is dat veel commerciële zorgpartijen de verpleeghuiszorg als goudmijn zien en er alles aan doen om inkomsten te blijven genereren door alles bij het oude te laten. Waarbij alle klassieke veiligheids- en controlemechanismen voor bewoners continu worden verpakt in andere dure technologieën en innovaties. Vanuit commercieel oogpunt niet gek, want aan het 'model vrijheid' valt vrij weinig te verdienen.

Ik heb het bijvoorbeeld over de leefcirkel, oftewel de gesloten deur 2.0, die meer ruimte moet bieden aan bewoners maar het probleem van opgesloten zitten eigenlijk gewoon verplaatst. Het prijskaartje voor de aanschaf van dit systeem, dat mijn huisgenoot Wil treffend 'de moderne enkelband voor mensen met dementie noemt', is alleen voor ons huis al een kleine tweehonderdduizend euro, nog los van het jaarlijkse onderhoud. De officiële uitleg luidt als volgt: 'Een "leefcirkel" is een zorgtechnologie voor mensen met dementie. Een bewoner draagt een tag bij zich, die zijn bewegingsruimte "op maat" inregelt. Sommige deuren gaan voor de bewoner open, andere deuren blijven gesloten.' De praktijk: mijn huisgenoten staan nog steeds voor gesloten deuren te wachten en zien bovendien dat de een wel naar 'buiten' mag en de ander niet. Leg dat maar eens uit! De mensen die wel door die eerste deur heen mogen, staan vervolgens onrustig te kloppen bij de volgende, omdat ze niet begrijpen waarom de ene deur wel opengaat en de andere niet. 'Ik mocht toch naar buiten?' En de enkeling die nog verder kan, moet vervolgens continu in de gaten worden gehouden door de zorgverleners als een soort 'track-and-tracepakketje' in het gebouw om er zeker van te zijn dat ze niet in de buurt komen van een verboden deur of gebied.

Kortom: nog steeds geen vrijheid voor de bewoners en nog meer druk op een nog duurdere zorg. Als je het mij vraagt, is dit het tegenovergestelde van wat we willen bereiken. Om échte oplossingen te creëren moeten we andere gesprekken durven voeren en accepteren dat het verpleeghuis geen plek is waarin we mensen veilig kunnen opsluiten. Een echt huis is een plek waar geleefd wordt, met risico's zoals vallen, stoten, verslikken, even niet willen eten of boos en verdrietig mogen zijn, net als thuis.

Het is een van de redenen waarom ik zo graag naar plekken wil gaan die al op die manier werken, sinds kort of juist al langer, om mensen te laten zien dat het anders kan. Want ook in de zorg geldt: eerst zien, dan geloven.

Dus geloof me... het komt goed.

Vanaf mijn blauwe vintage bankje bij het raam kijk ik naar buiten, waar het voorjaar zich voorzichtig begint aan te dienen. Het is de periode waar ik normaal het vrolijkst van wordt: nieuw leven bij de dieren, de zon die aan kracht wint en de prachtige kleur van het verse groen aan de bomen. Maar nu voel ik me al dagen somber, wat zelfs mijn huisgenoten opvalt. 'Wat ben je stil, Teuntje,' zei Ad vanochtend tegen me. 'Als ik ergens bij kan helpen, dan zeg je het, hé?' Als ik ergens slecht in ben, dan is het toneelspelen, maar toch antwoordde ik met een vluchtig lachje: 'Zeker, Ad. Ik denk dat de winterdip gewoon wat langer duurt bij mij...' Ondertussen werd de knoop in mijn maag alleen maar groter.

Na lang dubben heb ik een week geleden besloten dat ik mijn huis ga verlaten, na een verblijf van twee jaar. Alleen heb ik dat nog aan niemand verteld. Hoe goed ik ook ben opgevangen en hoezeer de organisatie mij ook steunt, ik kan het niet helpen dat mijn schouders twee kilo zwaarder worden als ik de afdeling op loop. Buiten de gesloten deuren kan ik vol passie en hoop vertellen over mijn missie om de wereld te verbeteren voor mensen met dementie, maar hier staat het huilen me vaak nader dan het lachen. Ik ben moe van alles wat gebeurd is. Van de dagelijkse spanningen, van de strijd om dingen bespreekbaar te maken, van het verdriet dat in zoveel vormen aanwezig is.

Het afscheid van Eugenie, een paar weken geleden, was voor mij de druppel. Voor mij is die vrouw vanaf het eerste begin een zonnestraal in huis geweest. Nooit trad ze op de voorgrond, maar ze was er altijd voor een bemoedigende blik en een lief praatje. Ik kon urenlang naast haar zitten zonder iets te zeggen en dan toch gelukkig weglopen. Niks hoefde en alles mocht, en dat voelde precies goed. Toen ze vertelde dat het heel slecht met haar ging en dat we maar beter afscheid konden nemen voor het te laat was, knakte er iets in me. Na bijna twee jaar had ik al zo veel huisgenoten 'de overstap' zien maken, maar deze keer kon ik het niet meer aan.

Snikkend liep ik achter Ad aan naar haar kamer, waar het blauwe namiddaglicht dat door de vitrage scheen het kille gevoel van een permanent afscheid versterkte. Eugenie lag met een vredige blik op bed en was al niet meer aanspreekbaar. Mijn vriend haalde er een klapstoel bij, ging aangeslagen zitten en deed iets wat hij nog nooit eerder had gedaan. Hij pakte mijn hand, kneep stevig en zei: 'Het is goed, jongen, huil maar.' Hand in hand zaten we daar, zonder iets te zeggen, zoals eigenlijk altijd bij Eugenie. En ook nu weer, voor de allerlaatste keer, voelde het precies goed.

Een paar dagen kwam ik nauwelijks mijn kamer uit, en daardoor kon ik er voor het eerst in een hectische periode over nadenken wat er allemaal gebeurd was en hoe ik verder wilde. Want dat het anders moest, dat stond vast. Eerder was ik vastbesloten geweest om na mijn vertrek een 'normaal' leven op kamers te leiden, maar daar kwam ik met de dag meer op terug. In plaats daarvan besloot ik dat ik naar een ander verpleeghuis in Amstelveen wilde. Ik begon namelijk te beseffen dat ik niet probeerde te vluchten voor deze manier van leven op zich, maar meer voor de intensiteit waarmee alles was gegaan. Voor het huis, de organisatie en voor mijzelf was deze manier van samenwonen onontgonnen terrein, en als gevolg daarvan voelde het de afgelopen jaren alsof ik in een snelkookpan leefde, waarbij de druk nu letterlijk te hoog werd. Om deze te verlagen kon ik voor mijn gevoel dan ook maar één ding doen.

Met een gevoel alsof ik op het punt sta mijn relatie te verbreken, drink ik mijn koffie op, kijk in de spiegel en zeg tegen mezelf: 'Je kan het!' Daarna spuit ik mijn geurtje op, trek de deur achter me dicht en loop naar het hoofdkantoor van de organisatie, dat iets verderop op de Beneluxbaan ligt, waar ik heb afgesproken met de raad van bestuur.

Mijn zenuwen verdwijnen eigenlijk meteen als ze niets dan begrip hebben voor de 'breuk' en zelfs beloven om me op afstand te blijven steunen in mijn missie. Martin, de bestuursvoorzitter, sluit af met een paar lieve woorden: 'Je hebt ons nog meer leren luisteren naar de stem van de bewoners, Teun, en ons echt een spiegel voorgehouden. Dank daarvoor.' Dan schudden we elkaar de hand en nemen afscheid.

Op de terugweg naar de afdeling worden mijn voeten bij elke stap zwaarder vanwege de 'echte scheiding' die me daar te wachten staat. De eerste kamer links achter de gesloten deur is die van Ad. Ik heb besloten mijn beste vriend in het huis niet voor de gek te houden en hem gewoon de waarheid te vertellen, dus ik klop aan en zeg: 'Adje, ben je thuis?' Als ik voorzichtig om de hoek kijk, zie ik hem zitten.

'Waar moet ik anders wezen?'

Ik lach. Zo'n opmerking had ik precies nodig om het ijs te breken. 'Ik zal er niet omheen draaien, vriend, al durf ik het bijna niet te zeggen... maar ik ga weg.'

Ad kijkt me aan met een goedkeurende blik. 'Ach, jongen, dat wist ik toch allang. Dit is ook geen plek voor een knul van twintig! Ik zal je verschrikkelijk missen, maar je moet lekker gaan. Beloof me alleen één ding: je mag mij niet vergeten, hè, jochie?'

Opgelucht haal ik adem, en een gevoel van weemoed overvalt me. 'Ad van Dokkum,' begin ik. Zo noem ik hem nooit, dus hij weet dat ik het meen. 'Denk jij nou echt dat ik je hier alleen laat en je ga vergeten? Nooit, Ad! Ik blijf gewoon lekker deze kant op komen, of je het nou leuk vindt of niet.'

Met een grote grijns op zijn gezicht zegt hij: 'Mooi, dan is dat bij dezen afgesproken.'

Niet veel later sta ik in mijn kamer, kijk nog één keer goed rond en denk: dit is het dan, het einde van de twee meest bijzondere jaren van mijn leven. Vervolgens vouw ik de eerste doos in elkaar en haal mijn jarentachtigplaten van de muur, mijn boeken uit de kast en mijn discobol van het systeemplafond. Ongeveer tien dozen later kom ik aan bij het gebloemde Franse servies dat ik van mijn moeder heb gekregen. Terwijl ik dat begin in te pakken en heerlijk naar technomuziek luister op mijn AirPods, hoor ik een zacht geklop, dat al snel luider wordt.

'Hé, ben je doof of zo? Doe die gehoorapparaten eens uit.'

Als ik achteromkijk, zie ik Ad en Tineke in de deuropening staan. Volkomen verrast doe ik mijn oortjes uit en roep: 'Ah, wat lief, komen jullie helpen?'

Ad manoeuvreert Tinekes rolstoel handig langs de dozen en zet hem naast mijn bank. 'Nou, ik dacht het niet. Wat heb je een rommel, jongen.' Verbaasd kijkt hij om zich heen. 'We hebben een lekker taartje meegenomen om je te bedanken voor de geweldige tijd samen.'

Ik moet twee keer slikken om niet emotioneel te worden, want ik vind afscheid nemen misschien wel het moeilijkste wat er is. 'Geweldig, wat ontzettend lief van jullie.' Ik pak een stel dozen van mijn bank zodat Ad kan zitten. 'Zo, als jij daar gaat zitten, past het nog net. Koffie dan maar?'

Ik denk dat veel mensen me straks niet zullen geloven als ik vertel dat mijn huisgenoten met dementie als verrassing zijn langsgekomen op mijn laatste dag in het verpleeghuis. Hoe vaak ik niet als grapje heb gehoord: 'Gelukkig zijn je huisgenoten zo vergeten dat je daar woonde.' Of: 'Na een week weten ze toch niet meer wie je bent, dus ik zou me niet zo druk maken over die verhuizing.' Ja, soms vergeten ze situaties en gebeurtenissen, dat klopt. Maar als ik een week ergens anders ben geweest, vraagt Ad me meteen hoe ik zo lang weg durfde te blijven, en is hij benieuwd wat ik gedaan heb. Natuurlijk geldt dat niet voor iedereen in huis, maar aannemen dat niemand dit kan klopt ook niet.

'Kom je vanavond nog wel een biertje met me drinken om het af te leren?' klinkt het vanaf de bank, en ik zie dat Ad en Tineke aan hun tweede stuk gebak zijn begonnen.

'Zou niets liever willen. Moet je mij zo wel even helpen sjouwen.'

Waarop Ad met een mond vol slagroom verschrikt opkijkt en zegt: 'Dat dacht ik ook, ja.'

Aan het eind van de dag zitten mijn huisgenoten buiten bij het hek op hun rollators te kijken hoe ik de verhuiswagen tot de nok toe vul en de laadklep dichtdoe. Ik krijg een bescheiden applausje van de verhuisjury.

'Dat was het,' zegt Juul, en ze steekt haar duim op.

'Niet te snel juichen hè?' roep ik plagerig terwijl ik het portier opentrek. 'Ik breng mijn spullen naar Amstelveen en kom terug om afscheid te nemen, oké?'

Weer zie ik de duimen de lucht in gaan, waarna ik mezelf achter het stuur hijs, de sleutel omdraai en toeterend de hoek om rijd. Precies twee jaar geleden reed ik ook over het Amsterdam-Rijnkanaal met een verhuiswagen vol spullen, maar deze keer ben ik een hele wereld rijker.

Moe van het sjouwen kom ik terug in het donker, en ik tik voor de laatste keer de code in, 2-0-1-7. Op de afdeling ga ik linksaf naar Ads kamer. 'Heb je de biertjes al koud staan, Ad?'

Vanuit zijn grote stoel, waarin hij zit te kijken naar een willekeurige voetbalwedstrijd, roept hij: 'Wat denk je zelf? De koelkast is helemaal vol.'

Als ik het deurtje opendoe, zie ik dat er een paar speciaalbiertjes op ons liggen te wachten. 'Kijk, dat wordt me het afscheidsfeestje wel, heerlijk! Ik ga de anderen even een knuffel geven, en dan schuif ik bij je aan, oké?'

Omdat het uitladen van mijn spullen nogal lang heeft geduurd, ben ik later terug dan gehoopt, en liggen de meesten van mijn huisgenoten al in bed. Gelukkig brandt er licht in Tinekes kamer, en ik loop snel die kant op. Als ik de deur een stukje openduw en zie dat ze haar ogen nog open heeft, geef ik haar een nachtkus en fluister in haar oor: 'Ik kom snel terug, lieve Tineke, beloofd.' Ze drukt haar wang tegen mijn gezicht en zucht tevreden.

Na nog een laatste inspectie in mijn kamer en het begroeten van de nieuwe nachtdienst plof ik uitgeteld op de stoel naast Ad. 'Pfff, ik ben nog nooit zo klaar geweest voor een biertje.' En dan zie ik dat Ad er al twee heeft klaargezet. 'Wat ben je toch een koning, Ad!' zeg ik terwijl we de flesjes laten klinken.

'Ik moet eerlijk zeggen: ik ga je echt missen, jochie.' Ad kijkt me aan en lijkt niet goed te weten wat hij er nog aan toe moet voegen. Hij trekt zijn wenkbrauwen op.

'Ja, Ad, ik jou ook. Heel erg zelfs.' Nogmaals laat ik mijn flesje bier tegen het zijne klinken. 'Je bent een hele goede vriend geworden, en het mooie is: goede vrienden blijf je voor altijd. Dus we gaan nog heel veel leuke dingen doen samen.'

Hij heeft er zichtbaar moeite mee om dat te verwerken, dus ik blijf maar even stil.

We staren naar de voetbalwedstrijd van twee clubs uit een verre competitie, en na een tijdje zegt hij: 'Ik weet dat je me niet zal vergeten en dat de dingen nu anders voor me worden... maar ik ben zo blij dat we vrienden zijn geworden, echt waar. In het begin, toen ik hier kwam wonen, wilde ik niet meer. Dat weet je. Maar toen jij erbij kwam, zag ik weer hoe leuk het leven kon zijn. Met jou voelde ik me geen zieke oude man, met jou ging ik eropuit. We reden samen motor, hadden plezier in het café, keken voetbal, en ik praatte over liefde, seks en mooie vrouwen. Met jou voelde ik me soms echt weer gelukkig, en dat was iets waarvan ik dacht dat ik het nooit meer zou meemaken. Dus daarvoor wil ik je heel erg bedanken.' Hij pakt zijn flesje. 'Op jou!'

Met betraande ogen antwoord ik: 'Op ons, vriend, op ons!'

Als Ad een slok neemt, merkt hij dat zijn fles al leeg is, en we moeten lachen.

'Hier met dat ding,' zeg ik terwijl ik opsta. 'Leeg proosten kan natuurlijk niet, helemaal niet na zulke mooie woorden. Kom, dan pak ik het laatste biertje.'

V Een waas voor de ogen

Het begin van een andere kijk op zorg

Denemarken

Wie door dit landschap rijdt krijg vanzelf een gelukzalig gevoel: glooiende groene velden contrasteren scherp met de felblauwe lucht en dito zee, en felgele akkers met koolzaad ontvouwen zich nadat we een heuvel passeren. Een bevoorrechte plek op aarde, zo voelt het. Wat later komt de bewoonde wereld weer in zicht, met kleurrijke vissershuisjes en witgekalkte boerderijen met rieten daken – wederom fabelachtig – maar als Jonathan linksaf een parkeerplaats op draait, is de magie ineens verdwenen.

Het kleurloze stenen laagbouwcomplex, dat uit de jaren tachtig lijkt te stammen, roept verwachtingen op die bij binnenkomst snel worden bevestigd: de muffe geur van doorgekookte bloemkool en waskarren verdringt de frisse zeebries. Het zal toch niet precies hetzelfde zijn als bij ons, denk ik, terwijl mijn koffers geruisloos over het vertrouwde linoleum glijden.

Als er van één gebied wordt gezegd dat het de beste zorg ter wereld heeft, afgezien van Nederland, dan is het wel Scandinavië. De Scandinavische landen scoren hoog op bijna alle lijstjes met het woord 'kwaliteit' en worden gezien als maatstaf voor een lang en gelukkig leven. Waarbij, net als bij ons, vaak wordt verwezen naar de grote sommen geld die ook hier in de gezondheidszorg worden geïnvesteerd, maar dat was niet de reden dat Scandinavië de plek is waarnaar bijna alle wetenschappers uit ons vooronderzoek verwezen als het ging om dé toekomst van de zorg voor mensen met dementie. Dus om te zien of het gras echt groener is in het noorden, gaan we deze 'bakermat van geluk' uitgebreid verkennen, beginnend in Denemarken.

Nadat we de bedden hebben verdeeld, ik mijn kleren in een kast heb gekieperd en Jonathan zijn camera heeft gepakt, lopen we naar de woonkamer, waar al een kopje koffie op tafel staat, met duidelijk een koekje van eigen deeg erbij.

Aangenaam verrast constateer ik dat in dit huis verhoudingsgewijs veel mannen wonen, waardoor een leuk gemêleerd gezelschap is ontstaan. 'Kijk, dat ziet er goed uit,' zeg ik, terwijl ik naast een man met een rode pet ga zitten en een hap van mijn koek neem.

Hij knikt vriendelijk, maar kan me duidelijk niet helemaal thuisbrengen.

De vrouw tegenover me voelt zich vrijer en begint meteen in het Engels tegen me te praten: 'Je bent zeker niet van hier? Kom je toevallig uit Frankrijk? Je ziet er Frans uit met die weelderige bos krullen.'

Met een glimlach vertel ik dat ik uit Nederland kom.

'Echt waar?' vraagt ze. 'Dat zou je echt niet zeggen, en ik kan het weten, want ik heb de halve wereld gezien.' Over de rand van haar roze designerbril, die laag op haar neus geschoven zit, kijkt ze me aan met een blik van: ik meen het serieus.

'Ik ben jaloers,' antwoord ik enthousiast, en ik doe een poging het gesprek voort te zetten. 'Mijn naam is Teun. Wat is de uwe?'

Weer een blik over haar bril. 'Nou je het zegt, dat klinkt inderdaad heel Nederlands. Maar die krullen...'

Een zorgverlener die aan het hoofd van de tafel heeft meegeluisterd mengt zich lachend in het gesprek. 'Onze diva Kate is niet snel te overtuigen. Zit je hem nou al meteen te plagen, Kate?'

Kate besluit te laten zien wie de baas is. 'Sorry hoor, ik weet niet waar jij het over hebt, maar deze jongeman en ik waren net in een goed gesprek verwikkeld. Toch?' Aan haar gezicht zie ik dat ik het maar beter kan bevestigen.

Wat heerlijk dit, denk ik, en ik neem nog een slok van mijn koffie. Deze plek ademt misschien niet de grote verandering waarop ik gehoopt had, maar de mensen die er wonen geven het bezoek nu al een gouden randje. En ook de locatie draagt bij aan dat gevoel, want nergens anders heb ik een verpleeghuis gezien dat letterlijk aan zee ligt en uitkijkt over een prachtige kustlijn met witte stranden.

Wanneer de zon boven de hoge dennenbomen achter het hek uit klimt en de middag zijn intrede doet, zie ik bewoners naar buiten lopen om zich te warmen in de schommelstoelen. Kijk, denk ik, dit is dus wat er gebeurt als je de deur naar de tuin openzet: mensen beginnen te leven. Niks binnen zitten zoals in ons land, waar bij warm weer kannen water op tafel komen en waterijsjes uitgedeeld worden. Het is toch veel fijner om naar buiten te mogen en de wind langs je gezicht te voelen, een dutje te doen in de zon of een verkoelende wandeling te maken onder de bomen? Een open tuindeur lijkt misschien iets kleins, maar het maakt zo'n verschil. De wereld waarin je leeft wordt letterlijk twee keer zo groot. Het zijn dit soort ervaringen die een leven in de laatste fase zoveel draaglijker kunnen maken en er soms weer wat glans aan geven.

Het is een mooie eerste stap richting een betere kwaliteit

van leven, maar hoe idyllisch de omgeving hier ook is en hoe liefdevol de mensen ook met elkaar omgaan, nog steeds reikt hun vrijheid niet verder dan het hek. Korte tijd later wordt dat pijnlijk geïllustreerd terwijl ik met Kate een rondje aan het wandelen ben. Als we over een kiezelpaadje langs prachtige wilde bloemenperken lopen en de draad van vanmorgen weer oppakken, zegt ze ineens: 'Weet jij misschien de code van het slot?'

Ik ben redelijk overdonderd door die vraag, al weet ik precies waar ze op doelt. Zo neutraal mogelijk antwoord ik: 'Welk slot?'

Kate kijkt me aan alsof ik haar voor de gek houd. 'Die van het hek natuurlijk!'

Om deze prachtige tuin heen staat een groot groen stalen hek, dat behoorlijk afdoet aan het nog veel prachtiger uitzicht op zee. Terwijl Kate eraan rammelt en aan het cijferslot draait, waarbij ik ietwat ongemakkelijk toekijk, begint ze in paniek te raken. 'Ik wil, ik wil...' zegt ze met een beverige stem, die plotseling heel hard uithaalt: 'Ik wil eruit! Ik wil... eruit!' Ze trekt nog harder en roept: 'Laat me eruit!'

Ik sla een arm om haar heen en zeg: 'Ik ken de cijfercombinatie ook niet, echt niet.'

Ze kijkt me weer aan met die vragende ogen, alsof ze probeert in te schatten of ik haar voor de gek houd. 'Die kun jij ook niet kennen, maar ik wil hier zo snel mogelijk weg. Dat weten ze, maar ze laten me niet gaan.'

Kate laat het hek los, en we lopen verder.

Het personeel heeft het ook opgemerkt, onder wie de manager Mette Sophie, die Jonathan en mij hartelijk komt begroeten. 'Welkom, zo leuk dat jullie er zijn!' Dan betrekt haar gezicht even. 'Ik hoop niet dat jullie alleen dit stukje voor de film gaan gebruiken?'

We geven haar allebei een knuffel, en ik zeg: 'Dit hoort ook bij deze wereld hier, toch? We laten nooit maar één ding zien, omdat we juist graag willen leren van de landen die we bezoeken. Maar ook hier kunnen we van leren, toch?'

Mette ontdooit meteen. 'Klopt. Het is alleen frustrerend, omdat we zo ons best doen om een geweldige plek te maken waar mensen met dementie gelukkig kunnen zijn, met elke dag vers klaargemaakt eten, een fijne tuin en vooral liefdevolle zorg waarbij we iedereen zo vrij mogelijk laten. Maar ja...' Ze zucht diep. 'Dat lelijke hek blijft ons ondanks onze visie een doorn in het oog. We mogen het van de gemeente niet weghalen, want dan zou er misschien iets kunnen gebeuren met de bewoners. Ik kan moeilijk tegen Kate zeggen: ga maar verhaal halen bij de gemeente. We moeten hier werken binnen de geldende regels, wat op een moment als daarnet lastig is. Maar niet proberen om het alsnog zo goed mogelijk te doen is geen alternatief, toch?'

Het is precies waarom we Mette al tijdens de onderzoeksfase in Nederland zo geweldig vonden. Wij hadden haar leren kennen via Anneke Draper, een Nederlandse zorgverlener die ik kende en naar Denemarken was verhuisd. Zij vertelde ons over deze 'ijzersterke en energieke zorgbestuurder die overal mogelijkheden ziet tot verbetering van de zorg en vanuit haar hart beslissingen maakt'. Dit klonk voor ons als de ideale eerste stop in Scandinavië en we zagen dit beeld bevestigd in de gesprekken die volgden met Mette.

Juist omdat ze niet gewoon iets roept op dure conferenties of congressen, maar elke dag probeert om haar visie op de vloer te implementeren begrijp ik haar frustratie ook zo goed: er is een wil om te veranderen, maar nog geen weg.

'Ik laat jullie lekker kijken en ervaren,' besluit Mette. 'Zelf moet ik even controleren of mijn man niet verdronken is, want die heeft vandaag een lange kanotocht gemaakt over de Isefjord.' Ze geeft me een knipoog en draait zich bij de deur toch nog een keer om. 'O ja, voor ik het vergeet, jullie gaan morgenochtend toch met mij mee zwemmen?'

'O nee, ik ben mijn zwembroek vergeten!' zeg ik.

Mette kijkt me verbaasd aan en glimlacht. 'Dat maakt niet uit, want die gebruiken we hier niet.' Waarna ze wegloopt en door de gang roept: 'Tot morgen, jongens.'

Inmiddels is de tafel gedekt, en ik ga naast mijn tafelgenoot van vanmorgen zitten, Anders met zijn rode pet. Blijkbaar heeft hij al wat meer vertrouwen in me, want nu krijg ik geen knikje maar een vriendelijk 'hallo'. Terwijl ik de verse vis eet die zo prachtig op mijn bord gedrapeerd ligt, blijft één vraag door mijn hoofd spoken: als de zorg van bovenaf zo goed geregeld is, er vrolijke zorgverleners zijn die liefdevol met mensen omgaan, en je vrij de tuin in mag lopen, waarom krijg ik dan toch het gevoel hier zelf niet te willen wonen? Het is geen kritiek, meer een gevoel dat ik soms al binnen vijf minuten krijg als ik ergens binnenloop en dat in de uren of dagen daarna nooit verandert.

Omdat we lange dagen reizen en voortdurend alert zijn op wat we zien, waarom we dat zien en wat het kan betekenen, is het meestal laat als de camera in de tas gaat en alles op- en ingeladen is. Aan de ene kant best vermoeiend, maar het geeft ook zicht op een wereld waarvan je op een vroeger tijdstip niets meekrijgt.

Als Jonathan bezig is met het laden van het laatste beeldmateriaal op zijn computer, doe ik onze buitendeur open en vraag over mijn schouder: 'Ook een biertje?'

'Ja, lekker. Ik kom er zo aan.'

Wat is het toch heerlijk om na een lange dag alles van je af laten glijden met een biertje in de buitenlucht, denk ik, en ik kijk naar de opvallend heldere sterrenhemel. Op het moment dat ik onder luid gesis mijn blikje opentrek, zie ik achter een raam aan de overkant iemand druk bewegen. Het is Kate. Met handgebaren maakt ze duidelijk dat ze blij is om me te zien en ook naar buiten komt, waarna ze met al even drukke gebaren aangeeft dat ik onder geen beding weer naar binnen mag gaan. Er is hier ook maar één iemand die zo ondeugend kan doen als zij, denk ik, terwijl ik een slok van mijn biertje neem en met een opgestoken duim bevestig dat ik zal wachten.

Elke kamer heeft zijn eigen tuintje van vijf bij vijf tegels met een beukenhaag, die hoog genoeg lijkt om mensen ervan te weerhouden eroverheen te klimmen. Of nou ja... als de wil sterk genoeg is, is geen beukenhaag te hoog. Nadat Kate haar deur geopend heeft, worstelt ze zich eroverheen. 'Dus, wat gaan we doen?'

Jonathan staat inmiddels ook buiten met een biertje, en we moeten ons best doen om niet heel hard te lachen, want we zien dat ze het bloedserieus meent. 'Eh, wat bedoel je met: "Wat gaan we doen?"' zeg ik op een gespeeld naïeve toon.

'Nou, ik hou wel van een feestje, dus ik dacht: ik ga uit met mijn nieuwe vrienden. Ergens, maakt niet uit waar. Dus, wat gaan we doen, mannen?'

In een instantflashback naar de film *Intouchables* zie ik ons ontsnappen naar de plaatselijke bruine kroeg en stomdronken terugkomen, maar tegelijk weet ik dat we Kate dan nooit meer mee naar huis krijgen. Misschien hoort dat ook wel bij haar plan, want als hier één iemand vanaf de eerste minuut heeft laten zien hoe geslepen ze is, dan wel onze overbuurvrouw, die nu van onze chips zit te smullen.

Ik zeg heel verstandig: 'Het is onze eerste nacht, dus we blijven hier, oké?'

De spontane tuinborrel lijkt haar wilde plannen alweer wat te hebben afgezwakt, en ze oogt tevreden met de situatie. 'Goed idee.'

We kletsen een tijdje over haar avonturen over de hele wereld en de plaatsen die ze nog zou willen bezoeken, en diep in de nacht loop ik met haar mee, stop haar in bed en doe het licht uit. 'Slaap zacht en tot morgen, Kate.'

'Dag jongen,' klinkt het vanuit bed.

'Wat een geweldige vrouw,' mompel ik terwijl ik terugklim over onze heg. In onze kamer ligt Jonathan al te snurken, en als even later ook het licht achter mijn oogleden begint te verdwijnen, schiet nog door me heen: wat een dag!

Na een paar uurtjes slaap worden we gewekt door het alarm van twee iPhones. Om vijf uur 's ochtends gaan zwemmen, wie heeft dat bedacht? Snel trek ik mijn warme trui aan en pak een handdoek uit de badkamer.

Nog half slapend laten we ons door Mette naar de haven rijden, waar we zien dat wel meer Denen zo gek zijn geweest om op dit tijdstip op te staan. 'We doen dit niet omdat jullie hier zijn, we doen dit elke dag. Het hoort bij onze cultuur, de dag fris beginnen in het water dat ons omringt,' legt Mette uit terwijl ik een groep oude en jonge mensen in badjassen de steiger op zie lopen. Om de een of andere reden dacht ik dat het gewoon een leuk zwemavontuurtje zou worden – mijn kennis van topografie en klimaat laat soms te wensen over –, maar dat misverstand helpt Mette gelijk uit de wereld: 'Het water is rond de vijf graden, dus erg koud, maar dat is juist goed.'

Na 'vijf graden' ben ik al in shock, waardoor ik het woord 'goed' nauwelijks hoor.

De situatie wordt nog fraaier als ze zegt: 'Alles uit en gaan.'

Alsof ik het dagelijks doe, laat ik mijn boxershort zakken en stap het ijskoude water in achter een naakte verpleeghuismanager die ik gisteren heb ontmoet.

Met deze 'Deense doop' achter de rug zitten we even later aan het ontbijt, met yoghurt, vers fruit en lekkere haverkoeken, waar ik me flink aan tegoed doe. Terwijl ik een slok sinaasappelsap neem, stelt mijn buurman, wiens pet vandaag van kleur is veranderd, zowaar een vraag aan me: 'Goedemorgen jongen, heb je lekker gezwommen?'

Ik zet mijn glas neer. 'Zeker, maar die Denen zijn wel een beetje gek om elke dag naakt in een ijzige zee te springen.'

Anders voelt zich duidelijk aangesproken en begint te lachen; mijn inburgeringscursus lijkt geslaagd te zijn. Echt contact maken blijft het allermooiste gevoel dat er is, denk ik, en ik neem nog een hap van mijn haverkoek.

Die ochtend zie ik de aanpak van Mette in de praktijk. De wekelijkse Elvisimitator speelt livemuziek, en de bewoners worden liefdevol aan de hand genomen door het personeel om lekker te dansen. Zelfs mensen in een rolstoel worden zachtjes rondgedraaid. Als ik tussen 'Jailhouse Rock' en 'In the Ghetto' even naar het toilet loop, zie ik tot mijn schrik een van de bewoners languit op de grond liggen. Ik trek een sprintje om te kijken of er iets mis is. Frida staart echter volledig ontspannen voor zich uit. In het begin heb ik al gehoord dat ze niet meer kan praten, dus om mijn inschatting te controleren loop ik naar de dichtstbijzijnde zorgverlener, die ook aan het dansen is.

'Sorry, ik zie dat Frida op de grond ligt. En...'

Nog voor ik mijn zin kan afmaken, zegt de verpleegkundige: 'Ja, dat doet ze altijd. Ze kan enorm genieten van de vloerverwarming, dus hoe gek het er ook uitziet, we gunnen haar dit geluk. Geen zorgen!' Ze draait zich om en danst verder.

Wauw, wat bijzonder, denk ik op weg terug naar het toilet. Als je het hebt over persoonsgerichte zorg, is dit toch wel een van de meest tot de verbeelding sprekende voorbeelden die ik heb gezien. Kijken wat de bewoner nodig heeft en daar ruimte voor maken, hoe gek dat voor mensen zonder dementie ook mag zijn.

Na mijn pitstop ga ik een tijdje naast Frida op de grond zitten, en ik begin me te realiseren waarom deze plek, hoe warm en gezellig ook, toch aanvoelt als een instelling: net als in Nederland wordt de meeste gezelligheid en levendigheid gecreëerd door het personeel en prikkels van buitenaf. Zodra het eten, het koffiemoment in de zon of een andere activiteit voorbij is, schieten de meeste bewoners ook hier weer terug in hun eigen belevingswereld omdat ze niet geprikkeld worden. En staren ook zij, met die oneindig verre blik, hun dag weg.

In Moldavië heb ik niet één keer het gevoel gehad dat mensen vermaakt moesten worden met eten, een Elvisimitator of een knutselclub om gelukkig te zijn. De omgang met elkaar was genoeg. Hoe kan het dat de mensen op de West-Europese plaatsen die ik heb bezocht allemaal dat typische 'apathische' gedrag vertonen en niet in staat zijn zichzelf te vermaken? Aan de omgeving ligt het hier niet, want ik heb nog nooit een verpleeghuis gezien op zo'n AAA-locatie, inclusief zeezicht. Aan de hartelijkheid van het personeel ook niet, laat staan de visie van Mette. Maar al die dingen maken van dit verpleeghuis nog steeds geen echt thuis. Manieren om de kwaliteit van leven te verbeteren zijn hier zeker te vinden, maar ik heb het gevoel dat er een soort kern ontbreekt, iets waardoor mensen ook echt kunnen léven.

Vanuit mijn ooghoek zie ik Kate mijn kant op komen. Heel langzaam schuifelt ze over de vloer, waarop ook haar blik gericht is. Hm, gek. Geen 'vriend', zoals ze me de hele dag noemt, en geen geestige opmerking over mijn uiterlijk. Helemaal niets.

Ik stap op haar af en vraag of ze zin heeft om koffie te drinken, waarop ik nauwelijks antwoord krijg. Terwijl ik haar naar een schommelstoel in de buitenlucht begeleid, merk ik dat ze erg in de war is en nauwelijks nog volzinnen kan produceren. Dit is niet de Kate die ik ken, denk ik terwijl ik twee bakkies ga halen.

Als ik binnen vraag wat er met Kate aan de hand is, hoor ik dat ze zelfs na ons gesprek nog een paar keer heeft geprobeerd om uit te breken door de buitendeur te forceren met een bezemsteel. In overleg is besloten om haar 'zo nodig' kalmerende medicatie te geven. Haar sprankeling, haar geslepen antwoorden, haar wilde verhalen en ondeugendheid – het is allemaal verdwenen. Ontsnappen is nu niet alleen fysiek onmogelijk, maar ook mentaal.

Om te zien of ik Kate kan opvrolijken, vraag ik Mette of ik haar mag meenemen naar de zee, waar ze elke dag zo graag naar kijkt. Dat mag. Ik pak een dikke jas voor Kate en een fles rosé uit mijn koffer, en gearmd lopen we via de zijingang van het pand naar buiten, waarna we een half rondje om het huis maken en langs de 'goede' kant van het hek bij het strand komen. Op dit soort momenten helpt Moeder Natuur graag een handje, en ook nu zorgt ze voor een prachtige zonsondergang. De vlakke zee weerkaatst als een spiegel de paarsrode lucht, zwanen zwemmen richting de horizon, en de zon is zo groot dat we hem bijna kunnen aanraken. Ik kniel om mijn jas uit te spreiden en de fles wijn in het mulle zand te zetten, en dan realiseer ik me hoe romantisch dit plaatje er van een afstand moet uitzien.

'Kate, zou dit niet het perfecte moment zijn om je ten huwelijk te vragen?' Glimlachend kijk ik haar aan. 'Dan zou je wel ja zeggen, toch?'

Heel even is er contact: ze knikt. Daarna zoeken haar ogen meteen weer de verte op.

We gaan op mijn jas zitten, en ze leunt tegen me aan terwijl de zon van kleur verschiet. 'Prachtig hè?' zeg ik met een arm om haar heen.

Zachtjes hoor ik: 'Ja.'

Een paar dagen later bedanken we Mette voor haar gastvrijheid en de onvergetelijke ervaring, en we rijden iets verder noordwaarts over het grootste eiland van Denemarken, Seeland. Het land van de Vikingen bestaat uit twee delen, die in de tiende eeuw verenigd zijn door koning Harald Blauwtand. In het westen ligt het 'vasteland', Jutland, dat aan Duitsland grenst en gekenmerkt wordt door ruige zee- en boslandschappen. Het oostelijke deel bestaat uit een archipel van wel vierhonderdvierenveertig eilanden, die overigens niet allemaal bewoond zijn. Zo ruig en steil als de kustlijn van Seeland is, zo glooiend en lieflijk is het binnenland, zodat we binnen een uur in een compleet andere wereld belanden. Uiteindelijk stoppen we bij een rood boerderijachtig gebouw.

Een bruine golden retriever komt op ons afgelopen als we de koffers uit de auto halen. In de verte horen we geiten blaten. Dat is fijn aankomen, denk ik, en we lopen het huis in. Aan de lange eetkamertafel zit iemand met een koptelefoon op muziek te luisteren; ze werpt me een blik toe, zwaait en blijft onverstoorbaar met haar bovenlichaam meebewegen met het ritme van de duidelijk vlotte deuntjes. Rechts van me geeft een vrouw met lang zilvergrijs haar iets te drinken aan een man in een rolstoel, die waarschijnlijk haar echtgenoot is. Terwijl ik me afvraag waar die vreemde stoelen in de verte voor zijn, komen twee jonge vrouwen in chique lichtblauwe shirts de kamer binnen.

'Goedemorgen,' zegt een van hen. 'Ga maar lekker zitten en rust even uit. Hebben jullie het in één keer kunnen vinden?'

Terwijl we aanschuiven aan de tafel, waarbij we meteen koffie en een stuk gebak krijgen voorgezet, antwoord ik vriendelijk: 'Zeker, maar zonder navigatie was het een heel ander verhaal geweest.'

De vrouwen knikken, gaan ook zitten en stellen zich voor. Oprichter May had ik al herkend van onze Zoomgesprekken. Ze is blij dat we hier zijn, zegt ze, en weet zeker dat we ons thuis gaan voelen. 'Jullie mogen doen wat jullie willen. Alleen in dat hoekje vragen we jullie wat stiller te zijn, want daar staan massagestoelen waar mensen in kunnen rusten.'

Ah, dat zijn het dus. 'Dan mogen wij daar vast ook wel in?' vraag ik, en iedereen schiet in de lach.

'Zoals je misschien kan zien,' gaat May verder, 'houden we hier van een echte omgeving met echte spullen. Zo krijgen we elke week verse bloemen, wordt er drie keer per dag gekookt en hebben we 's avonds kaarsen om het gezellig te maken. Want, zo zeg ik altijd tegen het personeel, als je hier kaarsen durft te laten branden, dan gaat het goed. In dat geval durf je de mensen te vertrouwen en er een thuis van te maken.' Ze glimlacht. 'En het mooie is: de afgelopen jaren heeft niemand zich verbrand, en het huis staat nog steeds fier overeind.'

De vrouw aan de andere kant van de tafel moet daar even om grinniken en blijft opvallend luistervinken.

Het is een introductie die staat als een huis, en nu al heb ik dingen gehoord die op andere plekken ondenkbaar zouden zijn. Echte kaarsen? Gewoon op tafel? Bij ons vertrouwen ze mensen niet eens met echte planten, laat staan met iets wat schade kan aanrichten. Ik vraag me af of kaarsen überhaupt zouden opvallen in mijn huis, waar de bovenverlichting altijd fel brandt en dus alle knusheid wegneemt.

Als ik hier om me heen kijk, is dat wel anders. Ik zie prachtige schemerlampen, kamerlampen en zelfs leeslampjes bij de bank, en realiseer me hoe gek het is dat ik dat bijzonder vind. Er hangen geen 'stockschilderijen' met teksten uit zoetsappige liedjes, vergezichten uit het jaar kruik of snoezige dieren van de kinderboerderij. Nee, hier hebben ze echte schilderijen, van echte kunstenaars, achter echt glas. Overal staan prachtige planten in nog mooiere potten en bloemen in vazen. Ik probeer mensen al zo lang duidelijk te maken wat het grote verschil is tussen een huis en een thuis, en vaak worden mijn ideeën afgedaan als idealistisch en onbereikbaar. Hier zie je hoe ongelooflijk eenvoudig het is om die eerste stappen te zetten om dat te bereiken. Vinden we het dan echt normaler om voor ruim twintigduizend euro aan plastic nepplanten te kopen, zoals ze laatst deden bij een verpleeghuis waar ik op bezoek was, dan om voor een paar euro echte huiselijkheid naar binnen te halen?

Als de koffie en het gebak op zijn, lopen we naar de kelder, waar we in de vergaderruimte mogen overnachten. We nemen liever geen ruimte in die voor de bewoners is, dus het is altijd weer een verrassing waar we slapen.

'Goed zo?' vraagt May als we de stretchers in de krappe ruimte om het bureau hebben gevouwen.

'Niks meer aan doen,' zegt Jonathan, die met een lach de slaapzakken uitrolt.

'Je ruikt het misschien al een beetje,' zegt May, 'maar hiernaast is het spa-gedeelte, waar bewoners lekker kunnen zwemmen.' Als ze mijn mond open ziet vallen van verbazing, voegt ze eraan toe: 'Klinkt chiquer dan het is, hoor. De vorige eigenaar van het huis heeft dat erin laten zetten, en ik dacht: dat vinden onze bewoners ook vast leuk, dus we hebben het gehouden. Aarzel niet en maak er gebruik van als je lekker wil ontspannen, en dan zien we jullie straks wel ergens rondlopen, oké?'

Zodra ze is vertrokken, kijken Jonathan en ik elkaar aan. 'Lang niet gek hier,' zeggen we bijna tegelijk.

Nadat we ons geïnstalleerd hebben, besluiten we het zwembad voor vanavond te bewaren, en we lopen naar boven. Ik ga tussen de mensen zitten, en Jonathan vertrekt met zijn camera naar buiten om opnames te maken nu de zon zo mooi op het huis schijnt. Ik ben aangeschoven bij een tafel waar de bloemist net verse bloemen snijdt.

'Mooi hè, al die kleuren?' klinkt het naast me. 'Ik heet Britta, jij?' Mijn buurvrouw spreekt me aan in haar beste Engels, dus ook zij zal wel hebben ingeschat dat mijn krullen niet uit Denemarken komen.

'Mijn naam is Teun. En wat fijn dat u zo goed Engels kunt spreken. Dan kunnen we gezellig kletsen,' zeg ik opgelucht, want ik maak me regelmatig een beetje zorgen over eventuele taalbarrières.

'Nou, ik spreek liever Duits. Mijn man komt uit Duitsland, dus dat is bijna een tweede taal voor me geworden. Kun jij dat ook spreken?'

Omdat mijn vorige boek over een tijdje in alle Duitstalige landen zal verschijnen, heb ik net een cursus Duits afgerond, maar ik zou het nog niet mijn tweede moedertaal willen noemen. Ik besluit dan ook dat het goed is om een beetje te oefenen en antwoord zelfverzekerd: 'Natuurlijk kan ik dat. Hoe vindt u het om hier te wonen?'

Ze pakt de armleuningen van haar stoel en gaat netjes

rechtop zitten. 'Het leven is hier goed, jongen. Natuurlijk zijn de meeste mensen oud en worden we krakkemikkig, maar het is een fijne plek. Kom, dan geef ik je een rondleiding en stel ik je voor aan de anderen.'

Dat laat ik me geen twee keer zeggen. Als ik ben opgestaan, geeft Britta me een hand, en samen lopen we naar buiten. Allereerst ontmoeten we Frederik, die druk met de hond aan het spelen is en geen oog voor ons heeft. 'Zo gaat dat meestal als hij zijn favoriete viervoeter tegenkomt,' zegt Britta. 'Die zien we zo wel bij de lunch.' Daarna lopen we langs de geiten, die duidelijk weten dat als er mensen verschijnen, er ook kans op eten is. Nieuwsgierig komen ze dichterbij. 'Mooie beesten zijn het toch?' Dan volgt de grote kippenren, waar Torsten rijkelijk voer strooit en hele gesprekken heeft met de scharrelkippen. 'Altijd een vers eitje,' klinkt het van links, en ik begin bijna te geloven dat Britta geen bewoonster is, maar de marketingmanager. 'Zo, en hier bij de vuurplaats zitten de anderen. Hallo allemaal, dit is Teun. Hij komt hier logeren.' Ze zucht diep en zegt: 'Hèhè...' Het is duidelijk dat ze haar taak als volbracht beschouwt. 'Lukt het zo verder?'

Ik schud haar hand, die nog steeds de mijne vasthoudt. 'Ja, geweldig. Zo red ik het zeker weten.'

Britta maakt het zich gemakkelijk bij het knisperende vuur waar iedereen buiten omheen zit. Ik doe hetzelfde en krijg een fleecedeken overhandigd van de vrouw naast me, met de boodschap: 'Tegen de gure zeewind.' De rest van de middag zit ik gezellig te kletsen en leer ik bijna alle mensen kennen, die stuk voor stuk helder en alert overkomen. Heel benieuwd wat Mays geheim is, denk ik terwijl ik even mijn ogen sluit om te genieten van de zon op mijn gezicht, en al snel verdwijnt het geroezemoes naar de achtergrond.

In de dagen die volgen praat ik met bewoners over hun leven, eten we restaurantwaardig voedsel, lachen we om Britta, die jaloers is als anderen te lang met mij kletsen, wordt er heerlijk naar muziek geluisterd bij kaarslicht, en zie ik mensen in bed slapen met een kat die ze van huis hebben meegebracht, ontspannen ronddobberen in het zwembad en versmelten met de massagestoelen in de hemelwitte chillhoek.

Vlak voor ons vertrek zoek ik May op in de tuin. 'En, wat denk je?' wil ze weten.

Ik moet even nadenken hoe ik dat het best kan verwoorden, want er blijft een dubbel gevoel bij me hangen. 'Ten eerste alle lof voor de plek die je hebt gecreëerd. Voor verandering is moed nodig, dat voel ik ook sterk bij jou, en dat bewonder ik enorm.' Het compliment doet haar zichtbaar goed, en vervolgens deel ik hoe ik het huis ervaar. 'Het algemene gevoel dat bij mij overheerst is dat van een wellness. Het is alsof je constant in de watten wordt gelegd, van het begin tot het einde van de dag.'

May kijkt tevreden. 'Dat is ook ons doel. We proberen mensen zo veel mogelijk op hun gemak te stellen en te faciliteren hoe zij willen leven.'

Terwijl we door de tuin lopen, stel ik die ene vraag waar ik zo benieuwd naar ben: 'Wat me opvalt is dat vrijwel iedereen alert is, kan lachen en huilen, actief met elkaar omgaat. Hoe kan dat? Wat is de Maymethode?'

Ze straalt van trots. 'Ik weet niet of onze methode de beste manier is, want er zullen zeker ook andere "goede" plekken op de wereld zijn waar ze op een andere manier voor mensen zorgen, maar hier werkt hij heel goed. En daar ben ik heel blij om.' Haar blauwe ogen worden nog wat feller. 'Kijk, voordat ik deze plek kreeg, viel me altijd op dat zoveel mensen apathisch voor zich uit keken of met hun hoofd op tafel lagen. Als er iets gebeurde, reageerden ze maar heel kort, waarna ze weer verder staarden. Ik heb geprobeerd uit te zoeken waarom, en ik begreep steeds beter dat het door de medicatie kwam. Elke keer als ze medicijnen hadden genomen, keerden ze zich in zichzelf en verscheen er een waas voor hun ogen, zodat je ze nauwelijks nog kon bereiken. Dat is het, dacht ik. Dus toen ik hier mijn eigen plek begon te bouwen, heb ik de medicatie afgebouwd, en ik zag de waas verdwijnen. Het was letterlijk alsof het leven terugkwam in hun blik.' Wat May heeft gedaan is iets wat weinig mensen doen of durven, maar in mijn ogen is het hard nodig in de beantwoording op de vraag naar een betere kwaliteit van leven, aangezien juist die apathie zo'n groot onderdeel vormt van het huidige beeld. 'Nu gebruiken we hier nauwelijks medicatie meer en helemaal geen kalmerende middelen, dus we kunnen met bijna iedereen communiceren, ook al kunnen ze niet praten. Het is zo belangrijk om die waas weg te halen, want dan kun je contact maken via de ogen, en die vertellen je heel veel.' Scherp als ze is, vraagt May tot slot: 'Maar wat vond je minder geslaagd, of waarbij dacht je: hm, waarom doen ze dat zo?'

Ik kijk haar in de ogen en besluit net zo eerlijk te zijn over de negatieve kanten die ik heb ervaren. 'Wat mij is opgevallen, en waar ik mijn vraagtekens bij zet, is dat mensen de hele dag op hun wenken worden bediend. Het personeel neemt bewust een onderdanige rol aan, waardoor de gelijkwaardigheid voor mijn gevoel volledig de andere kant op schiet en het hier meer als een luxe boetiekhotel aanvoelt dan als een thuis.'

May blijft aandachtig luisteren en laat me uitpraten.

'Het is iets waar ik heel erg van kan genieten, maar na een week wel een beetje kriegelig van word. Als ik thuis telkens met mijn vingers knip om koffie of eten te vragen, weet ik wel wat voor reactie ik kan verwachten. En als er nooit eens een keer wordt gezegd: "Wil je dat niet doen?" word ik denk ik ook een irritant mannetje en ontstaat er eigenlijk ook geen fijn huis. Een ongelijkwaardige verhouding tussen mensen voelt voor mij nooit als een duurzame oplossing. Begrijp je wat ik zeg?'

Ze kijkt even bedenkelijk en zegt: 'Het moeilijke is: ook ik weet niet precies wat mensen met dementie voelen. Maar ik zie wel wanneer ze gelukkig zijn, dus dat probeer ik hier zo veel mogelijk na te streven. En of dat helemaal optimaal is, dat weet ik niet, maar tot nu toe voelt het als de beste manier.'

Ik geef haar een dikke knuffel en zeg: 'Dank je wel, ik had het niet mooier kunnen verwoorden. Echt heel bijzonder om te zien dat je het geluk van de bewoners altijd centraal stelt en daar alles voor overhebt. Blijf dat doen en blijf zoeken, dan doe ik dat ook.'

We omhelzen May nog een laatste keer, nemen afscheid van iedereen, pakken de camera in, sluiten de klep van de Volvo en rijden terug naar Nederland met een helderder blik dan we bij aankomst hadden.

VI Onze hoop

De paradox van bewustwording rondom dementie

Zuid-Afrika

'Paspoorten, alsjeblieft,' klinkt het vanuit het douanehokje, waarop Jonathan en ik onze documenten aan de beambte geven. 'Waar gaat de reis heen, jongens?' zegt de jonge douanier, die drie keer moet kijken of de jonge krullenbol op mijn paspoort wel overeenkomt met het gezicht dat hij nu voor zich heeft.

'We gaan een paar weken naar Zuid-Afrika, en ja, dat ben ik echt op de foto.'

Zijn strenge blik verdwijnt. 'Goed dan, heb het mooi daar. Volgende!'

Al maanden kijk ik uit naar deze reis, die voelt als een ontdekkingstocht. Na maanden bellen, mailen en appen kwamen we gedurende ons vooronderzoek voor de documentaire in contact met wetenschappers uit de hele wereld, maar een van de grootste continenten werd nooit genoemd als voorbeeld voor goede zorg: Afrika. Juist daarom wilden we ons nog meer in dit 'vergeten continent' verdiepen. We kwamen erachter dat het gebrek aan aandacht eigenlijk heel gek is, want cijfers van de Verenigde Naties laten zien dat de ouderenpopulatie in Afrika de komende jaren sneller zal groeien dan op welk ander continent ook, wat betekent dat het aantal mensen met een vorm van dementie eveneens in rap tempo zal toenemen. Dat gegeven maakte ons zo nieuwsgierig naar de manier waarop er in Afrika wordt omgegaan met dementie, dat we alles op alles zetten om Zuid-Afrika aan onze reis toe te voegen.

Via verschillende Zoomcalls kregen we ook een goede band met een paar enthousiaste Zuid-Afrikaanse wetenschappers op het gebied van de geriatrie (het specialisme geriatrie houdt zich bezig met onderzoek en behandeling van kwetsbare ouderen met meerdere aandoeningen tegelijkertijd): prof. Jaco Hoffman (universiteit van Oxford en North-West University), dr. Adele van Wyk (University of the West of England) en dr. Rayne Stroebel (oprichter GERATEC), die alle drie onderzoek hebben gedaan naar dementie in Afrika als geheel en in Zuid-Afrika in het bijzonder. Ze spraken over de positieve ontwikkelingen op het continent, maar ook over het gebrek aan bewustzijn en de problematische culturele perceptie van dementie. In Zuid-Afrika belandt slechts een klein percentage van de mensen met deze aandoening volgens hen in een verpleeghuis, terwijl een meerderheid in de hechte gemeenschappen blijft wonen die het land rijk is. De drie wetenschappers raadden ons aan om in de townships meer inzicht op te doen in de cultuur en de redenen waarom het zo uitpakt.

'Teun, dat meen je niet,' zegt Jonathan als ik mijn hele handbagage overhoophaal om mijn paspoort te zoeken voor het boarden.

'Heb ik het niet uit de bak gehaald bij de douane?' vraag ik in lichte paniek.

'Het steekt uit je borstzakje, grapjas... Probeer onderweg niets belangrijks te verliezen, want Afrika is echt een andere wereld.' Hij kijkt me ongewoon serieus aan. Jonathan heeft een paar jaar in Zuid-Afrika gewoond, dus ik weet dat hij geen grapje maakt. 'Als je gewoon je boerenverstand gebruikt, is er niets aan de hand. Kijk, veel mensen in Nederland vinden het gek dat je in Zuid-Afrika moet letten op wat je doet, waar je loopt en wat je meeneemt. Maar dat verandert snel als je zelf hebt gezien hoe het leven er is, en begint te beseffen dat onze veilige bubbel eerder uitzondering dan regel is op de wereld.'

Iets meer dan twaalf uur later rijden we in het holst van de nacht in een taxi over de N2 van het vliegveld richting het centrum van Kaapstad. In de wirwar van elektriciteitskabels aan beide kanten van de snelweg hangen duizenden lichtjes, met daaronder de vage contouren van kleine hutten. Als de snelweg begint te kronkelen en de lichtjes plaatsmaken voor straatlantaarns, die met bomen omzoomde lanen en witte herenhuizen onthullen, klinkt het voor in de auto: 'We zijn er bijna.'

Jonathan buigt voorover en kijkt door de voorruit omhoog. 'Qua landschap heeft deze stad alles,' zegt hij. 'Prachtige bergen, veel groen en ligt pal aan zee.'

We slaan de hoek om en zien in de verte het centrum van Kaapstad oplichten, waardoor niet alleen duidelijk wordt hoe groot de stad is, maar ook hoe het prachtige panorama van de Tafelberg over de stad waakt.

De volgende ochtend ben ik vroeg wakker. Ik sta op en besluit een wandeling te maken over de boulevard voor onze deur, waar verderop het water woest tegen de grote rotsen in zee slaat. Ik krijg meteen een idee hoe de rollen in dit land verdeeld zijn als ik zie hoe de witte bevolking hier in mooie outfits over de boulevard jogt en zich tegoed doet aan granolabowls en flat whites in hippe koffietentjes, terwijl de zwarte bevolking vuil prikt in de straten en met zijn tienen in de laadbakken van pick-ups voorbijscheurt. Als de verschillen hier normaal al zo groot zijn, hoe is het dan voor kwetsbare groepen die zorg nodig hebben, zoals mensen met dementie?

Als ik dankzij het opstuivende zeewater als een verzopen kat terugkom bij het hotel, zit Jonathan al te wachten in onze auto. Hij gooit de deur open. 'Wat zie jij eruit. Stap maar snel in. We hebben een lange reis voor de boeg, dus we ontbijten onderweg ergens, oké?'

Ik knik, ga zitten en leun achterover.

Onderweg begint de stad te ontwaken, en aan beide kanten van de snelweg zie ik wat gisteravond in het donker grotendeels onzichtbaar bleef: de townships. Namen komen voorbij op de verkeersborden – NYANGA, MITCHELL'S PLAIN en KHAYELITSHA –, maar op mij komt het over als een eindeloze vlakte met geïmproviseerde hutjes en huisjes van uiteenlopende materialen. Opstijgende rookpluimen vertroebelen de hemel, en door mijn open autoraam kan ik ruiken dat er afval verbrand wordt.

Tijdens de rit passeren we victoriaanse dorpjes met schoongeveegde straten, prachtige uitgestrekte wijngaarden en kasteelachtige boerderijen. Dit idyllische beeld wordt af en toe wreed verstoord door weer een nieuwe township. Bijna elke stad en elk dorp in Zuid-Afrika heeft er een of meer, en ze vinden hun oorsprong in de donkerste periode uit de geschiedenis van het land, de apartheid. Het is een aaneenschakeling van extremen die voorbijflitst; rijkdom en armoede groeien hier tegen dezelfde bergkammen op.

Een uur of zes later nemen we een afslag richting Thembalethu, het grootste township van de gemeente George. Het is een 'zwarte township' waar voornamelijk Xhosa's wonen, die tot de oorspronkelijke bewoners van het land behoren en bekendstaan om hun sierlijke kliktaal. Onze contactpersoon, Tante Gloria, is een vrouw die zeer gerespecteerd wordt in deze gemeenschap. Als we een viaduct op rijden, belanden we midden in een zwerm mensen en auto's, en we speuren om ons heen naar Tommy, een goede vriend van Tante Gloria die ons zal begeleiden tijdens ons verblijf.

Al snel kijken steeds meer mensen verbaasd naar de auto met twee zwaaiende witte vakantiegangers erin. Overwegend jonge mannen verdringen zich in de hoop uitgekozen te worden door oudere mannen die verderop met briefjes staan te zwaaien. Door de enorme schaarste aan werk is het letterlijk een lot uit de loterij om ingehuurd te worden voor een dag fysieke arbeid. Degenen die 'geluk' hebben springen achter in de laadbak van kleine pick-ups en verdwijnen de snelweg op, om laat in de avond met een zakcentje terug te keren. Het is niet verwonderlijk dat de menigte hier vreemd opkijkt van twee onbekende jongens die op zoek zijn naar een plek om hun auto te parkeren in deze gekte.

Als Tommy aan komt lopen, heeft hij direct door dat we een attractie zijn geworden. Hij gebaart enigszins nerveus dat we moeten blijven zitten, waarna hij instapt, ons begroet en zegt: 'Kom, dit is niet de beste plek om te blijven staan. We moeten die kant op.'

Eenmaal uit de drukte hebben we vanaf het viaduct een goed zicht op de indeling van het township en zien we meteen dat er maar één toegangsweg is. Ik vraag Tommy om uitleg, en hij begint te vertellen: 'Thembalethu bestaat uit verschillende zones, maar je kan er inderdaad maar via één weg in. Dat is bewust zo ontworpen om het township hermetisch te kunnen afsluiten in geval van ongeregeldheden, wat vroeger vaak gedaan werd door de apartheidscommando's. Tegenwoordig wordt de weg door bewoners geblokkeerd zodat de politie er niet in kan.' Er verschijnt een ondeugende glimlach op zijn gezicht. 'Typisch een geval van karma.'

Een paar straten verderop komen we aan bij een klein plein met een vijftal huizen. Waakhonden blaffen achter metalen hekken als we uit de auto stappen. 'Ze doen niks hoor,' verzekert Tommy ons, waarna we het huis van Tante Gloria binnengaan. Twee jongetjes van een jaar of acht verwelkomen ons en nemen ons bij de hand naar de woonkamer. Vanuit de keuken horen we Tante Gloria roepen: 'Jongens, zijn jullie daar? Ik kom eraan.'

In de woonkamer zit een man op een grote lederen hoekbank. Hij rolt met zijn ogen als we hem begroeten. 'Dat is Joseph, de man van tante Gloria,' zegt Tommy. 'Hij heeft een beroerte gehad en heeft sindsdien moeite om zich dingen te herinneren.' Als ik een praatje met hem probeer te maken, reageert hij brabbelend en zijn afwezige blik dwaalt naar de televisie – gedrag dat ik vaak zie bij mij in het verpleeghuis en dat me sterk doet denken aan een vorm van dementie.

'Kijk, daar zijn mijn jongens uit Holland. Wat geweldig dat jullie hier zijn.' In een prachtig kleurrijk gewaad met daarover een ketting van blauwe houten kralen komt Tante Gloria op ons afgelopen. Ze draagt een rechtopstaande bontmuts en een lichtgetinte bril, waardoor ik haar ogen nauwelijks kan zien. Net voordat we elkaar willen omhelzen, kijkt ze naar wat we hebben meegenomen. 'Is dat jullie camera?' vraagt ze ontzet.

'Eh, ja? Niet goed?' zegt Jonathan.

'Hm, dit kan nog weleens een probleem worden. Ik dacht dat je met een kleine camera zou komen, niet zo'n enorm apparaat. Zoiets gaat opvallen, en dat wil je hier niet...'

Tijdens de autorit maakte Jonathan zich al zorgen over de apparatuur. In de tijd dat hij hier woonde heeft hij zich nooit onveilig gevoeld, zelfs niet in de townships, maar toen liep hij ook niet rond met een peperdure filmcamera. 'Dat is alsof je openlijk met een zak goud door de straten loopt, in de hoop dat ze het niet zien. Onmogelijk! Het voelt echt als roulette wat we gaan doen...' We hadden gehoopt dat we bij onze contactpersonen veilig zouden zijn omdat we voor een goed doel kwamen, maar nu dit op de eerste dag al wordt gezegd, vraag ik me af wat ons de komende weken te wachten staat.

Na een paar telefoontjes met leiders van de gemeenschap spreken we af dat we alleen onder begeleiding van Tante Gloria op pad gaan. Zij heeft aanzien en kent veel van '*the killers*', zoals zij ze noemt. 'Ik was vroeger lerares en had de meesten van die jongens in de klas. Ze doen mij niets, dus hopelijk jullie ook niet.'

Ik kijk naar Jonathan en zie hem hetzelfde denken als ik: hopelijk... oké.

Gelukkig komt Tommy, die is aangewezen als chauffeur en tweede begeleider, een stuk relaxter over. 'Komt goed, jongens,' zegt hij. 'Ik zal morgen de priester bellen en kijken wat hij ervan vindt. Drink maar rustig een bakkie, breng jullie spullen naar het hotel en ga dan lekker slapen.'

Het is een bizarre gewaarwording om plotseling je gevoel van veiligheid in te ruilen voor angst en onzekerheid, en dat nog voordat het 'echte werk' moet beginnen. Jonathan en ik zetten de mokken oploskoffie aan onze lippen, halen onze schouders op en gaan op in de cricketwedstrijd op televisie. Een paar uur later nemen we weer afscheid van Tante Gloria en haar familie. We zetten Tommy in het aardedonker thuis af en rijden door naar ons hotel, dat aan de 'goede en beveiligde kant' van het viaduct ligt.

Die avond ontmoet ik Jonathan in de hotelbar voor een drankje en een nabeschouwing. De barman hoort ons praten en doet er nog een schepje bovenop: 'Wat? Gaan jullie filmen in Thembalethu?' Hij komt niet meer bij van het lachen. 'Wie heeft dat verzonnen? Dit is geen toeristische township-tour zoals in Kaapstad of Johannesburg hè? Thembalethu is het echte leven, met heel echte mensen, die ook echt heel gevaarlijk kunnen zijn.' Hij pakt een fles rode wijn en schenkt twee glazen in. 'Ik woon er al bijna mijn hele leven, en ik kan je vertellen: het is er niet beter op geworden. De bendes die er actief zijn bepalen alles. Als je daar woont, leer je ermee omgaan, want zo is het nou eenmaal. Maar jullie bleekscheten?'

We laten ons meeslepen door zijn aanstekelijke gelach, al weten we dat er eigenlijk weinig te lachen valt. Als we vertellen dat we tot een paar uur geleden nog van plan waren om in het township zelf te slapen, en dat we last minute deze plek hebben gevonden toen dat werd afgeraden, slaat hij bulderend van het lachen op de bar.

'Wat? Jullie wilden daar gaan slapen? Jongens! Slapen in Thembalethu? O mijn God, dit zal ik nooit van mijn leven vergeten. Toch zeker niet in dat hostel daar?'

We voelen ons nog dommer en knikken schuldbewust.

'Het wordt steeds gekker met jullie! Die hadden de achterdeur wagenwijd open laten staan voor alle "*bad boys*", en dan waren jullie nu zeker dood geweest. Sorry, jongens, ik wil jullie echt niet bang maken. Jullie zullen vast in goede handen zijn bij Tante Gloria, maar wees voorzichtig. Ik meen het. De bendeleden hebben tegenwoordig geen enkel mededogen en hanteren een "*zero whiteness policy*". En iedereen die ze beroven of verkrachten maken ze af, zodat niemand kan getuigen.'

Ik neem een flinke slok wijn en probeer de sfeer wat lichter te maken met een grapje. 'Schenk de glazen nog maar eens vol. Het zouden weleens onze laatste kunnen zijn.'

We proosten nog een keer en lachen onze angsten weg, om niet veel later lichtelijk 'verward en beskonke' in slaap te vallen.

De volgende ochtend stappen we gespannen in de auto om Tommy en Tante Gloria op te halen. We gaan een aantal mensen bezoeken die ons meer kunnen vertellen over de manier waarop in Zuid-Afrikaanse townships wordt omgegaan met cognitieve problemen, want het woord 'dementie' kennen ze hier nauwelijks.

Al vrij vroeg in ons onderzoek naar Zuid-Afrika kwamen Tante Gloria en Tommy op ons pad via dr. Adele van Wyk, die tijdens haar PhD-onderzoek heeft gedaan in deze regio en daarbij geweldige hulp van hen heeft gekregen. Tante Gloria, die de pensioenleeftijd allang gepasseerd is, is niet zozeer een expert op het gebied van ouderenzorg, als wel op het gebied van zorg in het algemeen. Dankzij haar prominente rol in de Xhosagemeenschap weet ze niet alleen precies wat er in het township gebeurt, maar ook, nog belangrijker, wat er onder de oppervlakte borrelt en bij wie de nood het hoogst is. Om daar iets aan te doen zet ze zich dag en nacht in, voor zoveel verschillende doelen als haar hart groot is. Of het nu gaat om voedselprogramma's, het regelen van uniformen voor schoolgaande kinderen of de zorg voor de ouderen in de gemeenschap, Tante Gloria staat altijd klaar om te helpen. 'Rijk ben ik zeker niet, maar delen is wat ik kan en het liefste doe. Zo maak ik niet alleen de wereld van anderen mooier, maar ook die van mezelf,' vertelde ze in een van onze voorgesprekken via Skype.

Eerst stoppen we bij de achterbuurman van Tante Gloria, Norman, die een week geleden zijn vrouw heeft begraven. Hij staat al bij de poort van zijn witstenen huisje te wachten en kletst met zijn buurman terwijl Tommy de auto iets verderop parkeert. Meteen als ik dichterbij kom, loopt hij naar binnen, en hij komt terug met een fotolijst onder zijn arm waarop een vrouw staat. 'Ze was de mooiste vrouw ter wereld,' zegt hij. 'Ze was mijn alles, maar ze is er niet meer. God heeft haar opgehaald omdat ze niet meer verder kon.' Een traan rolt over zijn gezicht terwijl hij naar de foto kijkt.

Ik gun hem dit stille moment en kijk aandachtig naar de foto. Na een minuut of wat zeg ik: 'Ze ziet er prachtig uit, en zo krachtig ook.'

Normans mondhoeken krullen iets omhoog. 'Ja, dat was ze! Een leeuwin. Niet voor niets was ze lange tijd burgemeester van Thembalethu. Dat mag buiten onze muren dan geen officiële titel zijn, maar daarbinnen is het de hoogst haalbare.'

Omdat het verlies zo vers is, vraag ik voorzichtig: 'Is uw vrouw lang ziek geweest?'

Hij zucht, en ik zie wanhoop in zijn ogen. 'Het is zo gek. Ze is overleden, maar niemand weet precies wat de oorzaak was. Haar hoofd was niet goed, zei de dokter, maar ze konden niets doen.' Hij zucht opnieuw. 'Ze heeft heel veel verschillende soorten medicijnen gehad, maar die hielpen niet. Ze vergat steeds meer, werd angstig wakker in de nacht en durfde steeds minder vaak de straat op, omdat ze niet goed snapte wat er met haar aan de hand was.' Norman schudt zijn hoofd. 'De ooit zo sterke leeuwin, die voor niets en niemand bang was, veranderde in een angstig katje, wat ik niet kan begrijpen. Dus dan is het misschien maar beter zo. Nu heeft ze eindelijk haar welverdiende rust.' Hij kijkt me aan met een verdrietige blik en knikt alleen nog maar. Ik voel dat het te zwaar wordt om erover te praten.

Ik knik terug, neem afscheid met een stevige knuffel en zeg: 'Wat een bijzonder mooie vrouw heb jij. Ik ben blij dat je me over haar verteld hebt.'

Er verschijnt een glimlachje op zijn gezicht, en als we vertrekken, zien we dat hij nog altijd bij de poort van zijn huis staat met de foto van zijn vrouw onder zijn arm – een beeld dat ik niet snel zal vergeten.

In alle opzichten ben ik in een andere wereld beland: niet alleen qua rijkdom, voorzieningen en veiligheid, maar ook qua gezondheidszorg. Bij ons in Nederland heb ik het gevoel dat we net zo lang doorgaan tot er een diagnose is. Ik ben het gewend om bij ziekteverschijnselen op zoek te gaan naar een specifieke oorzaak, in plaats van akkoord te gaan met 'Je hoofd is niet goed'. Tegelijkertijd vraag ik me af of Norman en zijn vrouw een gelukkiger leven hadden gehad als ze wisten dat ze waarschijnlijk een vorm van dementie had. Het is een vraag die niet eenvoudig te beantwoorden valt, omdat in ons land het 'label' dementie maar al te vaak leidt tot vereenzaming, schaamte, uitsluiting, opsluiting en uiteindelijk zelfs tot een sociale dood.

Bij het volgende adres slaan we af van de grotere verharde weg en parkeren we de auto op een grasveld waar drie vervallen gebouwen staan en een paar kleine kinderen spelen met een kapotte kruiwagen. Als ik de deur open en uitstap, krijg ik meteen kippenvel als ik luister naar het vrouwenkoor dat ik door de kleine ramen van het lage kalkkleurige gebouw zie dansen en klappen op vrolijke en opzwepende muziek. Daar verandert gelukkig niets aan als we binnenkomen, en ik word door een man die voor de groep staat aangespoord om mee te doen. Het is alsof de muziek me met open armen ontvangt en ik meteen deel van de groep word. De samenzang draagt me, en de energie van de veertig vrouwen op leeftijd doet alles vervagen. Ik voel me niet langer angstig vanwege gevaren van buiten, maar blij en bevoorrecht om op deze plek te zijn.

Het gebouw bestaat uit een kleine zaal waarvan de helft gevuld is met ongeveer vijftig eenvoudige plastic stoelen, terwijl de rest gebruikt wordt voor balspelen en andere bewegingsoefeningen, die ook allemaal onder luid gezang plaatsvinden. In de pauzes tussen het zingen en dansen wordt er soep geserveerd vanuit het aangrenzende keukentje aan de dames die in de stoelen zitten, en ik praat met ze over hun bestaan op oudere leeftijd. Net als bij mij in het verpleeghuis zeggen ze dat alles steeds sneller gaat, maar dat ze vooral heel blij zijn met het leven dat ze mogen leiden. Dat komt mede door deze sociale ontmoetingsplek, waar ze allemaal graag komen om te praten over de serieuze en minder serieuze dingen in het leven. Vooral die laatste categorie zorgt voor luid gejoel en gegil.

'Ja, jongen, hier bespreken we echt alles!' roept de gangmaker van de groep, en de rest van de vrouwen laat er geen misverstand over bestaan op welk onderwerp ze doelt door nog harder te giechelen.

Met een glimlach speel ik erop in: 'Is die jongen met de pet niet iets voor jullie?'

De dames joelen nog harder.

Als ik na alle gekkigheid vraag of ze mensen kennen die last hebben van vergeetachtigheid, gaan bijna alle vingers omhoog. En bij de vraag in welke gevallen dat tot vervelende situaties leidt, blijven de meeste vingers opgestoken.

'Waarom wil je dat weten?' vraagt een vrouw op de eerste rij.

'Goede vraag!' zeg ik. 'Ik probeer uit te zoeken wat we van andere landen kunnen leren over het onderwerp dementie. Weten jullie wat dat is?'

De vingers blijven nu naar beneden.

'Niemand? Er zijn heel veel soorten dementie, maar de bekendste is alzheimer, waarbij mensen, vaak wat oudere, bijvoorbeeld dingen gaan vergeten, wat steeds erger wordt.'

Ik zie velen knikken van herkenning en overleggen met hun buurvrouw.

'Ik zou er graag over praten hoe jullie daarover denken en hoe we ermee kunnen omgaan voor een zo goed mogelijke toekomst.'

De gangmaker loopt naar voren en zegt: 'Het is fijn om te horen dat je hierover wil praten. Ik denk dat veel van ons het herkennen bij onszelf of iemand uit onze omgeving, dus kom allemaal vooral naar deze jongen toe, die hiervoor helemaal uit Nederland is gekomen.'

In de uren die volgen hoor ik iedereen verhalen delen. Voor veel vrouwen lijkt het een openbaring of opluchting dat ze niet de enigen zijn. Zo hoor ik over een man die vaak naar de plaatselijke winkel gaat en dan de weg niet meer terug kan vinden, waarop hij zonder dat iemand klaagt of zich afvraagt wat er aan de hand is, thuisgebracht wordt door een klant of de winkelier zelf. Ik hoor over een oudere vrouw die altijd tegen zichzelf praat als ze door de buurt loopt, en over een man die zegt dat hij dingen ziet die anderen niet zien. Maar bij niemand hoor ik enig oordeel. Het gedrag valt ze wel op, maar ze hebben nooit gedacht dat het iets specifieks kan zijn.

'Het hoort er gewoon bij. Iedereen is anders toch? Ouderdom komt met gebreken, dat weten en voelen we allemaal,' zegt een vrouw, waarmee iedereen luidkeels instemt. 'Hier nemen we het leven elke dag zoals het komt. Dat hebben we wel geleerd, en dat voelt heel goed. Wees dankbaar met de tijd die je krijgt, want het is zo voorbij.'

Waarop alle dames opstaan en massaal beginnen te applaudisseren en juichen.

Terwijl ik een voor een afscheid neem van alle veertig dames, stelt een vrouw zich voor als Rose, en ze vraagt of ik naar haar huis wil komen voor een praatje. Dat laat ik me geen twee keer zeggen. Rose heeft een prachtige hoofddoek om en draagt een vintage Championhoody, die behoorlijk gehavend is. Ze legt uit dat ze van ver is komen lopen, en we besluiten haar te voet te volgen, met Tommy en Tante Gloria achter ons in de volgauto, ter bescherming.

Vijf minuten later loopt Rose voor me uit, waarbij Jonathan haar filmt. Gaandeweg komen er steeds meer jonge mannen achter ons aan, totdat Tommy op een gegeven moment roept: 'Stap in, nu!' Rose wandelt rustig verder, maar ik aarzel geen moment en spring in de auto. Ook Jonathan komt snel onze kant op gelopen. Er naderen twee wagens. Tante Gloria roept vanaf de achterbank van de auto: 'Kijk uit, jongens, dat zijn ze! Dat zijn de moordenaars!' Met een lijkbleek gezicht weet Jonathan nog net in te stappen voordat we worden ingesloten door de twee felgekleurde auto's, die het duidelijk zwaar te verduren hebben gehad. Twee brede mannen met getatoeëerde gezichten stappen uit een paarse Toyota Corolla waarvan de voorruit gebarsten is en de gedeukte zijpanelen uit verschillende kleuren bestaan.

'Blijf rustig, ik voer het woord,' zegt Tante Gloria.

De mannen kijken bij ons naar binnen door de open ramen, en de breedste draait zich naar Jonathan toe, die op de achterbank zit. 'Hoi, hoe gaat het? Leuk dingetje heb je bij je.'

Jonathan wil zich niet laten kennen en antwoordt vriendelijk: 'Ja, mooi hè? Ik ben er zelf ook heel blij mee.'

Tante Gloria komt tussenbeide en schreeuwt kort en krachtig in het Xhosa naar de man, die opkijkt en onmiddellijk zijn aandacht naar haar verlegt. Hij herkent Tante Gloria duidelijk. Ze bedenkt zich geen moment en begint tegen de mannen te praten op een manier alsof ze een keiharde en kille maffiabaas is. Zonder iets anders te bewegen dan haar mond laat ze de mannen heel rustig in het Engels weten dat ze hier niets te zoeken hebben, en dat ze iedereen die ze kent zal inzetten om hen te pakken te nemen als ze dat anders zien. 'En je weet wie dat zijn, toch?' zegt ze dreigend.

De man bij het autoraam lacht hoog en hakkelig als een hyena, waarbij de gouden grill op zijn tanden tevoorschijn komt. 'Oké, Tante. Oké. We zouden toch nooit iemand pijn doen?' Waarop beide mannen naar ons glimlachen en ik de koude rillingen door mijn lijf voel gaan. 'We houden jullie in de gaten, niks meer, niks minder, deal?' Met een laatste blik geven ze aan dat ze bloedserieus zijn, waarna ze instappen en hard wegscheuren.

'Als ik er niet was geweest, waren jullie nu dood,' constateert Tante Gloria heel kalm, en vervolgens zegt ze doodleuk tegen Tommy: 'Zullen we weer gaan?'

Ik zak achterover in de passagiersstoel, en in de zijspiegel zie ik Jonathan met een bleek gezicht op de achterbank zitten. Hij lijkt een beetje in shock. 'Gaat het, Jonathan? Dat scheelde niet veel, hè?' zeg ik.

'Holy shit, man! Ik heb veel gezien maar nooit eerder van zo dichtbij de dood in de ogen gekeken.' Hij wendt zich tot de heldin van de dag. 'Tante Gloria, u bent echt een boss. Dank u wel voor deze reddingsactie.'

Gloria haalt haar schouders op en zegt wat mensen in Afrika zo vaak zeggen als er iets geks of bijzonders gebeurt: '*TIA This is Africa.*'

We moeten er allemaal om lachen.

We rijden verder de wijk in en komen bij een terracottakleurig huisje, waar Rose al op ons staat te wachten. Als ze de voordeur opent, vallen meteen de stukken zeil op die de kale grond bedekken. Rose loopt naar een glazen vitrinekast en laat ons foto's van haar kinderen zien, die voor een soort mini-altaartje staan opgesteld. Ze heeft al haar kinderen overleefd; haar oudste dochter is vermoord aangetroffen, en haar jongste stierf aan een overdosis. Nu ze alleen is achtergebleven, maakt dat het dagelijks leven een stuk moeilijker, vooral omdat ze steeds meer vergeet. Dat is waar ze graag met mij over wil praten. In de vragen die ze stelt klinkt de hoop door dat ik een oplossing weet.

'Lieve Rose, dit is niet iets wat ik voor je kan oplossen,' zeg ik om haar verwachtingen te temperen. 'Maar hoe word je hier geholpen? Wat zeggen ze tegen je?'

Met een diepe zucht begint ze te vertellen. 'Mijn dokter in het ziekenhuis zegt dat het komt omdat ik te veel nadenk. "Je moet ophouden je zoveel zorgen te maken. Dat maakt je hoofd te vol. Vertel me, Rose, waar maak je je zorgen over?" Dat vraagt dokter Brewe altijd.' Ze kijkt wanhopig voor zich uit. 'Ik weet echt niet wat er aan de hand is, jongen, echt niet,' vervolgt ze, en ze ploft neer in haar grote kamerstoel. 'Ik ben oud en leid een eenvoudig leven. Ik heb weinig te verliezen, want waar ik het meest van hield is er niet meer. Dus ik hoop dat ik de tijd die me nog rest zo goed mogelijk kan besteden. Daarom ben ik zo blij met mijn neefjes, die af en toe water of een kommetje rijst komen brengen, met een praatje met de buren, met de koeien van verderop, die ik af en toe over straat zie lopen, en mijn vriendinnen op de vrouwenclub, met wie ik kan lachen. Het is een klein leventje, maar groot en goed genoeg voor mij. Ik hoop vooral dat mijn hoofd dat niet vergeet.'

Sinds mijn aankomst in dit land ben ik terechtgekomen in een achtbaan van emoties, met als hoogtepunt dit township. Intens geluk en verdriet wisselden elkaar razendsnel af. De onverwoestbare hoop die de mensen hier lijken te koesteren, ondanks de situatie waarin ze zich bevinden, zorgt ervoor dat ze zelfs dementie zien als ondergeschikt probleem zolang de kleine dingen in het leven mogelijk blijven.

Ik realiseer me dat we in Nederland dit kleine geluk in de laatste levensfase zo vaak uit het oog verliezen met al onze zorg, innovatie en technologie. Maar als je goed luistert, is dat niet wat mensen bedoelen als ze om hulp vragen. Professor Anne-Mei The verwoordde het onlangs treffend: 'Mensen vragen om hulp voor een zo goed mogelijk leven, maar het antwoord dat we ze geven is zorg. Zorg helpt tegen veel dingen, maar maakt niet per se gelukkig, en dat is iets waar we ons goed bewust van moeten zijn als mensen vragen: help me. We moeten leren luisteren naar de behoefte, in plaats van die proberen te vullen met zorg.'

Als het begint te schemeren, zegt tante Gloria dat we moeten gaan. Ik sta op en geef Rose drie zoenen, een knuffel en wat geld om rijst te kopen. 'Je bent een inspiratie voor me, Rose. Ik hoop dat ik net zo'n dankbaar mens mag worden als jij.'

Ze slaat haar armen om mijn middel, drukt haar hoofd tegen me aan en zegt: 'Bedankt dat je hier voor ons bent gekomen. Afrika zal je niet vergeten.'

Met betraande ogen stap ik in de auto, niet wetend of ik moet huilen van verdriet of van blijdschap. Dit is echt de meest bizarre dag ooit, denk ik, terwijl de bloedrode zon de zinken daken kleurt en Tante Gloria op de achterbank aan het indommelen is.

Bij ons uitstapje van een paar dagen later worden we vergezeld door maatschappelijk werkers en dominee Akhona, die net als tante Gloria veel aanzien heeft in de gemeenschap. Onze auto is alleen niet groter geworden, zodat we nu 'gezellig' met zijn zevenen in een vierpersoonsauto door het township rijden.

Na een kwartier stopt Tommy, en de dominee roept: 'Welkom in Silvertown!' We stappen uit en lopen een grote sloppenwijk in, met hem voorop. 'Dit deel van het township ontleent zijn naam aan al de hutjes van zink die deze kant van de heuvel helemaal als zilver doen glinsteren in de middagzon,' legt hij uit. Het blijken letterlijk hutjes te zijn, van drie bij drie meter. De basis wordt gevormd door drie zinken schotten die met klinknagels aan elkaar zijn bevestigd, met een vierde erbovenop als dak. Overal ligt afval. Er branden vuurtjes naast wasgoed dat tussen de hutten hangt te drogen, en kippen met kuikens scharrelen over de weg op zoek naar voedsel. Mensen lopen op blote voeten, kapot schoeisel of een combinatie van die twee, en kijken achterdochtig als onze groep passeert.

'Dit is een van de plekken op aarde waar God je geloof het meest op de proef stelt,' zegt de dominee met een ontroerde blik. We staan bij een veld met kruizen in de grond. 'Hier wonen mensen die elke dag tegen de dood vechten en het vaak verliezen. Je hebt hier geen eten, geen drinkwater, geen voorzieningen, helemaal niets, behalve een paar zilverkleurige platen die je, als je geluk hebt, je thuis kan noemen.'

Muisstil kijken we naar het geïmproviseerde kerkhof en de

schrikbarend recente geboortejaren op de kruisjes.

'Kom, we laten ze rusten,' zegt de dominee.

We wandelen verder door stinkende steegjes, waar uitgemergelde honden en katten rondlopen en kleine kinderen nieuwsgierig door kieren gluren.

'Hierbeneden woont ook een oudere vrouw die steeds vergeetachtiger wordt en daardoor steeds slechter voor zichzelf kan zorgen,' zegt een van de maatschappelijk werkers.

We slaan op de heuvel links af naar beneden en belanden in een smalle doorgang tussen twee huizen, waar je voorovergebogen moet lopen om je hoofd niet te stoten tegen losse golfplaten en ander constructiemateriaal. Aan het eind wurmen we ons langs twee houten planken, die bedoeld lijken om het steegje te verhullen, en we komen uit bij een grasveld met vier schamele hutjes.

Voor het meest vervallen hutje zit een vrouw op de grond, die wat verdwaasd opkijkt als ze ons ziet en dan weer naar de grond staart. Ik buig door mijn knieën en zie dat ze witte korsten rond haar mond heeft door vochtgebrek.

Ik pak mijn fles water. 'Hier, neem dit water alsjeblieft. Je moet iets drinken.'

De vrouw kijkt me aan alsof ze wil zeggen: echt waar? Ze is zo zwak dat ze de dop er nauwelijks af kan draaien, dus ik doe dat voor haar. Met trillende handen brengt ze de fles naar haar mond, waarna het water langs haar lippen gutst en ze een diepe zucht slaakt als ze er wat van binnenkrijgt. Heel langzaam komt ze meer tot leven, en ze mompelt: 'Dank je wel.' We blijven een tijdje zitten om haar op krachten te laten komen en helpen haar dan naar binnen, uit de zon. In het midden van het hutje staat een bed met daarnaast een oude stereotoren en een po, waarmee gelijk de hele ruimte vol is.

Nadat ze van de maatschappelijk werker een cracker heeft

gekregen, vertelt ze dat ze al acht dagen niets gegeten heeft, wazig zag en zich buiten heel duizelig voelde en moest gaan zitten.

'Acht dagen niets gegeten?' zeg ik hardop, terwijl ik me realiseer dat ik het leven hier in zijn allersmalste vorm aantref. Ik weet niet wat ik tegen de vrouw kan zeggen, omdat werkelijk alles misplaatst voelt.

Als ik naast haar op bed ga zitten en haar ruwe handen vastpak, begint ze ineens te vertellen: 'Normaal gesproken verzamel ik plastic doppen op de vuilnisbelt. Daar krijg ik zeven cent per week voor. Dat is vaak net genoeg voor een klein beetje water of een boterhamzakje met rijst, maar ik voel me steeds vaker niet zo lekker, waardoor ik niets kan verdienen en dus ook geen eten heb.'

Wederom weet ik niet wat ik moet zeggen tegen iemand die enkele ogenblikken geleden nog zat te creperen van de honger en dorst en nu zo dankbaar is voor een beetje water. Ik krijg een gevoel van plaatsvervangende schaamte als ik denk aan alle mensen in ons land die durven te zeggen dat je een 'gelukszoeker' bent als je dit ontvlucht. Hoe kun je een gelukszoeker worden genoemd als blijven waar je bent de dood betekent? Het doet me verdriet dat we maar niet lijken te begrijpen dat wij niet meer aanspraak hebben op een zo goed mogelijk leven dan mensen die ergens anders geboren zijn.

Het is alsof we de wereld niet willen delen maar verdelen: wij zijn hier geboren, in alle welvaart en veiligheid, dus wíj hebben recht op dat alles. Maar waar hebben mensen die in armoede en oorlog zijn geboren dan recht op? De uitzichtloosheid die ik hier in dit township voel, valt met geen pen te beschrijven. Hoe kan ik deze vrouw met droge ogen aankijken en uitleggen dat wij, met alles wat we hebben, niet meer voor haar kunnen doen dan we nu doen? Het is toch niet gek dat mensen in zulke omstandigheden willen vluchten naar een plek waar iedereen alles lijkt te hebben?

Hoewel we hebben afgesproken geen onnodige risico's meer te nemen na onze eerste ervaring met intimidatie, worden we 's middags door onze vrienden van het maatschappelijk werk overgehaald om het gevaarlijke hart van Thembalethu te bezoeken, Zone 6. Ze hebben de afgelopen dagen gemerkt dat het nieuws van onze aanwezigheid zich via de tamtam verspreidde, en veel mensen zijn nieuwsgierig. Onder hen is een vrouw die al jaren voor haar moeder met 'speciale verschijnselen' zorgt, waarover ze heel graag met mij zou praten, en die eer en kans wil ik natuurlijk niet laten schieten. We rapen al onze moed bij elkaar, stappen in de te kleine auto en rijden de beruchte zone in.

Het wordt meteen duidelijk dat de leefomstandigheden ook in dit deel van het township armoedig zijn. Overal zien we autowrakken uit vervlogen tijden en stukken met prikkeldraad afgezette grond waarop ingestorte huisjes hele families huisvesten. Bij elke vlaag koele lucht stuift het rode zand door de straten. Een groep kinderen rent voor de auto uit en lijkt precies te weten waar we heen moeten.

Als we iets verderop uitstappen, treft ons team direct voorzorgsmaatregelen. Terwijl Jonathan en ik naar het huisje lopen, stellen Tommy en de maatschappelijk werkers zich aan beide uiteinden van de straat op, en één persoon blijft met Tante Gloria in de auto zitten zodat we direct weg kunnen rijden. Bizar hoe snel deze wereld kan wennen, denk ik, als we worden verwelkomd achter het hoge hek van kippengaas. In een felgekleurd schort staat de dochter, Khetiwe, voor haar turquoise hut, die nog maar net aan elkaar hangt met houten planken. Ze omhelst ons hartelijk. Haar moeder, Qaqamba, zit in een wollen blauwe winterjas naast haar op een stapel autobanden.

Khetiwes drang om haar verhaal te delen is zo sterk dat ze meteen begint te vertellen. Ze zegt dat haar moeder in het begin dingen begon te vergeten, maar zich inmiddels bijna niets meer kan herinneren van wat ze zegt of doet.

'Hoe zie jij het geheugenverlies van je moeder?' vraag ik in het Engels.

Ze kijkt even naar de hemel terwijl ze zoekt naar de juiste woorden. 'Ik weet het niet zeker, maar ik denk dat het bij oudere mensen hoort. Ik weet zelf niet hoe het is om oud te zijn, maar ik zie veel anderen er ook mee worstelen en, net als mijn moeder, tegen zichzelf praten.' Khetiwe schuift dichter naar haar moeder toe om haar een knuffel te geven en gaat verder: 'Als ik buiten aan het werk ben of in bed lig, hoor ik haar van alles zeggen, en dan vraag ik: "Mam, wat is er? Tegen wie praat je?" Maar zodra ik bij haar kom, kijkt ze me aan alsof er niets aan de hand is en ze niet weet waarover ik het heb. Vroeger deed ze dat nooit, maar op deze hoge leeftijd is het steeds erger geworden.' Ze kijkt weer heel lief naar haar moeder, draait zich mijn kant op en verandert plotseling van toon. 'Ik zeg vaak tegen mijn moeder: "Pas nou maar op met dat praten tegen jezelf, want dat is precies waarom de jonge jongens hier oude mensen vermoorden. Straks denken ze dat je een heks bent."'

Die laatste zin spreekt ze zo nonchalant uit dat de betekenis pas tien seconden later echt tot me doordringt.

'Een heks?' vraag ik.

Khetiwe blijft serieus. 'Ja, veel mensen hier geloven nog steeds in hekserij. Daarom ben ik zo bang dat ze mijn moeder ook zullen vermoorden. Een vrouw die ik kende in het dorp verderop is vermoord omdat ze dachten dat ze een heks was. Ze staken haar huis in brand terwijl ze er nog in zat, en toen ze naar buiten kwam om te vluchten, schopten en sloegen ze haar weer terug het brandende huis in, zodat ze levend zou verbranden. En dat deed ze. Het brandde tot de grond toe af, met haar erin.' Khetiwe wrijft in haar betraande ogen. 'Daarom heb je iemand nodig die goed voor je moeder zorgt en over haar waakt.'

'Dus de keuze om voor je moeder te zorgen is eigenlijk een keuze tussen leven en dood?' vraag ik.

Ze begint te huilen en knikt.

Aangeslagen sta ik op om haar te troosten. 'Hou vol, lieve Khetiwe. Je bent zo'n sterke vrouw.' In mijn armen laat ze haar schouders zakken, en even hangt ze slapjes tegen me aan.

Tegelijk probeer ik te verwerken wat ik gehoord heb. Het staat haaks op eerdere ervaringen in ditzelfde land. Op geen enkele andere plek ter wereld heb ik gezien dat mensen, in welk stadium van dementie dan ook, gewoon deel blijven uitmaken van de gemeenschap. 'Onbegrepen' gedrag wordt in veel gevallen geaccepteerd; anderen vinden het weliswaar vreemd, maar omdat de mensen die het vertonen bij de gemeenschap horen, wordt er als vanzelfsprekend voor ze gezorgd. Het leven zonder label lijkt hun bestaan niet makkelijker te maken, maar het creëert in hun laatste jaren wel ruimte voor wat geluk, waarbij ze zelf bepalen hoe dat eruitziet. Het heeft me helpen begrijpen dat 'niet-weten' niet negatief hoeft te zijn, maar dat wordt een ander verhaal als niet-weten ervoor zorgt dat je een label opgeplakt kan krijgen waardoor je leven in gevaar komt, zoals bij Khetiwes moeder. Dan lijkt het juist weer heel belangrijk dat mensen zich bewust worden van dementie. Het is een bewustwordingsparadox waar ik nooit eerder bij stil heb gestaan.

Misschien ligt de oplossing niet zozeer in meer bewustzijn van dementie, als wel in het ontkrachten van gevaarlijke overtuigingen zoals hekserij. In plaats van gewoon het ene label te verwisselen voor het andere kan de meerderheid, die gelukkig niet in hekserij gelooft, proberen om degenen die daar wel in geloven ervan te overtuigen dat het onbegrepen gedrag waarmee ze geconfronteerd worden niet bovennatuurlijk is, maar heel menselijk. Als we dat doen, zonder er oordelen, labels of angst aan te verbinden, weet ik zeker dat er meer uit menselijk oogpunt zal worden gehandeld.

Een label is per definitie gevaarlijk, en wordt versterkt in een maatschappij die perfectie nastreeft en waarin uiterlijke schoonheid, zakelijk succes en rationele uitmuntendheid worden gezien als het hoogste doel, zoals steeds meer het geval lijkt te zijn bij ons. Want één ding is zeker: als je afwijkt van de norm en een label opgeplakt krijgt, ben je verzekerd van een leven vol nadelige gevolgen, van klein tot levensbedreigend groot, zoals hier.

Als we afscheid hebben genomen van Khetiwe en haar moeder en weer wegrijden, kijkt Tante Gloria naar onze aangedane gezichten. 'Lieve jongens,' zegt ze, 'het leven is hier erg hard, dat hebben jullie nu wel gemerkt en gezien. Maar jullie hebben ook gezien dat de meeste mensen desondanks nog veel geluk ervaren. Weten jullie hoe dat kan? Dat komt door Thembalethu, dat "onze hoop" betekent.' Haar ogen stralen trots uit. 'Wij geloven dat vandaag een geschenk is en dat morgen beter zal worden, dus wat er in het verleden ook is gebeurd en hoe moeilijk de dingen nu ook zijn, onze hoop pakken ze nooit af.'

VII Algoritmes en superfood

De stille revolutie die preventie heet

Zweden – Zuid-Korea

Omdat ik het contact tussen Ad en mij niet wil laten verwateren, kom ik nog regelmatig langs om er samen tussenuit te gaan voor een kop koffie of een biertje. De laatste twee keer merkte ik dat hij weer wat somberder was geworden. Toen ik vroeg wat hem mankeerde, antwoordde hij: 'Het gaat steeds slechter met ons oude clubje, Elly is niet meer, Tineke kan bijna niks meer zeggen en hoor ook dat het niet goed gaat met Muriëlle op haar nieuwe plek. Het zou zo lekker wezen als je hun een pilletje zou kunnen geven om ze weer beter maken, toch?'

'Zeker, Ad, begrijp dat je dit af en toe denkt,' antwoordde ik, terwijl Ad beteuterd een slok van zijn biertje nam in ons stamcafé, Ouwe Dikke Dries.

In mijn zoektocht naar manieren om de kwaliteit van leven voor mensen met dementie te verbeteren spreek ik veel wetenschappers, alleen ben ik daarbij minder bezig geweest met het biomedische aspect. Deels omdat '*finding the cure*' al tientallen jaren de focus is in de wereld, maar bovenal omdat het tot nu toe weinig tot niets heeft bijgedragen aan het geluk van mensen die op dit moment leven met een vorm van dementie. En dat geluk is nou precies de reden waarom ik mijn blikveld internationaal wilde verbreden. Het verrast me dan ook dat ik tijdens ons vooronderzoek gegrepen word door het fenomeen preventie, dat ook voorkomt in het biomedische veld, maar niet gaat over het genezen van dementie; integendeel, het richt zich op manieren om dementie in de toekomst te voorkomen.

Ik heb nog nooit met eigen ogen gezien hoever sommige landen en organisaties al zijn op preventiegebied, maar dankzij een gesprek met professor Gill Livingston uit Engeland kreeg ik daar behoefte aan. Een tijdje geleden vertelde ze me hoe onterecht het is dat dementiepreventie zo onderbelicht blijft in de wereld, en hoe effectief bepaalde methoden al zijn om vormen van dementie te voorkomen of de kans erop te verminderen. Tot mijn verbazing blijken we die methoden zelfs te kunnen gebruiken om de achteruitgang van cognitieve functies te vertragen na de diagnose. De feiten en contactgegevens die ze met ons deelde zorgden voor een nieuwe invalshoek en versnelling in ons onderzoek.

Een paar maanden later sta ik in contact met onderzoekers over de hele wereld die aangesloten zijn bij het wereldwijde FINGERS-netwerk. Dit netwerk, dat onderzoeksteams uit meer dan veertig landen verbindt voor risicovermindering en preventie van dementie, wordt geleid door een Finse neurowetenschapper, professor Miia Kivipelto. Zij is er de oprichter van en heeft ook de baanbrekende FINGER-studie opgezet, ofwel de Finnish Geriatric Intervention Study to Prevent Cognitive Impairment and Disability. Deze methode heeft vijf verschillende aandachtsgebieden geïdentificeerd als basis voor een preventieve aanpak van dementie, als vijf vingers die samen een hand vormen: gezonde voeding, lichaamsbeweging, cognitieve training, sociale activering en vasculaire risicocontrole. Interventie bij deze levensstijlfactoren kan de cognitieve achteruitgang vertragen en zelfs de prestaties in specifieke cognitieve domeinen verbeteren bij mensen die het risico lopen op dementie. Inmiddels is de FINGER-methode wereldwijd uitgegroeid tot de basis voor risicovermindering en preventie.

Het is duidelijk dat ik Miia moet bezoeken.

Vanwege de aanhoudende coronapandemie is het een grote uitdaging, maar uiteindelijk lukt het om naar het bekende Karolinska-instituut in Stockholm af te reizen. Het kille gevoel van de ziekenhuisgangen verdwijnt meteen met de komst van Miia, een energieke en stijlvol geklede vrouw van in de veertig die ons vol enthousiasme begroet. Gegrepen door onze gemeenschappelijke liefde voor mensen met dementie raken we meteen in een fantastisch gesprek verwikkeld, waarbij ze veel aandacht heeft voor mijn opmerkelijke thuissituatie. 'Een van de dingen die ik altijd als eerste zeg bij een lezing, is dat je nooit te jong bent om te veranderen, dus wat jij doet is perfect! Op onderzoek uitgaan, ontdekken en nieuwe dingen leren is iets wat we veel te snel afleren in onze maatschappij. Vanaf je veertigste word je al voorbereid op je pensioen en mag je minder gaan werken, hoef je minder uitdagende taken op te pakken en begint de weg van het "in slaap sukkelen", zoals ik dat noem. Als er iets slecht is voor onze hersenen, dan is het precies dat. Dus onthoud, ook al ga je met pensioen, je hoofd mag dat nooit! Blijf nieuwe verbindingen maken in je hersenen, want zo houd je ze jong.' Ze stopt even met haar betoog, neemt een slok water en zegt: 'En het mooie is, dat kost niks, zodat de hele wereld het kan doen. We moeten alleen zorgen dat we de mensen overal bereiken.'

'Wat klinkt dat ongelooflijk hoopvol,' antwoord ik. 'Maar is het echt zo eenvoudig?'

'Ja, zo eenvoudig is het. Op dit moment zien we dat veertig procent van alle gevallen van dementie te maken heeft met leefstijlfactoren die we zelf kunnen veranderen, en daarmee zijn die gevallen dus ook deels te voorkomen. En ik denk dat met de nieuwe risicofactoren voor cognitieve achteruitgang die we nu onderzoeken – zoals depressie, hopeloosheid, eenzaamheid, slapeloosheid, stress, maar ook luchtvervuiling – het percentage van gevallen waarbij preventie mogelijk is in de toekomst nog veel hoger zal worden.'

'Ongelooflijk, maar waarom horen we hier dan zo weinig over?'

Er verschijnt een glimlach op haar gezicht. 'Nou, dat vraag ik me ook vaak af. Maar de verandering is gelukkig nabij, want steeds meer grote partijen, zoals de World Health Organization en een commissie [bestaande uit een team van wereldwijd toonaangevende onderzoekers met verschillende specialisaties] van het hoog aangeschreven medisch tijdschrift *The Lancet*, omarmen dementiepreventie. Dus als we samenwerken en alle vijf de vingers in de praktijk brengen, kunnen we de komende dementie-epidemie een stuk beter aan.'

In de uren die volgen vertelt Miia bevlogen over haar missie en krijg ik steeds meer inzicht in wat de methode inhoudt, hoe die in de praktijk werkt en wat ze kan betekenen voor de toekomst. Ik zal hier even een overzicht geven van de vijf punten waaruit de FINGER-methode bestaat:

1. *Lichaamsbeweging*. Denk hierbij niet alleen aan sport, maar ook aan alledaagse bewegingen. Heel belangrijk is om niet te veel en te lang achter elkaar te zitten, maar om tussendoor te bewegen en elke dag minstens één kleine activiteit te doen, zoals wandelen, de trap nemen

in plaats van de lift, een stukje fietsen enzovoorts. Het klinkt misschien niet baanbrekend, maar dit zijn essentiële beweegmomenten.

2. *Gezonde voeding.* Onze hersenen hebben veel voedingsstoffen nodig, dus gezond eten is essentieel. Eet bij voorkeur dingen die onderdeel zijn van het MIND-dieet. Het MIND-dieet bestaat uit een combinatie van het mediterrane dieet en het DASH-dieet (een dieet laag in zout), dat voornamelijk bestaat uit: groene groenten, gezonde vetten uit vis en olijfolie, noten, bessen, peulvruchten. Drink veel water. Vermijd vooral gefrituurd voedsel, suiker, zout, rood vlees en zuivel.

3. *Cognitieve training.* De hersenen zijn een spier die je gedurende je hele leven moet trainen. Dus houd je hersenen actief, leer nieuwe dingen en zoek nieuwe uitdagingen. Het is een heel eenvoudig principe: *use it or lose it*. Vooral als je wat ouder wordt en niet meer werkt, is het belangrijk om je hersenen actief te houden.

4. *Sociale activiteiten, samenzijn met anderen, slaap en stressmanagement.* Tijdens de pandemie is gebleken dat sociale activiteiten nog belangrijker zijn voor gezonde hersenen dan eerder werd gedacht. Vraag buren, familieleden, kennissen of vrienden om af en toe langs te komen als je oud bent of hulp nodig hebt. Vereenzaam niet en zorg dat de buitenwereld blijft binnenkomen.

5. *Vasculaire risicocontrole.* Een gezond vaatstelsel is van vitaal belang bij het voorkomen van dementie. Zorg er dus voor dat je er alles aan doet om een hoge bloeddruk,

diabetes en obesitas te voorkomen. Ook hier geldt een eenvoudige stelregel: wat goed is voor het hart, is goed voor de hersenen.

Het aanpakken van deze risicofactoren staat centraal in de FINGER-methode, wat goed nieuws is omdat iedereen ter wereld in principe meteen kan beginnen om het risico op dementie te verkleinen. Om te zorgen dat dit ook daadwerkelijk gebeurt, is er echter een enorme investering nodig in bewustwording van dementiepreventie, vooral in landen met lage en middeninkomens. Volgens de laatste cijfers zal het percentage mensen met dementie daar de komende jaren het snelst stijgen, waardoor het extra belangrijk is, om naast de focus op kwaliteit van leven voor de mensen die op dit moment moeten leven met een vorm van dementie, juist deze landen kennis te laten maken met de mogelijkheden van preventie.

Een essentieel onderdeel daarvan is het vertalen van de FINGER-methode naar lokale culturen. Er zijn wereldwijd immers grote verschillen in de manier waarop we eten, wat we eten, hoe we bewegen en samenkomen, en hoe we gewend zijn nieuwe dingen te leren. Het FINGERS-netwerk richt zich nu op het implementeren van nieuwe varianten van de methode om de inzetbaarheid over de hele wereld te vergroten.

Een land dat de lokale implementatie volgens Miia tot kunst heeft verheven is Zuid-Korea, dat de methode niet alleen heeft overgenomen, maar nog een stap verder is gegaan. 'Daarnet vroegen we ons af waarom we zo weinig horen over dementiepreventie, maar in Korea is dat al tijden ondenkbaar, want het is het enige land ter wereld dat er een staatsprioriteit van heeft gemaakt,' vertelt ze glunderend.

Ik kan niet anders dan denken: dan moeten wij daar ook naartoe.

Terwijl ik afscheid neem en haar bedank voor ons waardevolle en hartelijke gesprek, pakt ze nog even mijn arm vast en zegt: 'Jongens, wat ik jullie in het begin vertelde is echt waar, hè. De weg naar dementie begint vaak al twintig tot dertig jaar voor de diagnose, dus je bent nooit te jong om te beginnen met veranderen. Onthoud dit en zeg het voort tijdens jullie avontuur, oké?'

Na ons bezoek aan Stockholm willen we deze 'nieuwe wereld' van preventie zo snel mogelijk met eigen ogen bekijken, maar opnieuw worden we opgehouden door de oplaaiende pandemie. Een paar maanden later krijgen we groen licht van de Zuid-Koreaanse regering, en zonder aarzelen regelen we een vlucht voordat de situatie verandert. Er wordt één belangrijke voorwaarde gesteld: bij aankomst moeten we een week in quarantaine doorbrengen. Normaal doen we zoiets vanwege de planningsmoeilijkheden en kosten niet, maar door de vele gestrande pogingen om naar Zuid-Korea te gaan nemen we het voor lief, zonder er al te veel over na te denken hoe dat gaat uitpakken aan de andere kant van de wereld.

Na een verdacht lege vlucht, waarbij we de enorme Boeing bijna voor onszelf hebben, komen we aan op de luchthaven van Seoel. Meteen wordt duidelijk dat ze hier een heel ander coronabeleid hanteren. Bij het verlaten van de vliegtuigslurf zien we overal grote gekleurde borden met mondkapjes en waarschuwingstekens, zodat het meer op een rampplek lijkt dan op een vliegveld. Druk gebarende soldaten in witte maanpakken, inclusief gezichtsbedekking, commanderen iedereen naar het juiste loket, zonder dat iemand zich verzet. Je kan meteen zien dat de mensen gewend zijn aan het opvolgen van zulke bevelen, maar wij moeten op zijn zachtst gezegd even wennen aan deze vorm van autoriteit.

Net als bij onze reis naar Moldavië zijn we de enige buitenlanders, en ook nu worden we snel uit de rij gehaald en grondig doorgelicht. Kort daarna mogen we met afgestempelde overheidspapieren op transport naar een speciaal aangewezen 'coronahotel'. Daar komen ons militairen tegemoet, wederom in witte maanpakken, die door de grote zwarte mitrailleurs nog indrukwekkender zijn. Om voor wat luchtigheid te zorgen tijdens de vrij abnormale check-in proberen we wat te dollen met elkaar, maar dat wordt duidelijk niet gewaardeerd. 'Stilte!' klinkt het vanachter de balie.

Omdat we niet weten wat ons in deze roerige tijd te wachten staat, en kriskras door het land moeten reizen, hebben we ons team uitgebreid met Jonathans compagnon en onze gemeenschappelijke vriend Bastiaan. Hoewel we ons in het begin een beetje opgelaten voelen omdat dit zijn eerste indrukken zijn van ons onderzoek, kunnen we even later niet stoppen met lachen als hij binnenstebuiten wordt gekeerd in de supersonische wasstraat van ons 'gezellige' coronahotel. 'Leuk, hè, met ons reizen?' zegt Jonathan.

Op de gang verdwijnt de lacherige sfeer als duidelijk wordt dat we allemaal naar aparte kamers moeten en dat er absoluut geen contact onderling meer mag zijn. We worden meteen gewezen op de verschillende bewakingscamera's in de gang, waarmee we dag en nacht in de gaten worden gehouden. De deur van de kamer mag alleen open als de zoemer gaat voor het eten, dat drie keer per dag in een witte plastic zak voor de deur wordt gelegd. Tot slot vertellen ze dat we twee keer per dag onze lichaamstemperatuur moeten rapporteren via een app, die we ter plekke moeten installeren. Ben je te laat, dan is het exit en zit je zo weer op een vlucht naar huis. Kortom, het beeld van een weekje samen chillen in een hotel stort binnen vijf minuten volledig in. In shock stappen we met ons eerste plastic zakje eten over de drempel van onze kamer, die ineens aanvoelt als een cel.

Nooit eerder heb ik de muren zo op me af voelen komen als in de dagen die volgen, waarbij we enkel door de kantelramen naar elkaar kunnen roepen om te checken hoe het gaat. De communicatie via onze mobiel werkt niet tot nauwelijks. We zijn dus compleet aangewezen op onze negen vierkante meter met bed, douche en Koreaanse televisie. Misschien denk je dat ik er als geen ander tegen moet kunnen om opgesloten te zitten, maar ook ik heb zoiets nog nooit meegemaakt. Dagenlang in bed liggen en rondjes lopen door onze kamer maakt ons allemaal veel sneller labiel dan we hadden verwacht.

Dus zo voelt het om echt opgesloten zitten, denk ik als ik opschrik door de harde zoemer voor de maaltijd en hoor hoe wij een voor een onze deur openen om elkaar niet te treffen op de gang. De eerste avond deden we het natuurlijk wel allemaal tegelijk, waarna meteen onze telefoons in koor afgingen en er gedreigd werd met uitzetting. We schoten snel onze kamer in en gaven daarna geen kik meer. Het was absoluut het moment waarop het laatste beetje plezier omsloeg in een gek gevoel van grimmigheid.

Het hoogtepunt van de dag is wanneer het internet even werkt en we creatieve foto's delen van de kimchi met witte rijst die we drie keer per dag voorgeschoteld krijgen (kimchi is een traditioneel gerecht uit de Koreaanse keuken bestaande uit gefermenteerde kool en groenten). Continu zie ik parallellen tussen mijn kamer hier en die in mijn verpleeghuis. Als je overdag niets te doen hebt, is de maaltijd je enige moment om naartoe te leven, maar als het eten dan ook nog eens net zo gaar is als jijzelf, kan ik goed begrijpen waarom mijn huisgenoten letterlijk met hun hoofd in hun bord liggen te slapen.

Als we een week later, op de minuut nauwkeurig, worden 'vrijgelaten', moeten onze beenspieren wennen aan de wandeling naar de lift, zodat we allemaal met wiebelende zeebenen aankomen bij de receptie. Wiebelig van een week stilzitten? Met meer vertrouwen dan ooit kan ik roepen wat ik altijd al riep: we maken mensen zieker dan ze zijn! Als ik na één bewegingloze week moeite heb om op mijn benen te staan, is het toch niet gek dat de meesten van mijn huisgenoten, die voortdurend stilzitten, al na een paar weken met een rollator lopen en niet veel later in een rolstoel door het huis rollen? Het lijkt me niet bepaald een Nobelprijswaardige ontdekking, maar hoe kan het dan dat onze medische wereld niks beter weet te verzinnen dan mensen in hun laatste levensfase reduceren tot legkippen?

Willen we echt massaal wegkwijnen als wij straks aan de beurt zijn? Nee toch? Waarom is het zo moeilijk om onze zorgverlening warm te krijgen voor een actiever laatste deel van het leven, terwijl dat juist bijdraagt aan het geluk en daarmee de kwaliteit van leven van de bewoners? Er is zeker geen gebrek aan bewijs dat het werkt, weet ik na mijn bezoek aan Zweden. Benieuwd hoe ze dat hier aanpakken, denk ik.

Ik krijg mijn paspoort terug van de persoon achter de balie, rol mijn koffer naar buiten en voel eindelijk de wind weer door mijn haren gaan.

Na een uur rijden in de taxi bereiken we Seoel, en de zon breekt letterlijk en figuurlijk door op het moment dat we deze bruisende stad binnenrijden. Ik verwonder me over het leven dat ik op straat zie, en de geuren die via de open ramen naar binnen komen. Het blijft bijzonder hoe snel je hoofd en lichaam kunnen schakelen, want hoewel we een paar uur eerder nog compleet neerslachtig naar buiten kwamen na onze eenzame opsluiting, is de sfeer in de auto nu die van een eerste schoolkamp.

In het hotel besluiten we een familiekamer te nemen voor de rest van ons verblijf, waarna we onze spullen droppen en zo snel mogelijk vertrekken naar een door onze contactpersoon georganiseerde verrassing. Wandelend tussen de wolkenkrabbers, die aan weerszijden van de straat de hemel in torenen, krijg ik een hernieuwd gevoel van avontuur, dat wordt versterkt als Google Maps ons naar een restaurant in een souterrain leidt.

Alle aanwezigen kijken tegelijkertijd op als we binnenkomen, en de zaak staat blauw van de rook. Een man in het midden komt onmiddellijk overeind en roept: 'Eindelijk, jongens, daar zijn jullie! Kom erbij.' Het is Solomon, onze contactpersoon. Overal zie ik ronde tafels met tientallen glinsterende schaaltjes en kleine barbecues, waarop de gasten groente en dungesneden vlees grillen.

Als we bij de tafel zijn aangekomen, zegt Solomon: 'Dit is *soju*, een Koreaanse rijstdrank die onze voorouders met Nieuwjaar dronken om ziektes en slechte geesten te verdrijven, maar vandaag drinken we hem om jullie eerste week te vergeten! Het woord "soju" betekent "gastvrije lente", dus hierbij: welkom in Korea, mijn nieuwe vrienden!'

We laten onze glazen klinken, en het vuur in de tafel wordt voor ons opgestookt.

Solomon Han is een succesvol zakenman, en zo ziet hij er ook uit. Hij doet denken aan een Koreaanse versie van Apple-oprichter Steve Jobs: zwarte col, zwarte pantalon, glimmende zwarte schoenen en een stijlvolle gouden bril met dun montuur. Na het opzetten van verschillende ondernemingen heeft hij zich de afgelopen jaren toegelegd op het verzamelen en verwerken van medische gegevens over dementie. Met behulp van kunstmatige intelligentie heeft hij deze gegevens verwerkt tot algoritmes om cognitieve achteruitgang te voorkomen en te verminderen. De verschillende algoritmes voegde hij samen in een vierentwintig weken durend programma met de veelzeggende naam Superbrain.

Na een bevrijdend gezellige avond gaan we de volgende dag langs bij het hoofdkantoor van Team Superbrain, dat midden in de stad is gevestigd op een van de hoogste verdiepingen van een glimmende glazen wolkenkrabber. Met uitzicht op het centraal station van Seoel, dat met zijn bijna honderd jaar oude uiterlijk prachtig afsteekt tegen de moderne skyline, praat ik met Solomon over zijn bedrijf. 'Superbrain is de eerste digitale therapie ter wereld die zich op meerdere domeinen richt om dementie te voorkomen,' legt hij uit. 'De therapie is ontwikkeld door gerenommeerde Zuid-Koreaanse wetenschappers die er de afgelopen decennia onderzoek voor hebben gedaan. Mede door hun kennis, ons programma en een nauwe samenwerking met de regering zijn we er nu samen in geslaagd dementiepreventie naar de huiskamers van de mensen te brengen – met het doel hun kwaliteit van leven te verbeteren of zo goed mogelijk te houden.'

Ik vraag: 'Hoe kan het dat jullie er al zo lang mee bezig zijn terwijl ik er bij ons nog weinig over gehoord heb?'

Solomon knikt begripvol. 'Het is zeker geen toeval dat Zuid-Korea zoveel aandacht besteedt aan dementie, want volgens recente studies zullen we in 2044 het meest vergrijsde land ter wereld zijn. Bovendien zijn we erg goed in IT-technologie, dus we hadden al snel door dat de digitale wereld een oplossing kon bieden voor een fysiek probleem. Daarom zijn we er ook zo trots op onze kennis met jullie en de rest van de wereld te kunnen delen, juist omdat het in veel landen nog geen prioriteit is. Maar dat wordt het hopelijk wel.'

Zijn overtuigende woorden maken me nog nieuwsgieriger hoe deze preventiemethode in de praktijk werkt, dus hij neemt me mee zijn bedrijf in. Tijdens de rondleiding krijg ik steeds meer het gevoel dat ik op het hoofdkantoor van Microsoft terecht ben gekomen, in plaats van bij de bakermat van de dementiepreventie. De verschillende kantoren die we passeren zijn gevuld met slimme computerprogrammeurs en softwareontwikkelaars, die worden aangestuurd door een enorme research-and-developmentafdeling. Het roept bij mij een hoop nieuwe vragen op, omdat ik vaak heb meegemaakt dat technologische ontwikkelingen in de praktijk anders uitpakken dan in theorie. Neem de introductie van de beroemde Tovertafel, verkocht onder het mom van sociale activering en innovatie, die digitale dieren zoals vlinders en vissen kan projecteren, met de bedoeling dat mensen ze aanraken en volgen. De tafel is ontworpen om op een leuke manier wat activiteit te creëren voor mensen die aan tafel zitten en zo de mobiliteit te stimuleren. In de praktijk zorgt hij er echter voor dat mensen helemaal niet van hun stoel komen, nog minder naar buiten gaan en verward raken door de vlinders of vissen. Het goedbedoelde apparaat is in de meeste huizen waar ik ben geweest dan ook veranderd in een dure stofvanger.

Op zoek naar een antwoord op mijn vragen zullen we in Zuid-Korea de praktijk in duiken en praten met de wetenschappers die aan de wieg staan van deze stille digitale revolutie. Onze volgende halte is een dementiecentrum, een grijs en vrij standaard ogend kantoorgebouw van vier verdiepingen, dat echter klein aanvoelt vanwege de omringende torens. Op de bovenste verdieping worden we opgewacht door een drietal artsen in witte uniformen, die synchroon buigen als we ons voorstellen.

Hoewel je in Korea op veel plekken Engels kan spreken, zijn de oudere generaties minder bekend met die taal. Om dat te ondervangen heeft Team Superbrain een tolk geregeld die vaak meegaat met internationale filmploegen. Hannah, een enthousiaste en bereisde jonge vrouw van in de dertig, die ons overal zal vergezellen, toont haar toegevoegde waarde al vanaf de eerste minuut. Niet alleen maakt ze indruk met haar talenkennis, maar ze brengt ons ook manieren bij door te laten zien hoe je de juiste buiging terug maakt.

Na een korte introductie door de hoofdarts krijg ik direct een geel wegwerkhesje overhandigd en beland ik in een sportklas met mensen die minstens zo oud zijn als mijn huisgenoten, dus ik voel me meteen thuis.

In Korea krijgen alle mensen vanaf zestig jaar bericht van de overheid met de vraag of ze zich vrijwillig willen aanmelden voor een intake bij een van de tweehonderdtwintig dementiecentra in het land. Op basis van fysieke (hoe fit ben je?), cognitieve (hoe goed en snel kun je denken, schakelen, oplossen, reageren, rekenen en lezen?) en vasculaire testen (bloedprikken, suiker en andere waarden, bloeddruk, BMI et cetera) wordt gekeken of mensen een verhoogd risico hebben op het ontwikkelen van dementie. Degenen die in aanmerking komen, kunnen meteen beginnen met het vierentwintig weken durende digitale programma. Het is gericht op levensstijlverandering aan de hand van de vijf pijlers die de basis vormen van de FINGER-methode, en het programma houdt daarbij op elk punt je voortgang bij en helpt je stap voor stap naar de volgende fase.

Het dementiecentrum vervult een essentiële rol in dit programma, want hier worden veel van de veranderingen uitgelegd, kunnen mensen samenkomen voor sociale interactie voor oefeningen. Ik mag getuige zijn van een van de belangrijkste: beweging. En terwijl ik in eerste instantie nog dacht dat het met mijn jonge lijf een makkelijke sessie zou worden, valt dat tegen. Vergeleken met de mensen om me heen ben ik zo stijf als een plank, en ik ben niet de enige die zich dat realiseert. Bij elke oefening kan mijn ietwat verlegen buurvrouw haar lachen minder goed bedwingen, tot de spagaatachtige oefening de druppel blijkt en ze in schaterlachen uitbarst.

Na de fysieke oefeningen worden we allemaal achter een iPad gezet, die een soort IQ-test afdraait. Met een concentratie als bij een eindexamen voert de groep verschillende opdrachten uit, en je kan goed zien dat deze tachtigers beslist niet in het digibetentijdperk zijn blijven steken. Iedereen hanteert zijn tablet als een tiener op TikTok, want computers zijn al tijden zeer aanwezig in de Koreaanse cultuur.

De arts die met me meeloopt legt uit dat het algoritme detecteert wat voor iedere deelnemer uitdagend is, om vervolgens automatisch het niveau en de intensiteit van het programma aan te passen voor het best mogelijke resultaat. Het geeft zowel de deelnemer zelf als de specialisten, die van een afstand meekijken, een beter inzicht in het verloop van het programma en zorgt er hopelijk voor dat de deelnemer zo betrokken mogelijk blijft.

Als mijn 'klasgenoten' na onze sessie om me heen komen staan, bevestigen ze dat dit inderdaad het geval is. 'Volgens mij vond iedereen het in het begin heel spannend,' zegt een man met een opvallend dikke grijze haardos. 'Het voelt toch vreemd en maakt je een beetje onzeker om je aan te melden vanwege iets "slechts" wat in de toekomst met je kan gebeuren, maar dat gevoel is nu helemaal weg. Het heeft juist het tegenovergestelde effect: het maakt je een stuk sterker omdat je ziet dat je fit blijft en zelfs vooruitgang boekt.'

In de loop van het gesprek hoor ik dat veel deelnemers voordat het programma begon behoorlijk eenzaam waren en het samenkomen alleen al de moeite waard vinden. Sommigen zijn zelfs vrienden geworden en zoeken elkaar buiten de lessen op. Het allerbelangrijkste voor hen is echter dat ze door het programma meer controle over hun leven voelen. Mijn buurvrouw, die me daarnet nog uitlachte, vat het goed samen: 'Al sinds je klein bent, worden er routes voor je uitgestippeld: school, middelbare school, universiteit, werk en uiteindelijk pensioen. Maar ik ben al langer met pensioen dan ik op school heb gezeten, zonder enige invulling of begeleiding. Het voelt alsof "het leven" stopt zodra je klaar bent met werken, alsof alle tijd die je daarna krijgt enkel de verlenging is. Daardoor heb ik, net als veel andere mensen die ik spreek, heel lang het idee gehad dat ik maar tevreden moest gaan zitten wachten op wat komen ging.' Voordat ze verdergaat, kijkt ze me indringend aan om te zien of ik oplet. 'Ik ging steeds minder naar buiten, daagde mezelf niet meer uit en raakte geïsoleerd van mijn voorheen zo bruisende leven. Ik begon echt uit te gaan als een nachtkaars, maar sinds ik hier ben, voel ik me energieker dan ooit en trek ik er weer op uit om leuke dingen te doen en kom ik onder de mensen.'

Met een brede grijns antwoord ik: 'Ik ben heel blij om te horen dat uw levenskwaliteit weer zo goed is. Zelfs zó goed dat ik nog heel wat lessen moet volgen om op uw niveau te komen, zoals ik daarnet heb gezien. Dus ik schrijf me ook maar in voor het programma.'

Ze lacht en geeft me een aai over mijn bol. 'Lekker blijven leven, jongen, dat is het beste medicijn tegen oud worden.' Waarna ze haar spullen pakt, haar vriendinnen gedag zegt en met ferme passen richting de uitgang loopt.

Na het bezoek gaan we met een kleine delegatie van het dementiecentrum om de hoek eten; ook in de Koreaanse cultuur staat eten immers centraal en wordt het gezien als een middel tot verbinding tijdens het 'zakendoen'. Terwijl de tafel wordt opgevrolijkt met prachtige schalen, krijgt Hannah een berichtje van Solomon: 'Het is gelukt!'

Omdat Zuid-Korea het enige land ter wereld is dat dementiepreventie officieel tot staatsprioriteit heeft verklaard, hebben we in de aanloop naar ons bezoek veel moeite gedaan voor een afspraak op het ministerie van Volksgezondheid en Welzijn. Vanwege de pandemie hebben ze het daar uiteraard druk met urgente zaken, dus de positieve reactie komt als een complete verrassing. Omdat we in alles groots dromen, hebben we voor de zekerheid onze pakken in de koffer meegenomen, een besluit waar we uitermate blij mee zijn, nu we de viceminister te spreken zullen krijgen.

Solomon heeft ons er in Nederland al op voorbereid dat Zuid-Korea een zeer hiërarchisch land is. 'Het is heel belangrijk om je aan de juiste voorschriften te houden, en al helemaal als je op staatsbezoek gaat. Dus als er op de uitnodiging staat: aanvang halftien, dan begint het gesprek ook precies om halftien en geen seconde later.' Hij lijkt een vooruitziende blik te hebben, want als Hannah informeert hoe laat we de volgende dag in onze zondagse outfits op het ministerie moeten verschijnen, is dat inderdaad de aangewezen tijd.

We vertrekken de volgende ochtend vroeg met de auto richting Sejong Stad, waar de meeste ministeries van het land zijn gevestigd. Om de enorme druk op Seoel te verminderen en de werkgelegenheid en bevolking beter over het land te spreiden zijn ze in 2009 begonnen met de bouw van deze administratieve hoofdstad ten zuiden van Seoel, die in 2012 officieel is geopend. Als we Sejong-si bereiken, voelt het meer alsof we in een spookstad aankomen dan in het bruisende politieke hart van Zuid-Korea. Op een vliegveldachtige vlakte staan gebouwen die qua grootte en imposante architectuur niet onderdoen voor de kolossen die we in Moldavië hebben gezien, en we horen de echo's er al van verre tussen galmen. Tussen de gebouwen liggen pas geasfalteerde wegen, waarop bijna niemand rijdt, en het gebrek aan groen verraadt dat het gebied nog in ontwikkeling is. Hannah ziet onze verbaasde gezichten en zegt voorzichtig: 'Het plan om mensen hierheen te halen lukt nog niet helemaal, zoals je ziet.'

Ook het enorme formaat van het ministerie van Volksgezondheid en Welzijn wordt duidelijk als we bij de controlepost met slagbomen staan en tegen een v-vormige witte betonnen bunker aankijken. Na een veiligheidscontrole worden we binnen verwelkomd door een delegatie ambtenaren, die met ons de vragen doornemen die we gisteravond hebben opgestuurd. Op 'verrassingen' zitten ze duidelijk niet te wachten. Nadat alles is goedgekeurd, nemen we plaats aan een glanzende notenhouten tafel, waarop twee kristallen kopjes thee staan. Schuin achter de stoel waarop de viceminister zal plaatsnemen staat Hannah, om zo gemakkelijk mogelijk te kunnen vertalen, en daar weer achter zitten alle ambtenaren met onze vragen op een klembord. Allemaal wachten we tot de deur opengaat.

Op het moment dat een medewerker de deur naar de achterkamer opent en de viceminister op ons af komt gelopen, zegt Jonathan, die schuin achter me zit te filmen: 'Heb je je visitekaartjes bij de hand?'

Ik kijk hem aan met een blik die geen toelichting nodig heeft. Shit, denk ik. Een van de eerste dingen die we voor ons vertrek hebben gehoord, was dat je een visitekaartje uitwisselt tijdens de beroemde buiggroet, waarbij je het kaartje met twee handen moet vasthouden. Met lood in de schoenen vanwege de indruk die ik zal wekken, sta ik toch op en buig maar zo diep mogelijk om het ontbrekende kaartje te compenseren. Gelukkig kijkt de viceminister alleen even vriendelijk naar mijn lege handen, waarna hij plaatsneemt in zijn comfortabele bureaustoel en we ons gesprek beginnen.

Op mijn vraag waarom ze in Zuid-Korea van dementiepreventie een prioriteit hebben gemaakt, antwoordt de viceminister: 'Op dit moment is er nog geen medicijn dat dementie kan genezen, maar het aantal mensen met dementie in ons land is de afgelopen jaren enorm toegenomen en zal alleen maar sneller stijgen. Daarom heeft de overheid besloten er alles aan te doen om dit te voorkomen, door in te zetten op zo vroeg mogelijke detectie van milde cognitieve achteruitgang. Door bij de bron te beginnen denken wij een groot verschil te kunnen maken voor de toekomst.' Hij kijkt even naar zijn woordvoerder, die aandachtig meeluistert. 'Het werkt echt. Voorheen liepen mensen met milde cognitieve klachten vaak veel te lang door en ontwikkelden ze daardoor een ernstigere vorm. Heel logisch, want als niemand aan de buitenkant iets merkt en je zelf langzaam aan de achteruitgang went, is er ook geen reden om te veranderen. Maar als we zorgen voor bewustwording aangaande deze vorm van preventie, kunnen we die mensen veel eerder ontdekken en hun dementie vertragen of zelfs voorkomen, zodat ze veel langer met dezelfde kwaliteit van leven kunnen doorleven. Dat is het doel.'

Hoezeer ik ook gewend ben aan mooie woorden van politici, boven het mondmasker zie ik twee vriendelijke ogen die de boodschap een oprecht gevoel van compassie meegeven.

De lijst die de viceminister voor zich heeft, laat weinig ruimte voor spontaniteit, dus het gesprek ontaardt in cijfers en statistieken, waardoor we naar mijn gevoel afdwalen van de kern. Ik besluit iets te doen wat geen enkele politicus leuk vindt, laat staan hier: afwijken van de vragen. Handig trek ik een stilte naar me toe, verontschuldig me en zeg: 'Heel duidelijk allemaal, maar wat hoopt u zelf voor de toekomst als het gaat om dementie?'

Driftig praat zijn staf met onze tolk; ze zijn het er beslist niet mee eens dat hem een persoonlijke vraag wordt gesteld.

Ik verwacht dat het gesprek is afgelopen, maar de viceminister laat zich niet de mond snoeren. Hij zegt: 'Mooi dat je dit vraagt. Ik hoop dat er ooit iets komt wat alle vormen van dementie kan genezen, maar tot het zover is, blijven we ons richten op vertragen en voorkomen, omdat het de mensen die ermee moeten leven nu al gelukkiger kan maken. Ieder mens is er één, dus ik hoop dat we er zo veel mogelijk kunnen helpen in de toekomst.'

De woordvoerder roept: 'Dat was de laatste vraag, dank jullie wel!' waarna de viceminister opstaat, nogmaals buigt en het gesprek beëindigt.

Even later stappen we op de beroemde *bullet train*, de hogesnelheidstrein, die ons verder naar het zuiden brengt. We willen weten hoe het landelijke preventiebeleid eruitziet in de haarvaten van de samenleving en vooral hoe dit in de praktijk werkt. In Busan, de op een na grootste stad van het land, die bekendstaat om zijn prachtige stranden en heerlijke *seafood*, heeft Solomon een ontmoeting geregeld met Congreslid Jonghean Baek. Als afgevaardigde van de regio wil hij ons graag vertellen hoe de preventie er gestalte krijgt. Zodra we de trein verlaten en met de taxi bij de kuststad aankomen, zien we dat er niets gelogen is aan de schoonheid ervan. Busan heeft een Miamiachtige uitstraling, met een kustlijn die langs kleurrijke gebouwen en glazen wolkenkrabbers krult, en op de promenade zie je jonge en oude mensen sporten.

Met uitzicht op de zee en de beroemde Gwanganbrug, die maar liefst 7,4 kilometer lang is, zit ik even later in een koffiebarretje met het Congreslid te kletsen over onze ervaringen. En dan stel ik ook hem een persoonlijke vraag: 'Waarom raakt dit onderwerp u zo?'

We krijgen het gelukkig niet aan de stok met de assistent die verderop zit mee te luisteren, en het Congreslid neemt rustig de tijd om te antwoorden. 'Ik heb in mijn werk, maar ook privé gezien wat een verdriet dementie teweeg kan brengen bij mensen. Dus toen ik vanuit de overheid met preventie in aanraking kwam, was ik meteen heel erg enthousiast en ben ik me daarvoor gaan inzetten.'

Net als bij de viceminister zie ik dat het hem aan het hart gaat, en ik vraag: 'Wat mooi dat het u zo raakt, maar hoe bereikt u mensen met een boodschap die voor velen nog zo ver weg lijkt?'

Hij kijkt me aan en zoekt even naar de juiste woorden. 'Met geluk.'

'Geluk?'

'Zeker. Omdat ik nu zie wat voor geluk preventie mensen kan bieden, hoef ik niks te verkopen, maar alleen maar mijn ervaringen te delen via de provincie, de gemeentes en de werkgevers. Ik vertel hoe gelukkig mensen die aan ons preventieprogramma deelnemen kunnen worden, en dat ze door dat programma ondanks hun beperkingen langer deel kunnen blijven uitmaken van de samenleving. De partijen geven dit actief door aan hun achterban, met als resultaat dat heel veel mensen positief reageren en zich opgeven.'

'Heel bijzonder en hoopvol om te horen. Dank u wel,' antwoord ik.

'Hoe groot of klein onze rol ook is, en hoezeer we het tempo van hun omgeving ook moeten aanpassen om te zorgen dat ze mee kunnen komen, we voelen het hier als gezamenlijke verantwoordelijkheid om deze mensen te helpen waar we kunnen.'

Als ik het Congreslid nogmaals bedankt heb voor ons openhartige gesprek, zegt hij: 'Nee, we nemen nog geen afscheid. We moeten dit gesprek en onze werelden vieren.'

Niet veel later nemen we plaats aan een tafel waarop de specialiteit van de regio wordt uitgeserveerd, een koninklijk zeebanket. Jonathan en Bas watertanden als ze zien wat er allemaal op tafel staat te pronken, terwijl ik zo beleefd mogelijk aan mijn nachtmerrie begin. De mannen vergaan van het lachen als ik snotterige zeekomkommers opslurp, rauwe garnalen wegkauw en ondefinieerbare brokken in mijn soep doorslik.

'Leuk hè, met ons op reis?' roept Bastiaan, en hij wendt zich in het Engels tot onze tafelgenoten: 'Hij houdt meer van kimchi.'

Naast alle wetenschappers en politici die we bezoeken, hebben we Solomon gevraagd of we ook konden langsgaan bij mensen thuis. De kans dat het lukte leek nog onwaarschijnlijker dan bij het interview met de viceminister, aangezien je in Korea eigenlijk zelden achter de voordeur van een ander komt, laat staan als wildvreemde. Maar ook nu staat het geluk weer aan onze kant, want als we de volgende ochtend met zijn allen langs het strand lopen, krijgt Hannah opnieuw een go vanuit het hoofdkantoor in Seoel.

Suki, een deelnemer aan het Superbrainprogramma die vlakbij woont, had in eerste instantie afgezegd, maar ze is van gedachten veranderd na een gesprek met haar dochter.

Er is één maar: het moet vandaag gebeuren. Hannah regelt direct een taxi naar de buitenwijken waar Suki woont, wat ons weer een heel andere kant van het land laat zien. Eindeloze genummerde witte flatgebouwen wisselen elkaar af in verschillende opstellingen, waardoor het voelt alsof we ons door een levensgroot spelletje tetris bewegen. Hannah ziet onze verbazing en toont opnieuw haar veelzijdigheid door achtergrondinformatie te geven. 'Zuid-Korea is een zeer dichtbevolkt land, de hele agglomeratie van Seoel telt alleen al 24 miljoen inwoners, dus de prijzen per vierkante meter zijn schrikbarend hoog. Vandaar dat er vooral verticaal wordt gebouwd.'

We stappen uit bij gebouw 506 en drukken op de knop voor de achttiende verdieping. Als we binnenkomen, wordt inderdaad meteen duidelijk hoezeer het sociaal leven zich in Korea buitenshuis afspeelt en hoe bijzonder ons bezoek is. Suki vertelt dat we de eerste buitenstaanders zijn die bij haar thuis komen. Nadat ze wat te drinken voor ons heeft ingeschonken, begint ze gelijk te vertellen hoeveel ze is afgevallen sinds het programma, waarbij ze met haar armen haar vroegere buikomvang aangeeft.

Suki is een kleine vrouw van in de negentig met een expressief gezicht en een krachtige uitstraling. Ze woont nog steeds op zichzelf, maar ter ondersteuning is haar dochter er in het begin bij. Ze vertelt dat haar moeder heel zenuwachtig is, vooral uit angst om 'domme' dingen te zeggen, en dat ze daardoor misschien wat druk van start gaat.

'Ik beweeg nu elke dag, dat begint als ik uit bed stap. Eerst rek ik wat, en dan doe ik mijn oefeningen, maak een ontbijt met veel fruit, loop nog een rondje buiten en ga even rusten, want ik ben inmiddels niet de jongste meer,' grapt ze.

Als ik niet beter wist, zou ik haast denken dat deze reis een georkestreerde promotietour was, zo positief is iedereen over de preventieve aanpak van dementie in dit land. Door alle ad-hocbeslissingen en verrassingen weet ik echter hoeveel van ons programma van toeval en geluk aan elkaar hangt. Iedereen spreekt op een ongelooflijk open manier, en de vreugde straalt uit hun ogen, dus ik twijfel niet aan het positieve effect van de preventiemethode of de oprechtheid van deze mensen.

Ik merk dat als het over dementie gaat, ik automatisch slecht nieuws veronderstel als gemeentelijke instanties of overheden zich ermee bezighouden. Het is toch erg om positiviteit zo te wantrouwen? Wat eerlijk gezegd ook mijn wantrouwen voedt, is die vraag waar ik al sinds het begin van de reis mee rondloop: hoe kan het dat iedereen hier zo enthousiast is over dementiepreventie, terwijl we er in Nederland nauwelijks iets over horen? Als het zo goed werkt, waarom gooien we het bij ons dan niet massaal over een andere boeg? Als dat mensen met én zonder cognitieve problemen al zoveel gelukkiger kan maken, is er toch geen reden om het niet te doen?

Na een paar gezamenlijke oefeningen met Suki in de woonkamer, waarbij ik weer eens word uitgelachen, gaat ze netjes met haar digitale taken aan de slag. Ze vraagt me haar bloemen op het balkon te verzorgen: 'Dat zijn elke dag mijn grote geluksmomenten. Giet het water niet op de bladeren maar op de aarde, anders verbranden ze in de zon.' Keurig volg ik de instructies op, en ik kom erachter dat haar balkontuin niet zomaar uit wat plantenbakken aan een reling bestaat, maar eerder een soort mini-Keukenhof is.

Als we allebei klaar zijn met ons werk, is er een korte rustpauze, waarna niet zij maar ik gewekt moet worden. 'Genoeg geluierd, we moeten weer in beweging komen,' klinkt het terwijl ik versuft ontwaak in haar luie stoel. Na een snel kopje witte thee om ons op te peppen lopen we met Suki richting het park naast haar flat. De laaghangende zon straalt ons tegemoet door de bomen.

Meteen haakt ze haar arm in de mijne en begint te kletsen. 'Mijn oma zei altijd: oefening baart kunst. Toch gek dat je zo'n sterk en simpel principe kan vergeten als je ouder wordt. Je zou toch wijzer moeten worden met de tijd, niet?' Ze kijkt me ondeugend aan. 'Als je merkt dat je dingen weer beter kan, is dat echt magisch. Het voelt alsof je weer even jong bent. Toen ik merkte dat ik mijn opdrachten beter ging maken, kreeg ik zo veel zelfvertrouwen dat ik ook beter wilde worden in andere dingen. En dat is een heerlijk gevoel op mijn leeftijd, kan ik je vertellen. Negentig en nog steeds beter worden, wie wil dat nou niet?' zegt ze gekscherend als we boven op een heuvel op een gammel bankje gaan zitten.

'Kijk eens aan, wat een uitzicht,' zeg ik. 'Prachtig. Wie beweert dat gezonde dingen niet leuk zijn? Ik zal dit moment in elk geval nooit vergeten.'

Suki kijkt me aan met een tevreden blik en komt wat dichter naast me zitten. We genieten nog even samen van het uitzicht op de vallei voordat we terug naar haar huis lopen en afscheid nemen.

Na een paar dagen verruilen we de prachtige stad aan de Japanse Zee weer voor de kolkende hoofdstad, waar we samen met Team Superbrain en Hannah het laatste deel van onze tour organiseren. De komende dagen willen we de belangrijkste wetenschappers achter het programma ontmoeten, in de hoop meer inzicht te krijgen in het 'grote geheim' ervan. Er moet vanwege onze eerdere spontane acties nog wel een beetje geschoven worden in de agenda's van sommigen van die wetenschappers, maar uiteindelijk lukt het om een serie bezoeken aan ziekenhuizen en universiteiten te plannen. Ze staan allemaal in de buurt van Seoel, waardoor dat onze uitvalsbasis blijft.

De eerste halte is het Ajou University Hospital, waar professor Hong Chang-Hyung onderzoeker is. Hij heeft een grote bijdrage geleverd aan het motivatiegedeelte, dat het Superbrainprogramma zo uniek maakt. In het typische vierkante ziekenhuisgebouw ontmoeten we hem in zijn kamer, die wat minder typisch gevuld is met planten.

Meteen steekt hij van wal om het grote verschil uit te leggen met de Zweedse moedermethode. 'Door de verschillende domeinen van de FINGER-methode volledig aan te passen aan de Koreaanse samenleving hebben we een soort blauwdruk gecreëerd, die we vervolgens hebben verwerkt in een digitaal programma. We hebben daaraan nog een zesde vinger toegevoegd, motivatie. Het heeft ervoor gezorgd dat het percentage deelnemers dat het programma tot het eind toe afmaakt vijfennegentig is.' Hij straalt van trots. 'Je kan wel iets willen, maar als je niet gemotiveerd bent, zul je nooit slagen. We zien dat vaak bij stoppen met roken en alcohol, maar ook bij overgewicht. Mensen willen graag stoppen of gezonder leven, maar ze geven uiteindelijk op omdat de pijn in het nu ligt en de beloning in de toekomst. Als mensen elke dag konden zien wat er met hun longen, lever of lichaam gebeurt als ze het volhouden, zouden de slagingspercentages volgens mij veel hoger worden. En dat is precies waaraan we hier hebben gewerkt. Door heel inzichtelijk te maken waar je staat in het programma, hoeveel vooruitgang je boekt en waar je pijnpunten liggen, word je automatisch geactiveerd en gemotiveerd om je best te doen. Dat is de grote kracht van het programma, en het zorgt dat deelnemers het blijven toepassen in hun leven, zelfs na afloop. Het gaat uiteindelijk om een structurele verandering van levensstijl, en die kan alleen slagen met de juiste motivatie.'

In lijn hiermee wordt mij in het Inha City University Hospital door een van de hoofdartsen van het programma, Seong-Hye Choi, verteld dat de nieuwste onderzoeksresultaten nog hoopgevender zijn wat betreft de kansen om vormen van dementie te voorkomen. 'De eerste resultaten waren gebaseerd op een programma van vierentwintig weken, maar we zien nu verschillen bij mensen die het langer volgen, waardoor we ervan overtuigd zijn dat de resultaten veel gunstiger kunnen zijn als mensen het programma langer in hun dagelijks leven integreren. Onze stelregel is: hoe langer je het toepast, hoe groter je vooruitgang is. En hoe groter je vooruitgang, hoe kleiner de kans dat je uiteindelijk een vorm van dementie ontwikkelt. Zo simpel is het. Daarnaast zien we ook positieve ontwikkelingen bij mensen met milde cognitieve klachten in de vroege stadia van dementie: de progressie wordt niet alleen vertraagd, maar ze gaan zelfs weer vooruit op verschillende punten. Dus op alle vlakken van de preventie boeken we meer en meer hoopvolle resultaten.'

Op de universiteit van Kyung Hee vertelt de uiterst vriendelijke professor Yoo Kyoung Park ons meer over de bijdrage van 'superfood' aan preventie en horen we hoe schadelijk rood vlees, zuivelproducten en gefrituurd voedsel zijn. 'Denk de volgende keer als je bij de gele M staat: gefrituurd eten frituurt je hersenen.' Ook horen we het bijzondere verhaal van de groeiende populariteit van witte 'plakrijst' in Azië, die geleid heeft tot een explosieve stijging in hart- en vaatziekten en daarmee ook tot veel meer mensen met dementie. Omdat dit type rijst vroeger met de hand gepeld en gepolijst werd, was het ooit een luxeartikel en statussymbool, maar door de industrialisatie is kleefrijst steeds goedkoper en dus populairder geworden.

'Er is genoeg bewijs dat ongezond eten bijdraagt aan ziekte, maar gelukkig is er ook steeds meer wetenschappelijk bewijs dat gezond eten, zoals dat uit het MIND-dieet, echt kan helpen om de ontwikkeling van dementie te verminderen,' besluit de professor, om er met een glimlach aan toe te voegen: 'Ik zie je denken: mag ik dan helemaal niets meer eten? Natuurlijk mag dat, net zoals het oké is om af en toe ongezonde dingen te eten. Ik verbied niets, ik raad het alleen af. Dat is een groot verschil. Als je echt begrijpt wat je wint door het niet te doen, zul je het niet eens meer willen. Het zijn patronen en gewoonten die je moet afleren, en je moet nieuwe ontwikkelen. Als je je dat realiseert, is er niets moeilijks aan.'

Moe van alle informatie van de afgelopen dagen zitten we stilletjes in onze taxi terug naar het hotel als Jonathan ineens zegt: 'Morgen is het zover, hè, Teun. Het moment van de waarheid.' Hij plaagt me om het wat lichter te maken, want hij weet dat ik dit een lastig onderdeel vind. Het is een tactiek die normaal heel goed werkt, alleen deze keer niet. Morgen ga ik namelijk een test doen om na te gaan of ik een verhoogd risico op dementie heb. Omdat de ziekte veel in mijn familie voorkomt, en sinds kort ook bij mijn oma, vind ik het spannender dan verwacht. Het is niet zozeer de gedachte dat je een vorm van dementie krijgt, want dat vind ik op dit moment moeilijk in te schatten. Het is vooral de gedachte aan de wereld waarin je dan terechtkomt die me beangstigt. Als geen ander ervaar ik al zo lang hoe het huidige systeem mensen ontmenselijkt, dat ik tot gisteren twijfelde of ik dit wel moest doen, omdat ik niet zeker weet of ik wel wil weten hoe groot de kans is dat dit angstige voorland werkelijkheid wordt. Daarnaast worstel ik met de steeds toenemende maatschappelijke drang naar maakbaarheid in het leven en wil ik mijn leven niet veranderen op basis van een kansberekening. Tegelijk groeit het vertrouwen dat wij een positievere toekomst voor een leven met dementie ook zelf in de hand hebben en dat preventie hier ook een rol in speelt, waardoor ik mijn natuurlijke nieuwsgierigheid toch heb laten winnen en voor een kijkje in mijn eigen toekomst kies.

Na een nacht waarin ik nog veel heb gedacht over hoe preventie iets moois kan zijn, maar niet moet leiden tot een schop na als mensen het wel zouden krijgen, gaan we de volgende ochtend naar de kliniek van dr. So Young Moon, die opvallend vol zit met jonge mensen. In de wachtkamer spreek ik een jonge man van eind dertig die voor zijn moeder met dementie zorgt en ook graag wil weten of hij een verhoogd risico loopt om dementie te krijgen. Bijzonder, denk ik, dat het hier al zo'n gewone check lijkt. Wat ook hier het beeld bevestigt van een steeds maakbaardere maatschappij.

Als ik aan de beurt ben, krijg ik eerst een aantal grafieken te zien met de verschillende stadia waarin de aandoening ontdekt kan worden en de gevolgen daarvan. De eerste grafiek is op zich niet al te schokkend: hoe vroeger je erbij bent, hoe meer je kan doen om het proces te voorkomen. De tweede schrikt me veel meer af. Je ziet daarop hoe plotseling en snel de cognitieve achteruitgang optreedt als je het te laat ontdekt, waardoor het proces nauwelijks omkeerbaar is.

De dokter geeft een korte uitleg over biomarkers in het bloed waarmee gecheckt kan worden of je een verhoogd risico op dementie hebt. Biomarkers zijn lichaamseigen stofjes die je kan meten om te bepalen wat er in het lichaam aan de gang is. 'Ben je er klaar voor?' vraagt ze, terwijl ze haar laptop dichtklapt en opstaat.

'Helemaal,' antwoord ik resoluut om mezelf een hart onder de riem te steken.

We lopen we naar de kamer ernaast, waar ze mijn bloed afneemt, me bedankt voor mijn komst en belooft dat de uitslag klaar is voordat we morgenavond vertrekken. 'Het mooie van deze test is dat hij niet alleen een stuk goedkoper is dan een MRI, maar ook nog eens heel snel uitgelezen kan worden, dus houd je telefoon in de gaten.'

Vol van de gedachten van wat ik zojuist heb gezien en meegemaakt en wat zo'n test in de toekomst kan gaan spelen in de samenleving, stap ik in onze taxi, om niet veel later de wolkenkrabber van Superbrain binnen te lopen voor het afscheid van onze Koreaanse vrienden.

Ook deze keer staat Solomon ons op te wachten. 'Jongens, wat fijn om jullie weer te zien,' zegt hij. 'Vertel eens, hoe was de reis?'

We gaan zitten, bewonderen opnieuw het stadspanorama, krijgen koffie, en ik barst los met een vraag die me de voorgaande dagen veel heeft beziggehouden. 'Ik hoorde tijdens een van onze bezoeken dat dementie alleen al in Korea ongeveer twintigduizend euro per persoon per jaar kost, en in tien jaar tijd dus tweehonderdduizend euro. Tegelijk begrijp ik dat preventie zoals jullie die nu hebben georganiseerd slechts een fractie daarvan kost, ongeveer tien procent, wat in de toekomst veel geld zou kunnen besparen. Hoe komt het dan dat ik tot nu toe zo weinig landen heb gezien met aandacht voor preventie? Elke overheid wil toch goedkopere zorg en een betere kwaliteit van leven voor haar inwoners?'

Solomon gaat op het puntje van zijn stoel zitten. 'Het ecosysteem van de gezondheidszorg is niet gebouwd op gezonde mensen, maar op zieke mensen. De ziekenhuizen, klinieken en artsen krijgen betaald per patiënt en verdienen dus meer

Nu ik al jaren in een verpleeghuis woon, heb ik kunnen ervaren hoe het 'normale' leven voor mijn huisgenoten geleidelijk door de kieren van de gesloten deur wegsijpelt. – Utrecht

'We moeten dit gesprek en onze werelden vieren.' – Busan, Zuid-Korea

Aan de buitenkant van het gebouw, dat eruitziet als een oude school, zijn metalen kooien bevestigd waarin mensen vriendelijk staan te zwaaien. – Moldavië

Met uitzicht op het centraal station van Seoel, dat met zijn honderd jaar oude uiterlijk prachtig afsteekt tegen de moderne skyline, praat ik met Solomon over zijn bedrijf. – Zuid-Korea

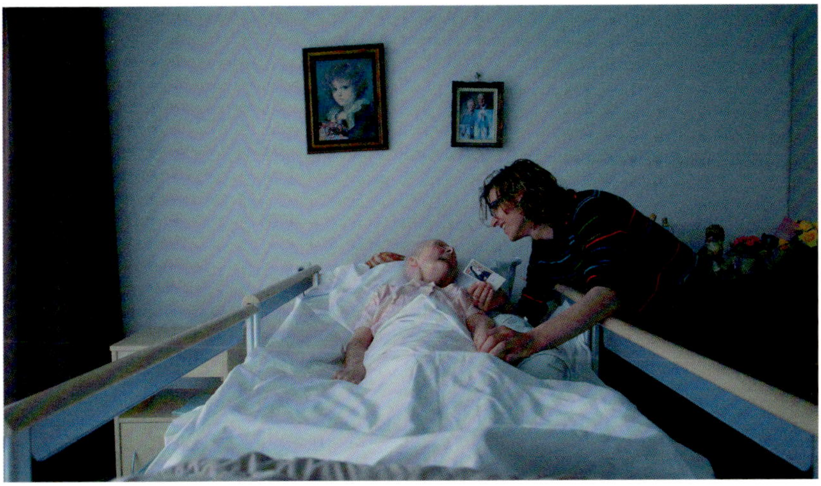

Bevrijd mij van pijn en angsten die mij neerdrukken, en geef mij de vrede en gezondheid. – België

Het effect van deze positieve zorgprikkel is dat ze in het verpleeghuis zo veel mogelijk doen om mensen fit te houden, wat niet alleen leidt tot gezondere maar ook gelukkigere bewoners. – Slovenië

Na een paar goed belegde boterhammen loop ik met open mond door het huis, waar ik geen eindeloze donkere gangen tegenkom, alleen hemels witte. – België

We stappen op een platte kar met houten spaakwielen, en de jongen op de bok laat de teugels vieren. – Moldavië

We staren naar de voetbalwedstrijd van twee clubs uit een verre competitie. – Utrecht

‘Ze waarderen me… Ik heb zelf geen kinderen, en ik ben zo blij dat ik dit mag doen.’
– USA

Bewegingloos liggen er daar drie met hun hoofd op tafel, waardoor het eerder lijkt op een plaats delict dan een gezellige koffiekamer. – Apeldoorn

'Ik ben de geluksvogel omdat ik voor mijn vader mag zorgen,' zegt ze. – Zuid-Afrika

Elly is normaal gesproken, hoe erg dat ook klinkt, de hele dag lang een vaste waarde aan tafel. – Utrecht

Cijfers van de Verenigde Naties laten zien dat de ouderenpopulatie in Afrika de komende jaren sneller zal groeien dan op welk ander continent ook. – Zuid-Afrika

Tegenover me zit een oude vrouw met een rode hoofddoek en een blauw-wit gestreepte jurk, waarover een parelketting met kruis hangt. – Moldavië

'Hoe belangrijk je ook was, voor veel mensen doe je er letterlijk niet meer toe na de diagnose dementie.' – Amsterdam

‘Het gelukkigst word ik nog steeds van het echte leven om me heen. Zoals dat jullie hier nu zijn, begrijp je.’ – België

Overal lopen mensen door de gangen, en anderen zitten in pikzwarte woonkamers met grote ogen voor zich uit te staren. – Apeldoorn

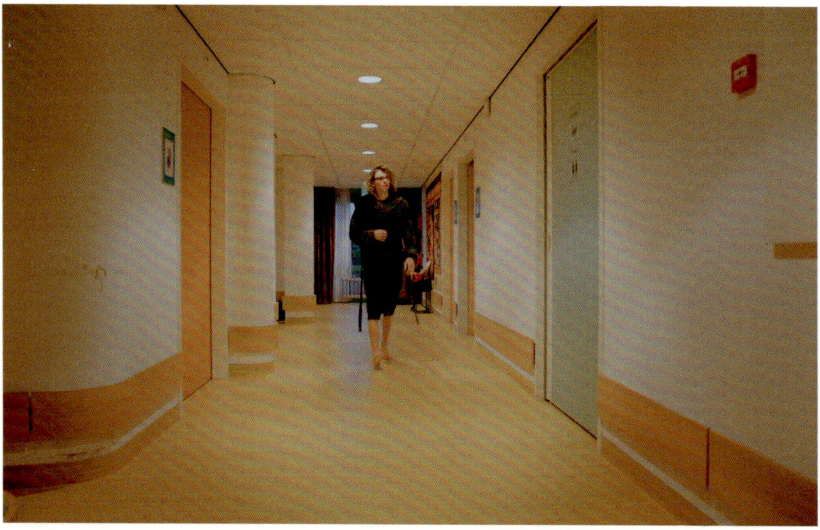

Nooit eerder voelde ik me zo eenzaam en was ik zo onzeker en bang om de afdeling op te lopen. – Utrecht

'Je bent vrij om te gaan, daarom kies je ervoor om te blijven.' – Mariahout

‘Buiten is de wereld, hier zit je maar opgesloten. Dus je moet wat hè.’ – Utrecht

Helemaal onder de indruk volg ik hem naar het veld achter de kerk. – Moldavië

'Dus de keuze om voor je moeder te zorgen is eigenlijk een keuze tussen leven en dood?' vraag ik. – Zuid-Afrika

De weeïge geur van een intens binnenleven vermengt zich met een penetrante urinelucht, waarvan de oorsprong meteen duidelijk wordt als ik naar de matrassen kijk. – Moldavië

Suki kijkt me aan met een tevreden blik en komt wat dichter bij me zitten. – Zuid-Korea

'Wat voor nut heeft het nog dat ik leef?' – Apeldoorn

'Ja, veel mensen hier geloven nog steeds in hekserij. Daarom ben ik zo bang dat ze mijn moeder ook zullen vermoorden.' – Zuid-Afrika

In de kamer ernaast markeren vijf gaten in de grond de plekken om je behoefte te doen. – Moldavië

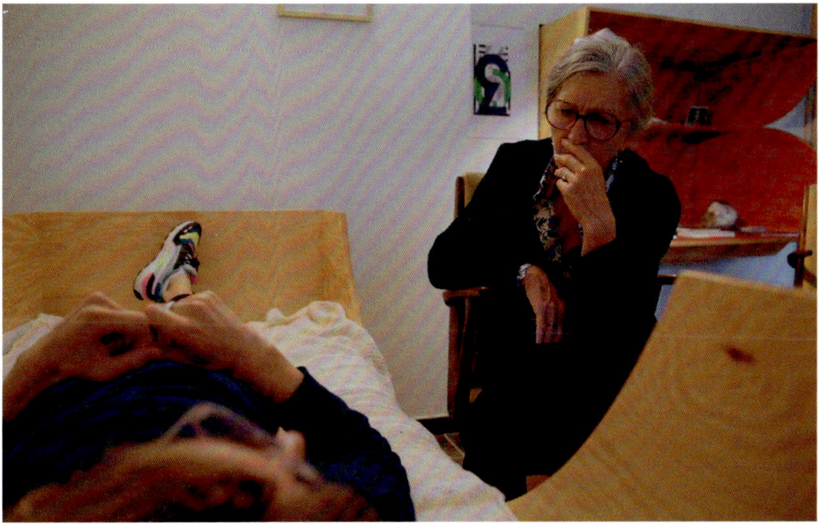

‘Het allerbelangrijkste is om ervan uit te gaan dat mensen met dementie tot het einde van hun leven voelende wezens zijn met een rijk en innerlijk bestaan.’ – België

Ja, dat dacht ik al, mijn kossie.’ Hij gaat zitten. – Zuid-Afrika

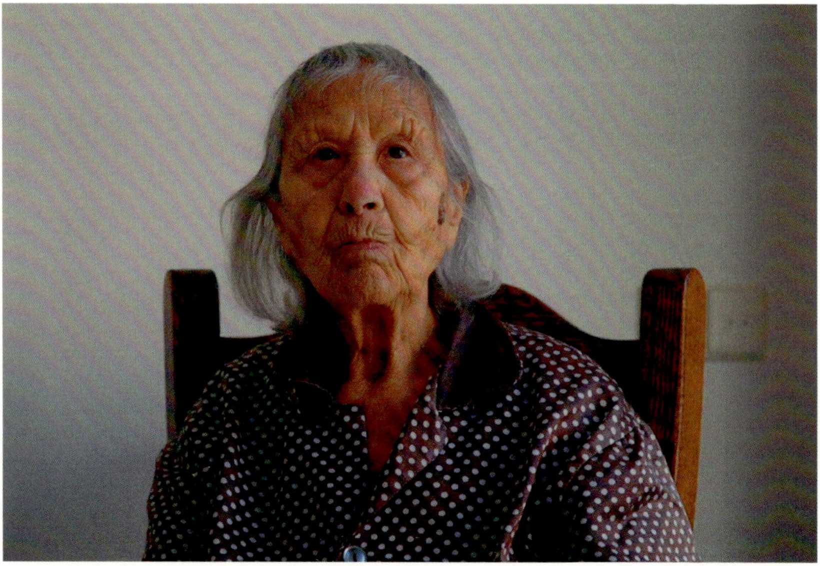

Ik geloof dat als wij durven te verliezen, degenen die ertoe doen winnen. – Apeldoorn

We gaan op mijn jas zitten, ze leunt tegen me aan terwijl de zon van kleur verschiet. 'Prachtig hè?' zeg ik. – Denemarken

als er meer zieke mensen zijn. Daarom is er tot op heden zo weinig aandacht voor preventie binnen dat systeem. Maar nu we ons in de maatschappij steeds meer gaan richten op kwaliteit van leven, zie je dat er ook ruimte ontstaat voor een ander verhaal over gezond ouder worden. Natuurlijk preek ik voor eigen parochie, maar preventie speelt daar absoluut een sleutelrol in. Als je eenmaal gediagnosticeerd bent en, in het ergste geval, tot een bepaalde "zieke" groep mensen behoort, is het vaak niet alleen te laat voor jezelf, maar ook voor de staat. De druk op de zorg die je veroorzaakt en de bijbehorende kosten maken het ook nog eens veel duurder voor de maatschappij. Vanuit welke invalshoek je het ook bekijkt, voorkomen is altijd beter dan genezen. Als we ons daarop gaan richten, kunnen we niet alleen de kwaliteit van leven voor onszelf als individu maximaliseren, maar ook voor de samenleving als geheel.'

Ik sta op en geef hem een stevige handdruk. 'Ik bewonder je passie, Solomon. Mooi om te zien. Als we allemaal blijven werken aan het op zo veel mogelijk manieren verbeteren van de kwaliteit van leven, moet het goed komen met de wereld.'

We omhelzen elkaar, waarna Solomon naar de tafel achter ons loopt en terugkomt met drie cadeautjes. 'We vinden het zo gaaf dat jullie helemaal hiernaartoe zijn gekomen dat we jullie naast de herinneringen aan de reis ook een klein cadeautje willen geven, in de hoop dat jullie Korea niet snel zullen vergeten.'

Wat nou als ik een verhoogde kans op dementie heb? Wat ga ik dan doen? Ik lig naar mijn nieuwe waterfles met traditionele Koreaanse beschilderingen te staren, die naast mijn bed staat te glanzen door het licht uit de gang. Het is drie uur 's nachts, en ik ben klaarwakker, deels omdat de ervaringen en bevindingen van de reis mij nog volop bezighouden, maar ook omdat mijn lichaam nog steeds denkt dat het zes uur in de avond is. We zijn drie dagen geleden thuisgekomen, alleen merk ik dat mijn jetlag zich daar weinig van aantrekt. En ook begin ik steeds meer het gevoel te krijgen dat het uitblijven van mijn testresultaten een positieve uitslag zou kunnen betekenen. Nadat ik vier keer de kerkklok heb horen luiden, voel ik eindelijk dat ik in een diepe slaap begin weg te zakken, om niet veel later te worden gewekt door het geluid van mijn telefoon.

Het is Jonathan. 'Teun, ik sprak Solomon net.'

'Vertel op,' antwoord ik meteen.

'De uitslag van de test was allang bekend, maar hij zat blijkbaar in mijn spam...'

'Echt? En?'

'Alles was goed, dus niks aan de hand. Ik spreek je morgen weer!'

Gek wat zo'n toekomsttest met je doet, denk ik. Ik draai me op mijn linkerzij en geef me volledig over aan mijn jetlag.

VIII Tussen vorm en visie

Zuidelijke zorgpioniers

België

Als ik een oliegeur ruik, schiet mijn blik naar de temperatuurmeter van de motor. Ai, het is weer zover, denk ik als de wijzer neurotisch heen en weer beweegt door het rode gebied, wat maar één ding betekent: stoppen. Gelukkig zie ik verderop een groot tankstation, wat me een eenzame wachtsessie achter de vangrail bespaart. Ik ben echt dol op mijn oldtimer, een lichtblauwe Renault Express waarin ik ook mijn huisgenoten met rolstoel kan meenemen, maar sinds een jaar is hij een stuk minder dol op mij.

Vorig jaar moest ik een extra Wegenwachtabonnement afsluiten omdat ze me te vaak van de snelweg moesten halen. 'Als je me mist, kun je ook gewoon bellen hè,' zei een monteur die me laatst voor de tweede keer diep in de nacht naar huis sleepte. Sinds een paar maanden ben ik bezig met een theatertournee gebaseerd op mijn boek *VerpleegThuis*, waarvoor ik honderd voorstellingen door het land geef. Ik rijd dus geregeld midden in de nacht terug naar huis. Ook de voorstelling heb ik samen met Jonathan gemaakt, waardoor hij me meer ziet dan zijn familie en we langzaam op een getrouwd stel gaan lijken.

‘Sta je alweer langs de kant van de weg? Het zal ook eens een keer niet,’ klinkt zijn stem lachend aan de andere kant van de telefoon als ik bij het ochtendgloren tegen mijn auto leun, met open motorkap om hem af te laten koelen. ‘Ben je al in België dan?’

Ik kijk op de navigatie van mijn telefoon. ‘Ja, maar ik heb nog wel een stukje te gaan.’

Normaal gesproken reizen we altijd samen met de auto, maar deze keer moet hij na onze opnames verder reizen, dus dat is niet handig.

Ik hoor hem in zijn auto rommelen. ‘Stuur je locatie maar. Ik denk dat ik in de buurt ben. Dan rijden we voor de zekerheid wel achter elkaar aan.’

Na een aantal verre landen staat nu een rondreis bij onze Vlaamse buren op de planning, om te zien hoe de zorg voor mensen met dementie zich net over de grens ontwikkelt. Het is iets waar ik naar uitkijk omdat ik me hier altijd enorm thuis voel. De prachtige taal, het bourgondische leven en de gemoedelijke sfeer in de steden vrolijken me op en doen elk spoortje heimwee onmiddellijk verdwijnen. Daar komt nog bij dat we naar een aantal bijzondere huizen gaan waar ik al tijden nieuwsgierig naar ben. Deze zeer vooruitstrevende ‘rusthuizen’, zoals ze hier heten, worden gerund door bekende zorgpioniers. We proberen altijd een balans te vinden tussen de verschillende soorten woonvoorzieningen in een land, alleen is het vanwege de verschillende overheidsinstanties lastig om snel toestemming te krijgen voor de reguliere verpleeghuizen, dus die kunnen we pas later in het jaar bezoeken.

Tijdens ons onderzoek hebben we van academici, zorgbestuurders en politici in België zeer gemengde berichten gehoord over het zorgstelsel. Iedereen was het erover eens dat het op zijn zachtst gezegd complex genoemd kan worden. De centrale en gedecentraliseerde administraties van de verschillende taalgebieden liggen her en der verspreid over het land, wat ook van het gezondheidszorgsysteem een verwarrende lappendeken heeft gemaakt, met veel verschillen tussen de zorgorganisaties in de administratieve regio's.

Gelukkig valt de autoschade vandaag mee, en na twee uur en wat extra koelvloeistof is mijn bolide weer klaar om de weg op te gaan. Even later verlaten we de rijksweg en rijden we achter elkaar aan over prachtige landweggetjes, waar ik tussen de hoge veldbloemen in de berm door af en toe boerderijen zie. Bij een volgende bocht wordt het idyllische uitzicht verstoord door een gigantische glazen villa achter een middeleeuws aandoend muurtje. Jonathan toetert en wijst naar het gebouw: dit moet onze bestemming zijn.

Jonathan had me al verteld dat we naar een bijzondere plek gingen, maar zo'n modern en 'cool' verpleeghuis heb ik nog niet eerder gezien. Terwijl ik de parkeerplaats op rijd, vraag ik me af hoe huiselijk dit huis zal aanvoelen. Een vraag die vrijwel meteen bij binnenkomst wordt beantwoord als we over een strakke gietvloer door grote open ruimtes vol licht lopen, die vrijwel meteen een kil gevoel oproepen.

'Welkom in Kortrijk, mannen,' zegt een zorgmedewerker in een donkerrood uniform zodra we de volgende woonkamer binnenstappen. 'Ik ben Jessica, de manager. Kom, dan gaan we meteen naar jullie kamer om jullie spullen weg te brengen.' Ze grinnikt.

Als we door twee hagelwitte gangen zijn gelopen, horen we aan het eind tot onze verbazing: 'Hier is het.' We zien alleen een deur met een invaliden- en badkamerlogo erop. Onder gegiechel van de toekijkende zorgverleners zegt de manager:

'Jullie hebben gezegd dat jullie zelfs bereid zijn om in een bezemkast te slapen als het moet, dus voilà.' Ze opent de deur en wijst naar twee blauwe incontinentiematrassen die in de spierwitte ruimte liggen, naast het invalidentoilet en de zitdouche met beugels.

Eerder schreef ik al dat we tijdens ons verblijf in verpleeghuizen geen kamers van bewoners in beslag willen nemen. We noemen in ons voorgesprek daarom altijd het voorbeeld van de bezemkast, om te laten zien dat we niet de moeilijksten zijn. Het feit dat we nu daadwerkelijk zo'n ruimte toegewezen krijgen, maakt van die metafoor ineens werkelijkheid.

'Jullie hebben geen ramen, dus ik zou niet adviseren om van het toilet gebruik te maken voor het slapen,' zegt de manager op een plagerige manier tegen Jonathan, die op ongeveer vijf centimeter van de pot zijn kussen opschudt.

Hij lacht. 'Bedankt voor de tip.'

Als we ons geïnstalleerd hebben in onze 'natte cel', zoals dat zo mooi heet in de gezondheidszorg, neem ik plaats aan tafel voor de lunch. Direct springen de enorme glaspartijen in het oog, die de woonkamer zo veel licht en ruimtelijkheid geven dat het net een balzaal lijkt. Recht tegenover me zie ik een jonge medewerker soep klaarmaken in de volledig open keuken zonder opstaande rand (deze wordt vaak in kleinschalige huizen ingezet, zodat mensen niks van het blad kunnen pakken), terwijl de vrouw naast me hem nauwlettend volgt en hier en daar instructies geeft. 'Vergeet niet de uien te fruiten voordat je ze in de soep doet, dan wordt de smaak sterker en lekkerder.' De jongen geniet duidelijk van de interactie. 'Natuurlijk, mevrouw Lacroix, wat zou ik zonder uw hulp moeten?' antwoordt hij, en hij roert verder in de pan.

Na een paar goed belegde boterhammen loop ik met open mond door het huis, waar ik geen eindeloze donkere gangen tegenkom, alleen hemels witte. Verspreid over de verschillende verdiepingen zijn verschillende woonkamers, die worden verduidelijkt door de uniformen van de zorgverleners, die elk een speciale kleur hebben. Letterlijk bij elke deur die ik open, zie ik hoe de verschillende ramen zichtlijnen door het gebouw vormen, een uitvoering die nieuw voor me is. De hoeveelheid en verschillende vormen van ramen geven het gevoel van het Stedelijk Museum in Amsterdam in plaats van een Belgisch verpleeghuis. De directeur, Jan Goddaer, heeft voor onze aankomst al verteld dat het huis 'dementievriendelijk' is ontworpen, waarbij veel rekening is gehouden met het fenomeen licht.

Wetenschappelijk onderzoek heeft aangetoond dat mensen gelukkiger, actiever en alerter zijn bij blauw en wit licht. (Simpel gezegd: een kaars of gloeilamp geeft geel licht, en daglicht is wit of blauw.) Hier wordt overdag zo veel mogelijk gebruikgemaakt van het overvloedige daglicht dat door de ramen naar binnen valt, en 's avonds wordt het licht gezelliger en geler om de bewoners te helpen tot rust te komen. Volgens Jan werkt deze verduidelijking van de dag-en-nachtstructuur goed tegen het bekende dementieverschijnsel *sundowning* ofwel *late-day confusion*, wat wil zeggen dat de onrust en verwardheid bij veel mensen met dementie toeneemt in de late namiddag en avond.

Als we de hoek achter onze badkamer om lopen, hoor ik een reutelende ademhaling uit een kamer komen. In een verpleegkundig automatisme besluit ik een kijkje te nemen, waarop Jonathan teruggaat om zijn camera te pakken. De deur staat wijd open, en ik zie op het bordje naast de deurpost dat de persoon die het geluid maakt Jeannette heet. Midden in de ruime kamer staat een ziekenhuisbed op zijn hoogste stand, en het diffuse daglicht dat door de vitrage naar binnen valt, verlicht het porseleinkleurige gezicht van een vrouw. Het licht en de eenzame opstelling doen me onmiddellijk denken aan het afscheid van Eugenie, en die indruk wordt alleen nog maar versterkt als ik dichterbij kom.

De draderige witte korsten in haar mond en haar verstijfde houding verraden meteen dat ze nauwelijks in staat is om te bewegen en voor zichzelf te zorgen. Als ik haar opnieuw moeizaam hoor ademen, loop ik zonder nadenken naar haar badkamer, pak een washandje en maak het vochtig met lauw water. 'Dag Jeannette, wat fijn om je te zien. Ik kom je bezoeken,' zeg ik als ik probeer om via haar ogen contact te maken. 'Mag ik je mond een beetje natmaken, zodat je wat makkelijker kan ademen?' Ik laat het washandje zien. Haar intens bruine ogen kijken dwars door me heen, maar ze probeert wel haar oogleden samen te trekken en te bewegen, wat mij genoeg zegt. Voorzichtig help ik haar.

Als haar mond weer schoon is en ik het bidprentje boven haar bed pak, zie ik vanuit mijn ooghoeken dat het Jonathan te veel wordt en hij stilletjes in zijn arm snikt om geen geluid te maken. Ik gebaar of hij niet liever weg wil, maar hij schudt zijn hoofd. Ik besluit het bidprentje voor te lezen, maar zodra ik zie wat erop staat, schiet ik zelf ook vol. Ik zucht diep om mijn tranen te bedwingen, pak Jeannettes hand, knijp er zachtjes in als ze me even aankijkt en zeg: 'Voor u, Jeannette.' En ik begin.

Heilige Rita,

Met vertrouwen kom ik tot U, o Heilige Rita, die genoemd wordt de 'Heilige der onmogelijke of hopeloze zaken'. Bevrijd mij van pijn en angsten die mij neerdrukken, en geef mij de vrede en gezondheid. Ik vertrouw ten volle op Uw machtige voorspraak bij de Allerhoogste en heb de vaste hoop door Uw tussenkomst spoedig verhoord te worden.

Amen.

Met waterige ogen geef ik een kus op Jeannettes voorhoofd om afscheid te nemen, waarop ze een vaag geluid maakt en haar voet beweegt. Zo kan het dus ook gaan, denk ik terwijl ik de gang op loop. Jonathan vertrekt naar buiten om een luchtje te scheppen, en ik neem plaats op het bankje aan het einde van de gang, waar ik verder peins. Dit valt toch op geen enkele manier te kwalificeren als kwaliteit van leven, als je het überhaupt over leven kan hebben? Is dit een menswaardig bestaan te noemen? Dat je dag en nacht naar adem ligt te happen, wachtend op een God die je uit je lijden verlost? Hoe kunnen we spreken van liefdevolle zorg als letterlijk elke ademhaling je bijna onmogelijk wordt gemaakt? Waar trekken wij de grens van wat nog menslijk is? Wie of wat willen wij als familie of geliefde zo wanhopig graag in leven houden dat we zo'n lijdensweg aanvaardbaar vinden – en is dat dan niet vooral vanwege onze eigen angst voor de eindigheid van het leven?

'Teun, zijn jullie daar?' klinkt het verderop in de gang.

Ik schrik, slik mijn gevoelens weg en roep terug: 'Zeker, ik zit hier op het bankje.'

Er komt een zorgmedewerker aanlopen, die aan de kleur van haar uniform te zien van 'onze' afdeling is.

Daar heb je weer zo'n nieuwe trend in de zorg die geen bestaand probleem oplost, maar het in dit geval letterlijk in een nieuw jasje steekt. Uniformen in de zorg stralen altijd ongelijkwaardigheid uit. Gelukkig beginnen steeds meer mensen binnen de verpleeghuiszorg dat door te krijgen, maar in plaats van dat er daadwerkelijk iets verandert, wordt het commercieel uitgebuit door 'uniformbedrijven', die zeggen: 'Klopt helemaal. Dan maken we toch "gezelligere" versies in alle kleuren van de regenboog?' Maar een uniform blijft een uniform, welke kleur je er ook aan geeft, punt uit. Wat is er mis met 'normale' werkkleding voor het personeel? Ja, zulke kleren kunnen vies worden, maar dat geldt toch ook voor een uniform? Beide kunnen gewassen worden, dus wat maakt het zo'n moeilijke stap? Duurzaamheid? Het hoeven geen lamswollen truien of satijnen jurkjes te zijn; anno nu zijn er genoeg bedrijven die hun 'gewone' maar duurzame werkkleding graag willen slijten. Thuis loop je toch ook niet de hele dag in een uniform rond omdat er iets zou kunnen gebeuren? Waarom kiezen we daar dan wel 'gewoon' voor in de zorg? Omdat we denken dat het de bewoners niets uitmaakt? Dat we ze wel voor de gek kunnen houden door de uniformen een 'huiselijk' kleurtje te geven? Zo stellen we ons eigen gemak toch boven het geluk van de mensen die vaak al zo weinig geluk ervaren?

De zorgmedewerker komt naast me staan, kijkt me aan en vraagt: 'Gaat het wel?'

'Lief dat je het vraagt. Ik was een beetje verdrietig na mijn bezoek aan Jeannette.'

'Ach, dat begrijp ik zo goed. Dat heb ik ook elke keer als ik haar zie.' Ze komt bij me zitten en slaat haar arm om me heen. 'Dat gun je niemand. Kom, ik ga zo wel even bij Jeannette zitten. Ga jij maar naar de woonkamer, daar wacht een lekkere warme kom soep op jullie. Dat kan die kompaan van je volgens mij ook wel gebruiken.' Ze geeft me een knipoog en neemt me mee aan haar arm.

De volgende ochtend word ik wakker na een verrassend goede nacht in onze '*suite sanitaire*'. De geur van verse koffie komt ons tegemoet door de kier van de deur. 'Kijk, dat is een goed begin van de dag,' roep ik boven het geluid van de snurkende wc-pot uit. Het gesnurk houdt abrupt op, en Jonathan zegt: 'Lekker, zin in', waarop hij twee keer smakt en zich nog eens omdraait.

Die dag voer ik leuke gesprekken met de vrouwen die in onze woonkamer zitten, praat ik met een mantelzorger die elke dag piano komt spelen voor haar man, en vallen we met onze neus in de boter als er gouden slingers worden opgehangen voor het afscheidsfeestje van een medewerker die na veertig jaar met pensioen gaat.

Als de barbecue in de tuin wordt gezet en de tafels met lekkernijen en alcoholische versnaperingen tevoorschijn komen, denk ik: dit gebeurt dus allemaal op de locatie zelf. Hoe vaak ben ik niet op kneuterige recepties in aparte horecazaaltjes geweest waar mensen met toepasselijke abc's werden uitgezwaaid, ver weg van de wereld waarin ze hun leven lang hun ziel en zaligheid hadden gelegd. Maar niet vandaag. Hier worden samen met de bewoners garnalenspiesjes en satéstokjes geroosterd, en er wordt samen gelachen om de sterke verhalen van de vertrekkende pensionado.

Jan, gekleed in spijkerbroek met zwierig overhemd en gympies, komt naast me staan.

'Wat geweldig dat jullie dit samen met de bewoners doen,' zeg ik tegen hem.

'Geen poespas, gewoon gelijkwaardig, daar houd ik van.' Hij stoot zijn bierflesje tegen het mijne. 'Kijk, Teun. Mensen geloven dat jij jong van geest bent omdat je er zo uitziet. Maar kijk eens om je heen: dat zijn er hier nog wel meer, al willen we dat nog zo vaak niet zien.' Hij glundert terwijl hij naar de feestende menigte kijkt. 'De reacties die wij kregen op dit huis waren niet mild. Het was overdadig, kil, modern, en ga zo nog maar even door. Allemaal op basis van de misvatting dat elk verpleeghuis eruit moet zien als een bruine kroeg met kleedjes op tafel en André Rieu op de tv. Maar dit zijn mensen die zijn opgegroeid in veel modernere tijden, luisterend naar Elvis, de Stones, Led Zeppelin, Pink Floyd en Frank Zappa, en die, vanwege hun flowerpower- of rock-'n-rolltijd, misschien een vrijere seksuele en sociale moraal hebben dan wij nu. Dus wie moet er dan zijn beeld bijstellen van klassieke verpleeghuizen?' zegt hij lachend.

'Ik moet eerlijk bekennen, Jan, dat ik ook vrij sceptisch was en misschien ook wel ben over de term "dementievriendelijk", die niet alleen het verschil tussen mensen benadrukt, maar ook het geluk van bewoners zou kunnen bepalen door architectuur. Ik denk niet dat ik hier per se gelukkigere bewoners zie, maar ik merk wel dat de architectuur de onrust lijkt te verminderen. Ik heb hier nog niemand gezien die weg wil of aan de deuren rammelt, wat in veel andere verpleeghuizen bijna ondenkbaar is.'

Ik merk dat hij er graag op in wil gaan maar bescheiden is, waarop ik stop met praten om hem ruimte te geven. 'Zie, ik kom uit de wereld van de traditionele verpleeghuizen, en daar hadden we veel last van dat zogenaamde "dwalen" en onrust bij de mensen. Maar in dit huis is dat helemaal weg. Dat heeft met de architectuur te maken,' zegt hij vol overtuiging. 'De zichtlijnen, die speciaal ontworpen zijn, spelen hierbij een cruciale rol. De persoon met dementie kan overal in het huis zien wat er gebeurt en waar hij naartoe kan. Dat geeft rust, vertrouwen en geborgenheid. Dus nee, het betekent niet dat ze hier de hele dag de polonaise dansen omdat het zo licht is of omdat de zichtlijnen zo mooi zijn, maar als we rust kunnen bieden in plaats van onrust, is dat wat ons betreft een groot geluk.' Hij neemt een slok van zijn biertje en vraagt: 'Toch?'

'Ik denk zelfs dat rust en geborgenheid voor mensen twee van de grootste geluksfactoren zijn in deze vaak onzekere fase van hun leven, dus echt chapeau voor wat je hier doet. Wel is het belangrijk om te blijven controleren of bijzondere architectuur niet gebruikt wordt om mensen op een "frisse" manier op te sluiten, of zo leidend wordt dat de vormgeving de huiselijkheid of gezelligheid overstemt. Dat is een dunne lijn.'

Jan knikt. 'Op zulke mooie woorden kan ik alleen maar proosten. Op jonge geesten!'

Twee dagen later rijden we het centrum van Geel in, als we aankomen bij een oude stadsvilla die een beetje verscholen ligt onder de grote bomen langs de dorpsstraat. Dat moet Huis Perrekes zijn, denk ik.

Ongeveer tweeënhalf uur ten noorden van de Frans-Belgische grens, waar het huis van Jan zich bevindt, staat dat van een vrouw die in België beroemd is geworden om de vooruitstrevende manier waarop ze de zorg voor mensen met dementie organiseert, en berucht om de vechtlust die ze daarbij tentoonspreidt. Een bezoek aan zorgpionier Carla Molenberghs is daarom een absolute must op onze reis door België.

Het contrast met het moderne huis waar we vandaan komen kan niet groter zijn: alles om me heen ademt sfeer en warmte. Overal zijn natuurlijke materialen zoals hout, wol en katoen in verwerkt: de meubels, de keuken, de verlichting, zelfs de kunst aan de muren. Op geen enkel moment krijg ik het gevoel dat ik in een rusthuis ben. Carla zegt bij aankomst: 'Leef en voel mee, dan spreek ik jullie later wel.' De stijlvol geklede vrouw maakt meteen iets in mij los. Sommige mensen hebben charisma, en Carla is daar zeker een van. Of het nu door haar scherpe blik of aangename stemgeluid komt, ik krijg het gevoel dat ze ons meteen doorgrondt en ons in het volste vertrouwen de ruimte geeft om hier ook ons huis van te maken. Heel bijzonder.

Na een eerste kopje koffie aan de ronde kersenhouten tafel in het midden van de woonkamer krijg ik een rondleiding van mijn nieuwe huisgenoot An, die de '*main suite*' van het huis schijnt te hebben. Terwijl ik met haar de antieke granieten trap op loop, vestigt ze mijn aandacht op haar favoriete kunstwerken, die links en rechts hangen. 'Kijk dat ultramarijne wandkleed heeft misschien wel de mooiste kleur die ik ken. Het is zo intens, maar zo hoopvol tegelijk. En daar, dat stilleven, dat is ook zo goed gemaakt.' In de twee jaar dat ik in verpleeghuizen woon, heb ik niet eerder een bewoner horen praten over de kunst aan de muren, laat staan over hun idee erachter. De kunst die ik in verpleeghuizen aantref komt geregeld uit een zeker geel-blauw warenhuis, maar wie doen we daar een plezier mee? Iemands liefde voor mooie dingen verandert niet met de diagnose van een vorm van dementie. Is het dan niet gek dat we handelen alsof dat wel het geval is?

'O, An... Wat een geweldige lamp, is die van jou?' vraag ik met een blik naar het plafond van haar kamer, waaraan een dun metalen frame hangt. Een wirwar van draden vormt een weelderig kunstwerk, dat nog mooier oogt als de schakelaar wordt omgezet.

'Van mij? Ach nee, jongen, dat hing hier al. Het ziet er chic uit, maar het is gemaakt van oud wasgoed uit een verpleeghuis dat ze hebben versnipperd en een tweede leven hebben gegeven als lamp. Niet gek hè?'

Ik lach om haar feitelijke beschrijving, die elke magie rond dit pronkstuk wegneemt. 'Soms is het beter om dingen niet te weten, An. Uiteindelijk gaat het erom wat je erin ziet, niet hoe het is gemaakt. Toch?'

An, die zelf al wat verder is met de rondleiding door haar kamer en halverwege de keuken staat, zegt gevat: 'Maar als je het eenmaal weet, zie je het nooit meer anders. Ik zie nu altijd de kapotte japonnen van madammekes uit het verpleeghuis als ik de lamp aandoe!' Ze lacht hard om haar eigen constatering.

Ans kamer zou zo uit een tijdschrift kunnen komen: twee rotanstoelen sieren een felgekleurde bijzettafel, en tegen de muur staat een vuren kuipbed met daarnaast een donkere eiken servieskast. Ook staan er weelderige planten door de hele kamer en liggen er echte vloerkleden op de vloer naast de openslaande deuren naar het balkon.

Naast An is er een kleiner appartement waarin een man verblijft die zelf geen dementie heeft, maar hier woonde met zijn vrouw die dat wel had. Hij is hier blijven wonen na het overlijden van zijn vrouw omdat het ook zijn thuis was geworden, en hij draagt sindsdien veel bij aan het huishouden. In de rechterbovenvleugel, die later lijkt te zijn aangebouwd, zijn de kamers aanzienlijk kleiner, maar ze zijn zeker zo stijlvol ingericht.

Nadat ik Ans keuken heb bekeken, die ze alleen gebruikt voor een glaasje water of een gekoeld drankje, opent ze een andere deur en belanden we in een volledig marmeren badkamer met een oudroze bad, inclusief gouden kranen. Ik maak er meteen een grapje over: 'Ik dacht dat gouden kranen alleen als metafoor gebruikt werden, maar jij hebt ze gewoon?'

Ze kijkt bedenkelijk naar haar bad. 'Goud, goud... Dat mochten ze willen. "Goudkleurig" zou ik het noemen, en tja, die stenen lagen er al toen ze deze hut kochten. In plaats van zo'n lelijk nieuw ding te bouwen hebben ze dit oude huis midden in het dorp opgekocht en het wat opgepoetst, en nu vindt iedereen het ineens chic? Grappig hoe dat werkt.'

Ik moet lachen om de satirische analyse à la Maarten van Rossem, maar wil haar sceptische houding toch graag doorbreken. Ik ben benieuwd hoe ze zich voelt. Daarom besluit ik een persoonlijke vraag te stellen: 'Hoe vind je het leven hier eigenlijk, An?'

Ze kijkt me aan. 'Goed, jongen... Ik voel me bevoorrecht dat ik hier mag wonen. Ik heb het fijn, hoewel dit niet mijn echte thuis is. De mensen zijn lief voor me, het eten is heerlijk, het huis is mooi, dus ik heb niks te klagen.'

Ik voel dat ze naar een 'maar' toe werkt en besluit het gewoon eerlijk te vragen: 'Het lijkt alsof je ook nog iets anders wil zeggen. Klopt dat?'

Even kijkt ze bedenkelijk. 'Ik wil absoluut niet verwend of ondankbaar overkomen, maar het gelukkigst word ik nog steeds van het echte leven om me heen, zoals dat jullie hier nu zijn, begrijp je? Gewoon reuring, leven van buiten dat naar binnen komt. Soms heb ik het gevoel dat ik hier op een eilandje zit.'

Haar kwetsbaarheid en de feilloze beschrijving van haar gevoelens raken me. Over wat ze vertelt heb ik vaak gesproken in de media, en opnieuw hoor ik het letterlijk uit de mond van een bewoner. 'Ik krijg kippenvel nu je dat zegt. Ik begrijp het namelijk zo goed. Daarom vind ik het ook zo fijn dat ik hier de aankomende dagen met je kan doorbrengen.'

Ze kijkt op met een glimlach. 'Een paar dagen? Nou, dan worden we vrienden, hoor.'

Ik steek mijn hand uit. 'Hierbij zijn we officieel vrienden.'

Ze geeft me een stevige handdruk.

'Zullen we nog een kop koffie drinken om het te vieren?' stel ik voor.

An kijkt me aan alsof ik gek ben. 'Daarnet hebben we al koffie gehad. Nu is het tijd voor wat anders.'

's Middags lig ik een tijdje op bed te chillen in mijn kamer, die een paar dagen leegstaat totdat de nieuwe bewoner arriveert, en ik denk erover na hoe een paar veranderingen een kamer een heel ander gevoel kunnen geven. Mijn plafond heeft mooie houten schrootjes, en de witte bakstenen muur eronder geeft het geheel een frisse uitstraling. Op de bruine vintage tegelvloer staat in de hoek een bosgroene kledingkast van fineer, en ik lig in een kuipbed van licht gevlamd vurenhout. Op zich supereenvoudige elementen van goedkoop materiaal, maar toch voelt het alsof ik in een Zweeds boetiekhotel verblijf. Dat gevoel wordt versterkt door de gangen op de begane grond met grote glazen ramen met houten lambrisering, die in een T-vorm overgaan in de woonkamer. Aan de langste gang, met bruine tegels op de vloer en felgele muurverf, liggen vijftien slaapkamers en een kamer waarin de bewoners muziek kunnen maken. Veel vensters kijken uit op de landelijke binnentuin, die omheind is met een prachtig schapenhek, en je kan in de extra brede vensterbanken gaan zitten om te genieten van het levende kunstwerk achter het glas.

Ik vind het geweldig om gevoelens of gedachten die ik bij mij thuis in het verpleeghuis had steeds vaker werkelijkheid te zien worden. Niet omdat ik gelijk wil krijgen, maar omdat het me hoop geeft dat de verandering die zo hard nodig is ook mogelijk zal zijn. Mensen hebben me zo vaak voor dromer, idealist of naïeveling uitgemaakt als ik pleitte voor een andere, meer huiselijke inrichting met meubels en decoraties van materialen waar bewoners vrolijk van worden. Hier in België verblijf ik in een huis dat die visie helemaal waarmaakt, en de bewoners bevestigen dat het werkt. Het maakt me gelukkig dat we tijdens onze reizen dit soort hoopvolle voorbeelden vinden waarvan we in de zorg kunnen leren, zodat we samen een mooiere toekomst kunnen creëren.

Als de middagthee op het programma staat, haalt Jonathan me op, en we lopen samen naar de gemeenschappelijke woonkamer. 'Wat denk je ervan?' vraag ik hem, wetend dat hij voor mij altijd een ongefilterd antwoord klaar heeft.

'Niet alleen ziet het er mooi uit, het voelt hier ook speciaal. De mensen hebben een frisse en verzorgde uitstraling en maken echt contact. Daardoor is het fijn om hier te zijn.'

Net als bij An weet ik zeker dat er een 'maar' aan het einde van zijn zin komt, dus ik vraag het gewoon ronduit: 'Maar?'

Hij lacht. 'Precies: maar. Tegelijkertijd voelt het een beetje als een tempel of kerk – zo vredig en rustig. Iets wat toch een beetje gek is met zoveel mensen.'

Als ik de woonkamerdeur opendoe en de dames aan de tafel ons zien, beginnen ze gelijk te smoezen. 'Ik ga erbij zitten,' zeg ik, 'en dan praten we zo wel verder, oké?'

Jonathan knikt, stelt zich op bij de tafel en brengt zijn camera in gereedheid.

De paar mannen die het huis rijk is, kijken vanaf de andere kant van de tafel toe terwijl er steeds meer dames binnendruppelen, die net als ik plaatsnemen, druk in gesprek raken en me onophoudelijk blikken toewerpen.

Het begint me te dagen waarover ze het hebben. 'Praten jullie erover of ik een jongen of een meisje ben?'

Een van de bewoners zegt: 'O ja, heb je dat gehoord?' waarop er aan tafel wordt gegiecheld.

'En, wat denken jullie?' vraag ik.

Na een kort overleg volgt het unanieme oordeel: 'Zeker een vrouw!' Ze kijken me aan met grote vragende ogen. 'Toch?'

Ik reageer lachend: 'Ik ben een man, echt waar.'

De vrouwen slaken een zucht van verbazing.

Niet veel later stapt een jonge vrouw de woonkamer binnen, die achter de kleine bruine vleugel plaatsneemt. Een bewoner die Jean heet springt meteen op van zijn stoel en gaat naast haar zitten. Als een dirigent begint hij te zwaaien, terwijl de pianist nog door de partituur bladert. De afgelopen dag heb ik een paar keer gemerkt hoeveel moeite het Jean kost om iets te zeggen, maar met zijn handen communiceert hij des te effectiever als hij iets duidelijk wil maken aan de zorgverleners.

Als de eerste noten door het huis klinken, komen veel bewoners op de comfortabele zitbanken rond de piano zitten om samen van de muziek te genieten. Aan de keukentafel zie ik drie bewoners wortels raspen, uien pellen en aardappels schillen; het heeft er alle schijn van dat we vanavond hutspot gaan eten. Het is mooi om te zien dat meer leven leidt tot béter leven. Alles ademt hier schoonheid in plaats van verval, zodat het huis en de bewoners een reflectie van elkaar lijken...

Terwijl ik een beetje wegdroom bij de pianomuziek, word ik op mijn schouder getikt. Achter me staat Carla, die in mijn oor fluistert: 'Het is nu een goed moment om even te praten. Kom je mee naar mijn kamer, dan storen we ze hier niet.'

Ik sta op en loop achter haar aan.

Haar kantoor is vlak naast de voordeur en heeft een opvallende inrichting voor een directiekamer. Aan het plafond hangt een lamp met een sierlijke katoenen geweven lampenkap, op planken tegen de muur staan boeken met dikke gekleurde kaften, en rechts zie ik een secretaire die uit hetzelfde hout gesneden lijkt te zijn als het bed waarin ik slaap – waarvan tot mijn verbazing ook hier een exemplaar tegen de muur staat.

Als ik Carla vraag waarom ze een bed in haar kantoor heeft, antwoordt ze: 'O, dat is een wiegbed. Dat is hetzelfde als jij hebt, maar hierbij kan het onderstel heen en weer bewegen. Kom, ga er maar eens in liggen.'

Ik doe mijn schoenen uit en stap in het bed.

'De bedoeling is dat je, net als toen je ter wereld kwam, in de laatste fase van je leven gewiegd kan worden door je geliefde. Het maakt de cirkel als het ware rond.' Carla gaat in de stoel naast het bed zitten en begint me zachtjes heen en weer te wiegen. 'We krijgen altijd van de familie te horen dat ze iets willen doen voor mensen aan het einde van hun leven, maar zoals je weet is dat heel moeilijk in die allerlaatste fase. Naar aanleiding daarvan hebben we dit bed bedacht, dat door beide partijen als hartverwarmend en heel verbindend wordt ervaren.'

Met mijn ogen dicht antwoord ik: 'Het werkt ook echt ontspannend. Ik voel me direct geborgen. Wat een prachtidee. Mag ik je vragen waarom je je zo inzet voor mensen met dementie?'

Ze brengt haar hoofd dichter naar de rand van het bed en zegt: 'Teun, dat is... dat is...' Ze moet zo hard zoeken naar de juiste woorden dat het bijna lijkt alsof het antwoord te allesomvattend is om uit te spreken, maar ze probeert het toch. 'Dat eh... komt recht uit mijn hart en uit de puntjes van mijn wezen, alle puntjes. Het is een gevoel voorbij verliefdheid. Ik houd met heel mijn ziel van deze mensen.' Ze zakt wat weg in haar stoel.

'Ben je bang om zelf dementie te krijgen?' vraag ik.

Ze laat een lange stilte vallen. 'Ik weet het niet. Ik vraag het me vaak af, maar ik weet het echt niet... Het raakt me om te zien hoe mensen in het beginstadium van dementie zichzelf lijken te verliezen, en hoe ze beseffen dat ze steeds meer verliezen. Ik vind het moeilijk om die vraag nu te beantwoorden, want net als bij de dood denk ik dat we zulke vragen pas kunnen beantwoorden als we er persoonlijk mee geconfronteerd worden. Mijn ervaring heeft me geleerd dat als mensen gezond zijn, ze hele andere dingen roepen dan op het moment dat dat niet meer zo is. "Geef me maar een spuitje als het zover is," hoor ik vaak, maar mensen nemen niet zomaar afscheid van het leven. Zelfs als de situatie enorm verslechtert, zie ik dat ze bijna altijd dingen vinden die hen op dat moment gelukkig maken. Daarom zijn we hier tot het allerlaatste moment bezig met de mens en nooit met de patiënt. Dat is een wezenlijk verschil: we blijven luisteren naar wat de mens wil.'

'Ik ben het volkomen met je eens. Als ik naar de toekomst kijk, maak ik me wel zorgen over het beeld dat de samenleving heeft van mensen met dementie. Hoe zie jij dat?'

'Ik maak mij daar ook heel veel zorgen over... Het ergste vind ik dat er een soort onverschilligheid bestaat, zo van: "O, dat zijn mensen met dementie, die beseffen dat toch niet." Zulke onverschilligheid baart mij veel zorgen. Het lijkt daarbij altijd alsof het over een ander gaat, maar het kan ons allemaal overkomen hè?' zegt ze met gefronste wenkbrauwen. 'Een samenleving of beschaving typeert zich bij uitstek door hoe ze voor haar kwetsbare mensen zorgt. Ik geloof dat het onze missie in het leven is om zo goed mogelijk met hen te leren omgaan.'

Ten slotte vraag ik Carla wat volgens haar het belangrijkste is in de omgang met mensen met dementie. Zonder aarzelen zegt ze: 'Het allerbelangrijkste is om ervan uit te gaan dat mensen met dementie tot het einde van hun leven voelende wezens zijn, met een rijk en innerlijk bestaan. Wezens die elke dag van hun leven, net als jij en ik, warmte, liefde en geborgenheid zoeken, tot hun laatste snik.' Ze ziet dat ik ontroerd ben door haar woorden. 'Mooi dat het je zo raakt, jongen. Zorg dat je dat nooit verliest. Het is een kompas dat je altijd de juiste richting zal wijzen in je leven.'

IX Terug naar de bron

Op zoek naar de kern van samenleven

Zuid-Afrika – Verenigde Staten

'Willen jullie ook een stukje boerewors?' vraagt Arlene in het Afrikaans, waarna ze een grote ronde opgerolde worst in de hete boter laat sissen.

'Lekker,' zeg ik uit beleefdheid, en ik kijk Jonathan aan om te checken of ik geen verkeerde keuze heb gemaakt. Gelukkig steekt hij zijn duim op.

'Eet je vader ook mee?' vraag ik aan Arlene.

'Nou en of. Dit is zijn favoriete "kossie". Pas maar op dat hij hem straks niet van je bord pikt.'

We zijn uitgenodigd om bij Arlene en haar vader David te komen logeren in het 'gekleurde' township Fairview in Mosselbaai, waar we vanochtend vroeg zijn aangekomen. Mosselbaai is een bekende kustplaats aan de nog bekendere Zuid-Afrikaanse Tuinroute. De prachtige ligging van de stad, aan zee en aan de voet van het Outeniqua-gebergte, maakt het een populaire plek voor vakantiegangers, maar toen we onderweg naar het township bergopwaarts reden, veranderde de omgeving al snel. De witte victoriaanse huisjes maakten plaats voor kleine zandkleurige gebouwtjes met zalmkleurige daken van golfplaat, en de gezellige winkelstraatjes met klassieke veranda's werden ingeruild voor slecht geplaveide straten met pleisters op de weg en dorre voetbalveldjes.

Arlene is net als Tante Gloria een contact van dr. Adele van Wyk, die vertelde dat we echt niet zonder deze vrouw konden als we de culturele redenen willen begrijpen waarom ook mensen met dementie hier thuis blijven wonen. 'Hier wordt voor elkaar zorgen niet gezien als een taak van de overheid, maar als gezamenlijke verantwoordelijkheid van de familie. Niet vanwege geldgebrek, maar uit liefde voor elkaar,' zei ze.

Ongeveer zes jaar geleden trok Arlene in bij haar ouders, die allebei tekenen van dementie vertoonden. Haar moeder is onlangs overleden, waardoor ze nu alleen nog voor haar vader David zorgt, die sindsdien niet meer van haar zijde is geweken. Om te zorgen dat het Arlene aan niets ontbreekt, geven haar broers en zussen haar elke maand een toelage, zodat ze met een gerust hart haar oude baan kon opzeggen.

Terwijl het vet in de pan nog harder begint te spetteren en Arlene sneetjes brood van margarine voorziet, schuifelt haar vader de keuken in. Op de kleine vierkante tafel ligt een plastic tafelkleed met bloemenprint, met daarop bijpassende borden, een grote mok thee met melk waarop 'Idad' staat en een fles chilisaus. 'Dag mijn jongens,' zegt hij in het Afrikaans, waarna hij de geur die de keuken vult twee keer diep inhaleert en zegt: 'Ja, dat dacht ik al, mijn kossie.' Hij gaat zitten.

Ondanks de eenvoudige bouwstijl heeft het huis vanbinnen een levendige en warme uitstraling. Door de wapperende kanten gordijnen vallen er soms zonnestralen op Davids gezicht, die heerlijk aan het smullen is en zo het plaatje compleet maakt. De woonkamer naast de keuken is niet veel groter dan de rode stoffen tweezitsbank, de tv en de twee stoelen die er staan. De voordeur staat half open, waardoor de verkoelende zeelucht heerlijk door het huis waait.

Na het eten helpen we Arlene met opruimen, en als we kort daarna met zijn allen in de woonkamer uitbuiken, vraag ik: 'Hoe is het om zo lang voor je ouders te zorgen?'

'Kinderen moeten voor hun ouders zorgen. We stoppen ze niet weg in, hoe noem je zoiets?'

'Een verpleeghuis?'

'Ja, dat ja...'

'Wat vind je daar eigenlijk van?'

Arlene kijkt bedenkelijk. 'Het is niet slecht, zo'n verpleeghuis. Maar ze behandelen de mensen niet zoals ze hun eigen familie of ouders zouden behandelen. Dus daarom kun je het beter zelf doen.'

Haar vader gaat verzitten en zegt: 'Dat is mijn dochter hè.'

'Ja, mooi om te zien hoe jullie zo samen zijn gebleven.'

'Ons is blij om elkaar te zien,' antwoordt hij. 'Dat is het allerbelangrijkste. Het is heel zwart-wit: als je van elkaar houdt, dan voel je je allebei veel beter.' Stralend van geluk kijkt hij naar zijn dochter.

'Ik ben de geluksvogel omdat ik voor mijn vader mag zorgen,' zegt ze.

Ik draai me naar haar toe. 'Wauw, wat bijzonder zeg. Ik denk dat ik in Nederland nog nooit iemand heb horen zeggen dat het een voorrecht is om voor een ouder te mogen zorgen.'

'Zo is het echt. Niet iedereen krijgt zomaar deze kans,' zegt ze met een voldane blik, en ze staat op om haar vader een knuffel te geven.

Het is mooi om te zien dat wederkerigheid en geluk, ondanks alle obstakels, nog zo vurig aanwezig zijn in dit huishouden, en dat een vorm van dementie niet meteen hoeft te betekenen dat je geen rijk leven meer kan leiden.

Dat laatste wordt de volgende dag opnieuw geïllustreerd als we de jassen hebben aangetrokken en met David en Arlene naar de kerk tegenover het huisje lopen. Het is een vierkant gebouw met weinig ramen, in dezelfde zandkleur als de rest van de straat. Bovenop staat een groot kruis. David is nog niet eens binnen als hij wordt omhelsd door de voorganger en een paar andere kerkgangers, die bij de deur staan.

'David, je blijft er elke week ook maar jonger uitzien hè?'

David lacht, en Arlene neemt hem mee naar zijn vaste plek achterin op een van de grenen kerkbanken.

Ik krijg er een vreemd en jaloersmakend gevoel van, dat niet zozeer te maken heeft met religie, als wel met de ongekende warmte die ik hier ervaar. Davids geluk lijkt te groeien met elke blijk van waardering, en het is alsof ik daarbij iets van de kern van het bestaan zie. Gezien worden, erbij horen en van waarde zijn – het lijkt de mensen die ik tijdens mijn reis door Zuid-Afrika heb gezien, ongeacht hun leeftijd en conditie, niet alleen een gevoel van bestaansrecht te geven, maar ook een sprankeling die ik zelden meer opmerk bij mijn huisgenoten. Waar je ook in gelooft, zou je iedereen niet zo'n oude dag gunnen?

Ineens piept en galmt de microfoon, en de voorganger begint de dienst in het Engels. 'Beste broeders en zusters, vandaag is een speciale dag. Broeder Jonathan en Tu... Tuin, Thun Thubes uit Holland verblijven in ons midden, bij onze vrienden David en Arlene, om aandacht te vragen voor een heel belangrijk onderwerp. Dus geef ze wat liefde.'

Het gammele orgeltje zet de eerste noot in, waarop alle mensen tegelijk opspringen, zich naar ons toe keren en met hun handen in de lucht beginnen te jubelen.

Kippenvel!

Na de dienst blijft David achter in de kerk om koffie te drinken met vrienden terwijl wij samen met Arlene teruglopen naar huis. Ik vraag: 'Ervaar je de zorg echt nooit als moeilijk of zwaar? Ik ken zo veel verhalen van mensen en mantelzorgers die ontzettend hun best doen, maar er bijna aan onderdoor gaan.'

'Jij moet de sterke zijn,' zegt ze. 'Als ik met mijn vader iets ga doen of als er iemand bij ons thuis komt, zie ik hem vaak in zichzelf gekeerd raken uit angst en onzekerheid. Dan is het aan mij om hem vertrouwen te geven, zoals hij mij dat vroeger gaf. Stap voor stap, elke keer weer. En ja, dat is soms heel moeilijk, vooral als het niet meteen lukt en hij verward blijft. Dan wacht ik een tijdje, kijk hoe hij zich gedraagt en probeer het opnieuw. Net zo lang tot het werkt. Het is constant lezen wat er aan de hand is en meebewegen. Als mensen in mijn omgeving om hulp vragen, zeg ik altijd: "Als je tegen de golven in zwemt, raak je uitgeput en kom je niet ver. Dus let goed op, duik af en toe als er een golf aankomt door een stap terug te doen, en dan wordt het water vanzelf weer vlak."'

'Ik heb echt enorme bewondering voor je, Arlene,' zeg ik. Inmiddels staan we weer in haar keuken, en ze zet het water op voor de oploskoffie. 'Je vader boft met zo'n dochter.'

Waarop ze glimlacht en zegt: 'Groot plesier.'

De volgende ochtend vertrekken we al vroeg voor een lange rit naar Kaapstad, de 'Moederstad' van Zuid-Afrika, waar we onze laatste dagen zullen doorbrengen in een township dat genesteld ligt tegen de heuvels van een van de mooiste delen van het gebied, Houtbaai. De baai met kobaltblauw water wordt volledig omsloten door steile bergkammen, met witte huizen die uitsteken tussen hoge bomen aan de voet van de bergen. Vanaf hier kun je elke dag genieten van een prachtig schouwspel als het zonlicht de lucht en de zee van kleur doet veranderen. Het township Hangberg ligt op de eerste berghelling van de baai, waardoor de gure wind die van zee komt vrij spel heeft in de straten van deze gemeenschap. Het is jarenlang de uitvalsbasis geweest van een wetenschapper met een opvallend uiterlijk. Dr. Rayne Stroebel, een vijftiger met een lange grijszwarte baard, kleurrijke kleding en een hippe bril, heeft ons in onze vele voorgesprekken op het hart gedrukt hoe belangrijk het was dat we naar het Afrikaanse continent kwamen, waar, zoals hij het uitdrukte, 'samenleven geen vraag is, maar het antwoord op een zo'n goed mogelijk bestaan. Dat is wat ik hier gezien heb tijdens mijn jarenlange onderzoek en wat jullie zelf moeten ervaren.' Stroebels onderzoek richtte zich vooral op het effect van gemeenschapsleven op het bestaan van mensen met dementie, en zijn woorden klonken zo veelbelovend dat het niet de vraag was óf we hierheen moesten, maar wanneer. Omdat ook hij vond dat overnachten in een township misschien niet het beste idee was, konden we gebruikmaken van zijn huis, dat iets verderop in de heuvels staat.

Net als Mosselbaai is Houtbaai van oorsprong een vissersdorp, maar door overbevissing werden de vangsten uiteindelijk zo mager dat de fabrieken moesten sluiten, zodat het weinige werk dat er voor de mensen in het township was verloren ging en de ongelijkheid tussen arm en rijk alleen maar groter werd. Houtbaai is namelijk ook een toevluchtsoord voor de rijken van Kaapstad, die hier in 'rust en stilte' willen genieten van een van de mooiste uitzichten van de West-Kaap. Die rust heeft alleen wel een prijs, want om mogelijke indringers van de andere kant van de baai tegen te houden, is elk huis beveiligd met hoogspanningshekken waaraan waarschuwingsborden hangen van een particulier beveiligingsbedrijf, ADT, dat er geen twee keer over nadenkt om te schieten.

Het blijft een beeld waaraan ik moeilijk kan wennen, want deze vorm van welvaartsverdeling gaat in tegen elk gevoel van rechtvaardigheid. Des te bijzonderder is het om opgenomen te worden in de plaatselijke gemeenschap op een manier die alle ongelijkheid en verontwaardiging lijkt te overstijgen. Dat gevoel krijgen we onder meer als we laat in de middag aankomen in een sporthal, waar we worden verwelkomd door een grote delegatie vrouwen van in de tachtig en één man, Jeffrey. 'Welkom bij de golden oldies van Hangberg,' zegt hij, waarop alle dames lachen. 'Onze organisatie zet zich in voor de ouderen, en wij zijn vereerd dat jullie ons willen bezoeken. Overmorgen komen alle dames bij elkaar, dus dat wordt gezellig.' Het gebouw is vanbinnen felblauw geschilderd en heeft op sommige plekken streetart op de muren van sportende kinderen. De geur doet me denken aan mijn oude gymzaal op de middelbare school, en de rekwisieten doen vermoeden dat de hal nog steeds gebruikt wordt voor de op de muur afgebeel de activiteiten – wat bevestigd wordt als een groep meisjes in sportpakjes door de bewaker bij de poort binnen wordt gelaten. 'Het is een oude hal, maar hij wordt heel intensief gebruikt door de gemeenschap. We laten de meisjes lekker dansen, en dan stel ik je voor aan wat mensen in het township,' zegt Jeffrey.

In de vorm van een halvemaan ligt het township tegen de berg, en je kan aan de verschillende soorten bebouwing precies zien wie waar woont. 'Kijk, daar hoog tegen de berg in die wat donkere huisjes wonen de Indiërs, bij die kalkachtige huisjes de Ethiopiërs, daar verderop bij die wirwar van hutten de Ghanezen en Nigerianen. En hier in het centrale oude deel wonen "wij". Het lijkt de laatste tijd steeds drukker te worden, met allemaal nieuwe mensen uit andere landen. Logisch, die willen natuurlijk ook genieten van dit uitzicht,' grapt hij.

Als we door de hoofdstraat lopen en mensen achter de voordeur van de huizen aanschieten voor een praatje, wordt het beeld dat dr. Stroebel geschetst heeft meteen bevestigd. 'In Zuid-Afrika houden we ervan om voor onze mensen te zorgen, wat de nood ook is. We hebben in onze opvoeding meegekregen dat we een hechte gemeenschap moeten vormen,' vertelt een nicht. Ze zorgt voor haar tante in het voorhuis, die nauwelijks nog iets kan onthouden. 'We drinken een paar keer per dag koffie en doen gezellig samen de was, maar ze vindt het vooral leuk om naar buiten te kijken. Ze zwaait zo'n beetje naar iedereen die voorbijkomt, dus het is altijd leuk met haar.' Vervolgens spreken we een zoon die regelmatig eten langsbrengt voor zijn vader met dementie en een caissière van de plaatselijke supermarkt die al meer dan drie jaar voor haar hoogbejaarde moeder met 'vergeetachtigheid' zorgt.

Verderop op de heuvel krijg ik ook een ander verhaal te horen, dat ik nog niet eerder ben tegengekomen in Afrika. Een oude dame die nog zelfstandig woont, vertelt dat ze zich zorgen maakt over de invloed van sociale media op het leven van ouderen. 'Sinds mijn kinderen en kleinkinderen op Instagram en Facebook zitten, zeggen ze heel vaak: "Kijk, mam, in Europa of Amerika zorgt niemand voor zijn ouders, maar werkt iedereen. Is dat hoe je rijk wordt?"' Ze schudt haar hoofd. 'Rijk? Mercedessen en gouden Rolexen, dat is wat de jeugd hier tegenwoordig wil. Vroeger moesten ze bedelen of stelen omdat we geen werk konden krijgen en niets te eten hadden, maar nu lijken ze dat helemaal vergeten te zijn en kijken ze buiten ons eigen continent wat rijkdom is, terwijl die recht onder hun neus ligt. Als we elkaar kwijtraken, zijn we pas echt arm.'

Het is iets waarover ik hier in Zuid-Afrika nog niet eerder heb nagedacht, maar eigenlijk sluit het naadloos aan op wat de legendarische professor Peter Whitehouse, die we over twee weken gaan bezoeken in Amerika, vorige week tegen ons zei: 'Neoliberalisme is de hoofdreden dat we op deze manier met dementie omgaan. Het is kapitalisme op steroiden. Ongereguleerd kapitalisme maakt van het individu een consument die alleen maar meer wil. Ik zeg soms met enige overdrijving: het lijkt bijna alsof menselijke relaties ondergeschikt zijn aan het kopen van de nieuwste iPhone. Maar de consequenties daarvan zijn levensgevaarlijk. Door de oneindige zoektocht naar meer "ik" vergeten we elkaar en worden we als mensheid steeds kwetsbaarder voor tegenslagen en uitdagingen.'

Het is treffend dat we hier direct bij aankomst al met dat soort kwetsbaarheid geconfronteerd worden. In Nederland hoor ik in de ouderenzorg weinig mensen praten over deze cultuur van individualisering, ook veel ouderen zelf niet. Het lijkt bijna alsof we de angst om niet door de maatschappij gedragen te worden voor lief zijn gaan nemen, of het gevoel hebben dat we met onze individualistische levens het recht hebben verspeeld om later bij kinderen, familie of vrienden aan te kloppen voor wat liefde en zorg. Hoe vaak hoor ik niet: 'Ik wil mijn kinderen later niet tot last zijn.' Tot last? Ten eerste is dat een aanname, en aannames zijn maar al te vaak gebaseerd op onze eigen onzekerheden. Ten tweede: nee heb je, dus ga het gesprek aan. Want hoeveel jonge en oude mensen worstelen niet met een gebrek aan zingeving, aandacht en waardevol contact? Ik geloof echt dat meer mensen voor elkaar willen zorgen als we ons over onze schaamte heen zetten en het gesprek aangaan, want niemand wordt gelukkig van de eenzaamheid of hulpeloosheid van een dierbare, toch?

Twee dagen later, als de zaal gevuld is met meer dan veertig dames, die samen a capella zingen, krijg ik opnieuw kippenvel over mijn hele lichaam. Er klinkt zo veel bezieling in door dat ik elk woord geloof, ook al beheers ik de taal niet. Waarbij de liefdevolle klanken van de harmonieën de enorme zaal in één keer vullen met saamhorigheid. Daarna wordt er gekaart en gelachen, en er wordt vers eten geserveerd bij het kleine keukentje bij de ingang. Iedereen haalt zijn van thuis meegebrachte plastic bakjes tevoorschijn om ze bij het doorgeefluik te vullen met rijst en groenten en gaat aan de lange tafels zitten.

Ik schuif aan bij de tafel waar het hardst gelachen wordt, en mijn aanwezigheid maakt dat alleen nog maar erger. Het gaat over jonge mannen. Nou ja, jong. Een zeventigjarige vrouw die bij een van de dames in de buurt woont, blijkt sinds kort een relatie te hebben met een vijftigjarige man.

'Vind je dat raar?' vraag ik.

'Je wil toch een man, geen baby?' zegt de dame aan het hoofd van de tafel.

Ik lach. Een baby van vijftig... Duidelijk een andere generatie.

Net als de andere dames draagt de vrouw aan het hoofd van de tafel, Mary-Jane, een grove wollen trui met een bodywarmer eroverheen en een vissersmuts. Hoewel de buitentemperatuur van rond de twintig graden voor mij erg aangenaam voelt, is het voor de mensen hier nog steeds winter, dus de warme kleren blijven aan.

Als ik vraag wie er alleen woont, steekt niemand een vinger op. De jongsten zijn achter in de zeventig, en de oudste is zesennegentig, dus je zou misschien verwachten dat sommige vrouwen alleen wonen, maar ze hebben allemaal kinderen die voor hen zorgen.

'Hoe komt dat?' vraag ik.

'Je moet iemand hebben die voor je zorgt in het leven,' zegt Mary-Jane stellig. 'Ik zie zo vaak dat oudere mensen worden weggestopt in een verpleeghuis, en wie bezoekt ze dan nog?' De verontwaardiging in haar stem is duidelijk te horen.

'Niemand,' zegt haar buurvrouw met een zorgelijk gezicht.

'Precies, helemaal niemand. Het is een triest verhaal...'

Ik knik.

'Sluit ze niet buiten. Ze zijn er al die tijd geweest. Ze waren er toen jij ze het meest nodig had. Dus waarom wil je nu van ze af, juist nu ze jou nodig hebben?'

Ik kijk haar aan en merk dat ik me persoonlijk aangesproken voel, alsof ze haar betoog aan mijn generatie richt. 'Voelt dat zo?' zeg ik.

'Ja, ik geloof dat een goed leven een cirkel is van gemeenschappelijke verantwoordelijkheid. Elke levensfase vraagt om een andere bijdrage om die cirkel in stand te houden, maar alle bijdragen zijn even essentieel. Wordt de cirkel ergens doorbroken, doordat er bijvoorbeeld mensen uitgesloten worden of buiten de samenleving komen te staan, dan is dat een verlies voor de hele gemeenschap, toch?' Als Mary-Jane met dezelfde ernstige blik van daarnet om zich heen kijkt, knikken de dames stuk voor stuk.

Als we klaar zijn met eten, nemen we afscheid en lopen we de sporthal uit, waar de roodoranje avondzon over de baai schijnt en ons aanstaande vertrek aankondigt. Een laatste keer rijden we door het township, en met een gevoel van weemoed kijk ik naar kinderen die met oude autobanden spelen en families die buiten rond de 'braai' staan. Ik moet steeds weer denken aan de woorden waarmee dr. Rayne Stroebel ons een jaar geleden aanspoorde om hierheen te komen: 'Het grootste obstakel bij het verbeteren van de kwaliteit van leven van mensen in het algemeen, maar van mensen met dementie in het bijzonder is dat we vergeten zijn om intergenerationeel te leven. Tegelijkertijd is het mooie dat we morgen al kunnen beginnen met het opnieuw vormgeven van onze samenleving. Want voor echte verandering zorg je niet met meer en meer geld, anders zouden jullie allemaal dolgelukkig zijn daar in Europa. Echt veranderen lukt alleen als mensen ervan overtuigd zijn dat het blijvend geluk zal opleveren.'

Door mijn vliegtuigraampje zie ik twee weken later Cleveland ontwaken als diezelfde rode gloed de skyline oplicht. We zijn aangekomen bij het vierde continent van onze reis. Hoewel Amerika en Afrika op papier niet verder uit elkaar kunnen liggen, zijn we hier om hetzelfde verschijnsel te onderzoeken: *community living*. Het is misschien niet het eerste waaraan je denkt bij een land dat zoveel waarde hecht aan zelfbeschikking en vrijheid, maar bij ons onderzoek hebben we in Amerika een paar tot de verbeelding sprekende initiatieven gevonden om de toekomst inclusiever te maken voor mensen met dementie.

De vraag die ons hierheen heeft geleid is er een waarmee we onze kennismakingsgesprekken met wetenschappers steevast afsloten: 'Tegen wie kijk je op in je vakgebied?' En daar hoorde ook nog een vervolgvraag bij: 'Zou je ons willen introduceren?' Het was een tactiek die niet alleen een glimlach op veel gezichten toverde, maar ons ook meteen naar de sleutelfiguren en de meest relevante landen leidde. Een naam die vaak terugkwam, was die van de man die we nu gaan bezoeken.

Professor Peter J. Whitehouse is hoogleraar neurologie, psychiatrie, cognitieve wetenschap, neurowetenschappen en organisatiegedrag aan de Case Western Reserve University in Cleveland. Daarnaast is hij hoogleraar geneeskunde aan de universiteit van Toronto, lid van het Harris Manchester College aan de universiteit van Oxford, auteur en voorzitter van Intergenerational Schools International.

Naast die indrukwekkende staat van dienst is Peter, zoals ik hem mag noemen, ook nog eens een fantastisch lieve man die ons vanaf het eerste moment wilde helpen. Als voormalig *key opinion leader* was hij ooit een van de belangrijkste alzheimerexperts voor farmaceutische bedrijven over de hele wereld en gaf hij advies over de ontwikkeling van de eerste generatie alzheimermedicijnen. Tot hij in gewetensnood kwam omdat volgens hem alles om geld draaide in die wereld. Zoals hij vertelde in een van onze eerste gesprekken: 'Voor mij werd de farmaceutische industrie het grote voorbeeld van het gevaar van het moderne kapitalisme, waarin geld verdienen vóór mensen gaat. Het was het perverse gedrag van die lui dat me de ogen opende. Ik zag ze meer geld uitgeven aan lobbyen in Washington, het betalen van advocatenkantoren om hun intellectueel eigendom te beschermen en marketing om medicijnen aan de man te brengen dan aan echt onderzoek. Die wereld was op een gegeven moment niet meer te rijmen met mijn visie om het leven voor mensen met dementie te verbeteren, dus ik besloot een andere koers te varen.' Daarna begon hij zich te richten op ecopsychosociale modellen van hersengezondheid en veroudering, waarbij hij vooral geïnteresseerd was in de kwaliteit van leven van mensen met dementie. Het eerste wat we over hem hoorden – en iets waar we meteen op aansloegen – was dat hij oprichter was van de Intergenerational School. Dat is een reguliere basisschool waar oudere mensen, met en zonder cognitieve uitdagingen, als mentoren werken om kinderen sociale vaardigheden en, op hun eigen manier, liefde voor taal en rekenen bij te brengen. Mensen met dementie die niet alleen deel blijven uitmaken van het dagelijks leven, maar zelfs een bijdrage leveren door anderen dingen te leren – dat was uiteraard iets wat ik met eigen ogen wilde zien.

In zijn Engelse trenchcoat met vissershoedje komt Peter naar ons toe, en hij neemt een paar van onze koffers over. 'Kijk eens aan. Het heeft twee jaar geduurd, maar nu zien we elkaar eindelijk in levenden lijve,' zegt hij, waarna we in een lichtblauwe Amerikaanse sedan stappen en richting zijn huis rijden. Net als in Zuid-Afrika mogen we bij 'de professor' thuis logeren, zodat het contact meteen een gemoedelijke sfeer krijgt. Als we door de stad rijden, vertelt hij ons alles over zijn familie en de manier waarop ze hier terecht zijn gekomen. In een wijk die prima bij zijn Engelse outfit past, parkeren we op de oprit van een huis dat je eigenlijk zou verwachten op het platteland van het oude York. 'We houden enorm van de architectuur van dit landhuis. Het ziet er misschien veelbelovend uit aan de buitenkant, maar vanbinnen is het wel net zo oud, weet je,' zegt Peter lachend. 'Kom, mijn vrouw heeft speciaal voor jullie van alles gebakken, dus we gaan lekker theedrinken.'

'Goed geslapen?' klinkt het de volgende ochtend vroeg, en weer staat er een verzameling versgebakken lekkers voor onze neus.

'Heerlijk, maar ik kan niet wachten om jullie school te zien.'

Peter lacht. ‘Heel goed, daar houd ik van. Meteen fris en energiek uit bed.’

Omdat ik me al jaren op deze ontmoeting verheug, laat ik deze opening om een gesprek te beginnen natuurlijk niet aan me voorbijgaan. ‘Ik heb zo veel vragen aan je. Mag ik er bij het ontbijt al een paar stellen?’

Peter lacht nog harder. ’Natuurlijk, kom maar op.’

‘Hoe zie jij dementie eigenlijk?’

‘Dementie is een label waarover mensen en artsen van mening verschillen,’ antwoordt hij bedachtzaam. ‘Het gevaar van een label is dat er als het eenmaal is opgeschreven nauwelijks meer vraagtekens bij worden gezet. Maar wat we vaak niet beseffen, is dat labels in de loop van de geschiedenis veranderen. Daar moeten we ons goed van bewust zijn als we zeggen dat iets nou eenmaal zo is. Misschien wel het beroemdste voorbeeld is het label dat bij de bekendste vorm van dementie hoort, dat bij toeval ontstaan is.’

Op 3 november 1906 rapporteerde Alois Alzheimer, een klinisch psychiater en neuroanatomist, aan de zevenendertigste bijeenkomst van Zuidwest-Duitse psychiaters in Tübingen ‘een bijzonder ernstig ziekteproces van de hersenschors’. Hij beschreef een vijftigjarige vrouw die was opgenomen wegens paranoia, progressieve slaap- en geheugenstoornissen, agressie en verwardheid. Alzheimer had haar gevolgd tot haar dood vijf jaar later. Zijn rapport vermeldde prominente plaques en neurofibrillaire tangles in de histologie van de hersenen. Het wekte weinig interesse, ondanks een enthousiaste reactie van collega-psychiater Kraepelin, die ‘de ziekte van Alzheimer’ opnam in een editie van *Psychiatry*, een invloedrijk ‘vakblad’ in die tijd.

‘De ziekte werd dus in het leven geroepen toen een bevriend collega een classificatie creëerde op basis van Alzheimers bevindingen, wat vervolgens leidde tot onderzoek naar die nieuwe "ziekte van Alzheimer". Eerst was het een label voor jonge mensen met deze specifieke vorm van progressieve cognitieve achteruitgang, toen werd het een label voor iedereen, ongeacht leeftijd, met dezelfde klachten. Vervolgens werd het label uitgebreid met "milde cognitieve achteruitgang", waarna "vroege milde cognitieve achteruitgang" volgde. En nu hoort zelfs "subjectieve cognitieve achteruitgang" erbij. Als we niet oppassen, moeten we straks iedereen preventief behandelen. Er is sprake van *disease mongering* ofwel *diagnostic creep*, wat wil zeggen dat de grenzen van de diagnose steeds verder worden opgerekt. Ik overdrijf een beetje om mijn punt te maken, maar op deze manier creëren we het idee dat we iedereen ziek willen hebben, alleen maar om te kunnen behandelen. Ik denk niet dat dit een goede ontwikkeling is. Integendeel, we moeten sommige aspecten van het leven accepteren als we ouder worden, en ze niet meteen medicaliseren of labelen.'

Het is duidelijk dat ook Peter een opening voor een goed gesprek niet graag onbenut laat. Hij neemt een slok koffie uit zijn mok en praat snel weer verder.

'Het gevaar is, net als bij dementie, dat een label tot stigmatisering leidt. En dan gaat het snel bergafwaarts met de betreffende persoon. Bij stigmatisering wordt een label gebruikt om te zeggen dat iemand anders is en dat we niets met hem of haar te maken willen hebben omdat we bang zijn ook zo te worden. Daarom is een stigma zo gevaarlijk. Het ontmenselijkt. Onze nationale Alzheimer's Association is daar een goed voorbeeld van. Zij creëren veel angst door te zeggen: "Dementie is gevaarlijker dan kanker. Het is erger dan de dood, het ergste wat je kan overkomen in het leven. Daarom moeten we iedereen die het heeft, behandelen als een speciale groep en nog veel meer geld investeren om het probleem op te lossen." Tevergeefs, want we zullen nooit één "remedie" vinden,' zegt Peter vol overtuiging.

'Op dat vlak wekken artsen en wetenschappers vaak valse hoop. Zelfs de huidige voorzitter van de World Dementia Council, 's werelds meest vooraanstaande instantie op het gebied van dementie, zegt tegen de media dat het slechts een kwestie van tijd is voordat we een remedie hebben. Net als onze eigen Alzheimer's Association, die beweert dat we er in 2025 zullen zijn, terwijl we in werkelijkheid nog niet eens in de buurt van *the cure* zitten. Vooral omdat we er steeds meer achter komen dat alzheimer niet één ding is of één oorzaak heeft – dat is een mythe. Dus hoeveel cures moeten er nog komen? Bovendien zijn de klachten nauw verbonden met veroudering; proberen we dan impliciet ook ouder worden te genezen? Feit is dat we ouder worden en dat onze functies afnemen, dus we moeten niet alles als verlies bestempelen, maar ons richten op wat oudere generaties kunnen bijdragen in termen van ervaring, wijsheid enzovoorts. Zoals men in de oudheid al deed. Als we ouder worden zien als een verzameling kwalen die we allemaal moeten genezen om eeuwig te blijven leven, bestempelen we een hele levensfase als een verlies. Dat doet absoluut geen recht aan de werkelijkheid, en het ondermijnt vooral het geluk van veel mensen.'

'Wauw,' zeg ik. 'En dat was nog maar één vraag.'

Peter lacht opnieuw. 'Dat is beroepsdeformatie. Ik kan wat lang van stof zijn.'

'Mooi om te zien dat je na al die jaren nog steeds zo vurig bent over wat je doet. Erg inspirerend.'

Zijn vrouw, dr. Catherine Whitehouse, komt binnen en zegt: 'Jullie moeten gaan, mannen. De school gaat zo open, en daar verwachten ze jullie.' Catherine werkt als psycholoog, en zij is degene die op het idee van de Intergenerational School kwam, waarna ze het samen met haar man ontwikkeld heeft.

De school bevindt zich in een paleisachtig gebouw met twee naar buiten gerichte vleugels dat zo uit de serie *The Crown* had kunnen komen. 'Vroeger was er een ziekenhuis in gevestigd, maar nu heb je hier seniorenappartementen, een verpleeghuis en onze school. Dus qua locatie kan het niet beter,' zegt Peter als we het enorme gebouw binnenstappen. Het kasteelsfeertje verdwijnt als we door de gangen lopen, waar aan de kapstokken voor de klaslokalen rijen jassen hangen.

Wanneer Peter wordt aangesproken door een kennis, komt er een jonge man van in de dertig naast me staan. 'Greg, aangenaam. Ik ben de rector van de school.' Als ik hem verrast aankijk, glimlacht hij. '*No worries*, die reactie krijg ik altijd. Mensen verwachten altijd een oude wijze man bij een rector, maar die kan prima wat jonger zijn, hoor.' Hij lacht.

We lopen een stukje door de gang en kletsen over de school.

'Kijk, dit is mijn kantoor,' zegt Greg bij de grote trap in het midden van de gang, en hij wijst naar een kamer waarin een oude verkiezingsposter van Obama aan de muur hangt. 'Hij is voor mij als jonge zwarte man een grote inspiratie geweest, en dat heeft me geholpen om te komen waar ik nu ben.'

'Wat mooi om te horen,' zeg ik. 'Was dit dan altijd al je droombaan?'

'Dit? Nee, ben je gek! Ik had er zelfs nog nooit over nagedacht, tot ik na mijn studie een goede baan kreeg en hier terugkwam, in mijn oude buurt. Ineens zagen de kinderen me als rolmodel, en daardoor kreeg ik behoefte om een plek te creëren waar kinderen dezelfde kansen zouden krijgen als ik.

Vandaar dat ik hier terechtgekomen ben. Dit is een openbare school in een gebied waar veel kinderen in armoede opgroeien en normaal gesproken 2-0 achterstaan. Door onze manier van lesgeven, waarbij we kinderen een veilige basis bieden om te leren, ze goed te eten geven en ze helpen waar we kunnen, is dat veranderd in een voorsprong van 2-0.'

'Echt? Waar zit hem dat dan in?' vraag ik.

'Zoals elke opvoeder je kan vertellen: relaties zijn de sleutel tot succes. Kinderen komen op vierjarige leeftijd binnen en kennen dan alleen hun familie, dus om te zorgen dat ze gedijen en floreren moeten we een familie creëren. Dat doen we door ons als team op een bepaalde manier op te stellen, maar nog belangrijker zijn de mentoren, die onze visie completeren. We kunnen kinderen boeken geven, maar om het materiaal tot leven te laten komen heb je een vertaling naar de gemeenschap nodig, en die bieden we ze hier. Wij geloven dat je het beste leert als sociaal wezen. Dat zul je zo meteen in de praktijk zien, want volgens mij zit Paul al op je te wachten.'

Als ik Greg bedankt heb voor zijn mooie woorden en de deur uit loop, zie ik Peter net aankomen met een man van ongeveer dezelfde leeftijd. 'Jij moet Paul zijn,' zeg ik, en dat blijkt te kloppen.

Paul, gekleed in een bruine pantalon, overhemd en rode spencer, is gepensioneerd en komt regelmatig als mentor naar de school toe om zijn pupillen aandacht te geven. Dat mag hij doen wanneer het hem uitkomt, zodat het nooit een kwestie is van moeten, maar altijd uit eigen motivatie gebeurt. 'We moeten opschieten,' zegt hij. 'Mijn pupil Charlotte zit op ons te wachten in de klas van juf Megan. Normaal hoeven we ons niet te haasten, maar omdat jullie hier zijn, heb ik gisteren met de docent afgesproken dat we zouden langskomen voordat de gymles begint, en dat is over een klein uurtje.'

Charlotte lijkt hem inderdaad te verwachten, want ze springt meteen op als we binnenkomen en rent naar hem toe. Paul straalt als hij een dikke knuffel krijgt, waarna de twee verderop in de gang een plekje zoeken om te oefenen met hoofdrekenen. Charlotte, een meisje van acht met een pantershirt en twee knotjes op haar hoofd, gaat ontspannen in kleermakerszit zitten op de grijze bank aan het einde van gang. Peter en ik kijken van een afstandje toe.

Paul vraagt: 'Hoeveel is dit?', en hij laat een rekenkaart met een optelsom zien.

'Veertien,' zegt Charlotte direct.

'En dit?'

'Elf,' klinkt het weer net zo snel.

Na een klein halfuurtje taal- en rekenspelletjes wordt Charlotte opgehaald door een klasgenootje om zich klaar te maken voor de gymles. Eerst geeft ze Paul nog een knuffel. Als ze vertrokken is, ga ik naast Paul op de bank zitten en vraag: 'Waarom ben je eigenlijk mentor geworden op deze school?'

'Ik heb mijn leven lang hard gewerkt, en na mijn pensioen was ik vooral op zoek naar zingeving. Ik wilde mijn bestaan opnieuw invullen, en dat heb ik hier gevonden.'

'Ik hoef het volgens mij bijna niet te vragen, want ik zie je al glunderen, maar wat voor gevoel geeft dat je?'

Ineens barst Paul in tranen uit. 'De voldoening is overweldigend. Ze waarderen me... Ik heb zelf geen kinderen, en ik ben zo blij dat ik dit mag doen.'

Het is prachtig om de kracht van inclusie van dichtbij mee te maken, en om te zien wat het met mensen doet als ouder worden niet als verlies wordt beschouwd, maar als een verrijking voor de samenleving. De schoolleiding laat in het midden wie van de mentoren cognitieve uitdagingen heeft en wie niet, om te zorgen dat de persoon die de klas binnenkomt niet gelijk een label opgeplakt krijgt. 'Dat draagt namelijk niets bij aan de lessen die worden gegeven, laat staan aan de band die wordt opgebouwd tussen mentor en leerling,' legde Greg uit toen ik ernaar vroeg in de gang. Ik denk meteen terug aan Nederland, waar dementie en de daarbij behorende indicatie het toegangsticket is tot alles wat maar met 'zorg' te maken heeft. Bij ons zal zo'n initiatief dan weer alleen voor mensen met dementie zijn, maar de kracht is juist een diversiteit aan mensen.

Als Paul afscheid van ons heeft genomen, komt Peter naast me op de bank zitten en vraagt: 'Nou, wat denk je ervan?'

'Ik ben erdoor geraakt hoe dankbaar en blij Paul wordt van deze momenten. Echt heel bijzonder. Ook in Afrika kwamen zulke momenten van saamhorigheid, als mensen het gevoel hadden ergens deel van uit te maken en ertoe te doen, sterk bij me binnen. Het is een krachtig middel tegen de eenzaamheid en uitzichtloosheid die ik zo vaak bij mijn huisgenoten zie, wat me doet hopen dat ook wij dit gemeenschapsgevoel meer kunnen integreren in de zorg. Dat moet toch mogelijk zijn?'

Peter knikt. 'Absoluut. Voordat we verpleeghuizen hadden, werden mensen in principe in gemeenschappen verzorgd. En daar moeten we naar terug om mensen die we als abnormaal en onmenselijk hebben bestempeld weer normaal en menselijk te maken. We hebben ze een label gegeven en gezegd: "Omdat je dit label hebt, hoor je in een instelling thuis." Als we erin slagen om de houding van de samenleving te veranderen met de boodschap "O, het echte antwoord zijn vriendelijkere gemeenschappen", dan zullen vriendelijkere gemeenschappen ons in de toekomst allemaal helpen. Op die manier creëren we gelukkigere levens voor ons allemaal, en niet alleen voor mensen met dementie.'

x Anders kijken is anders doen

Het geluk in eigen hand nemen

Twello, Nederland

Onder het steeds luider wordende geblaat van schapen draai ik me nog eens om op mijn stretcher in de serre, en ik zie door het glas dat de omgeving in dichte mist gehuld is. We slapen nu al twee dagen in een huis met een eeuwenoude geschiedenis, Huize Hunderen. Het is een witgepleisterd zeventiende-eeuws landhuis van twee verdiepingen op een weelderig groen landgoed met een watergracht.

Niet bepaald de eerste plek waar je een verpleeghuis zou verwachten, maar dat maakt het alleen maar interessanter om hier een kijkje te nemen aan de andere kant van het zorgspectrum. De afgelopen tweeënhalf jaar zeiden de organisaties die we bezochten vaak: 'Voor de mooie voorbeelden gaan jullie vast alleen naar die particuliere instellingen? Lekker makkelijk. Iedereen kan goede zorg leveren als geld geen rol speelt.' Maar is dat echt zo? Juist op plekken waar mensen weinig te besteden hadden, zagen we zo veel mooie voorbeelden van zorg dat we moesten onderzoeken of dit ook het geval was op de plekken waar wel veel geld nodig is om dit te organiseren.

In de wereld van verpleeghuiszorg heb je twee verschillende organisatievormen. De eerste is de zogenaamde traditionele of reguliere zorg, en de andere variant, die de laatste jaren enorm in opkomst is, heet particuliere of private zorg. Het grootste verschil is de rechtsvorm. Reguliere instellingen zijn stichtingen, organisaties zonder winstoogmerk (wat niet betekent dat ze geen winst maken), en ze zijn afhankelijk van financiering door de overheid en de wettelijk geregelde bijdrage van bewoners. Particuliere instellingen zijn over het algemeen besloten of naamloze vennootschappen, die vaak onderdeel zijn van beursgenoteerde bedrijven, en zulke bedrijven hebben wel winst als doel. Particuliere instellingen krijgen (vanuit bijvoorbeeld bepaalde financieringsvormen als 'VolledigPakketThuis) evenveel geld van de overheid als reguliere, alleen zijn ze vrij in de bijdrage die ze van bewoners vragen. Dat laatste komt ze op een hoop kritiek te staan. 'Geld verdienen over de ruggen van ouderen, hoe durven ze?' en 'Private zorg maakt reguliere zorg kapot, dus straks krijgen alleen rijke mensen nog zorg' – het zijn geluiden die ik in mijn jonge carrière al zo vaak heb gehoord, en de kloof tussen de twee soorten organisaties lijkt op dit moment groter dan ooit.

Vooral de particuliere zorg krijgt de schuld voor het ontstaan van de kloof: ze zouden alles en iedereen willen overnemen, personeel uit de reguliere zorg weghalen en er de kantjes af lopen als het gaat om het daadwerkelijk verlenen van zorg, omdat ze worden gerund als bedrijven. Maar je kan het ook anders zien. Ik ben geen econoom, maar met de basiskennis die ik heb, weet ik dat de 'vrije markt' altijd wordt aangedreven door vraag en aanbod. In dit geval is er een enorme vraag, waaraan hoe dan ook moet worden voldaan. De particuliere zorg zal inderdaad een stuk duurder zijn, maar hoe erg is dat als sommige mensen best meer willen betalen? Het is toch een vrije keuze?

Kortom, genoeg redenen om op zoek te gaan naar meer duidelijkheid over de 'zorgoorlog' tussen de reguliere en particuliere zorg. En waar kun je beter beginnen dan in de vesting van de 'aartsvijand' zelf?

Huize Hunderen is onderdeel van Wonen bij September, een particuliere zorgorganisatie die de afgelopen jaren snel is gegroeid en bij veel mensen bekendstaat om een hoogwaardige invulling van de zorg voor mensen met dementie. Onder deze organisatie vallen meerdere bedrijven met hun eigen 'merk', die naar eigen zeggen al de verschillende profielen in Nederland bedienen. Dus wil je luxe wonen op je oude dag, dan kan dat, en heb je AOW, dan ben je welkom in een van de wat minder rustieke woonvormen.

Als het aanhoudende geblaat me even later toch uit bed heeft gekregen en ik in mijn onderbroek door het 'kasteeltje' naar de douche loop, word ik aangesproken door een van de bewoners. 'Dag jongeman, wat loop jij er bloot bij. Heb je geen kamerjas nodig?' Anneke is een energieke vrouw van in de tachtig, en je merkt aan haar verschijning dat ze een goed leven achter de rug heeft.

'Nee, het is goed zo, Anneke. Ik ben onderweg naar de douche in de kamer die leegstaat.'

'Ah, kijk aan... dat verklaart een hoop. Dan zal ik je niet ophouden.'

'Dat mag altijd, Anneke. Ik zie u zo bij de koffie, toch? Of gaat u nog even het dorp in?' Tijdens het praten loop ik alweer verder, en ik draai me om voor haar antwoord.

'Dat heb je goed. Ik ga zo Twello in, maar ik neem onderweg wel iets lekkers mee voor bij de thee vanmiddag, oké?'

'Heerlijk!' zeg ik, en ik stap de badkamer in.

Als je nu denkt: wat lief dat hij zo meespeelt in haar belevingswereld, dan heb je het mis, want Anneke loopt echt een paar keer per week alleen de tweeënhalve kilometer naar haar favoriete winkels. Dat is met de familie besproken, en zij hebben er allemaal toestemming voor gegeven, inclusief een eigen bankpas voor 'mama', zodat ze zelf kan bepalen wat ze koopt. Het is iets waar ik blij van word, want hoe vrij ben je als je ondanks de diagnose dementie nog steeds mag gaan en staan waar je wil?

En het is niet gewoon een rustig zandpaadje waarover ze loopt. Om bij het centrum van het dorp te komen moet Anneke eerst de verharde landweg over, waar de auto's en landbouwvoertuigen je om de oren suizen. Daarna steekt ze de provinciale weg over, de verkeersader tussen Apeldoorn en Deventer, en vervolgens het spoor. Genoeg mogelijkheden om te vallen, te verdwalen, situaties verkeerd in te schatten of aangereden te worden. 'Het hoort erbij,' zei haar dochter. 'Mama heeft een vrij en sociaal leven gehad, dus we zijn het aan haar verplicht om te kijken hoe we die levensstijl zo goed en zo lang mogelijk kunnen voortzetten.'

Het principe van eigen geld is ook lovenswaardig, want hoe vaak heb ik Ad niet teleurgesteld zien kijken als we naar de winkel gingen en hij niets voor me kon betalen. 'Sorry, jochie, ik heb helaas geen centen bij me,' zegt hij dan altijd. Het is hartverscheurend om hem als een klein kind 'Dank je wel' te horen zeggen voor het lekkers. Ik kan het niet vaak genoeg zeggen, maar mensen zijn niet gek als ze dementie hebben. Kunnen ze soms gek doen? Zeker, maar dat betekent niet dat je per se alles vergeet wat je een leven lang elke dag hebt gedaan, zoals boodschappen doen en betalen. Wat dat laatste nog makkelijker maakt, is dat mijn huisgenoten tegenwoordig geen pincode meer hoeven te onthouden bij contactloos betalen, dat je tot een bepaald bedrag kunt instellen, waardoor je soms letterlijk een gevoel van waardigheid koopt...

Handig is dat de dorpswinkeliers met het huis hebben afgesproken dat als Anneke iets dubbel koopt, het gewoon teruggebracht mag worden. Dat geldt natuurlijk niet voor de slager of de bakker, maar daar is Anneke zich van bewust. En op dit moment hoor ik al stemmen in mijn hoofd van doemdenkers: 'Leuk, maar zoiets kan alleen in een dorp.' Hoezo? Elke stad heeft buurten en wijken die in veel opzichten hetzelfde werken als een dorp. Een van mijn beste vrienden komt uit Twente en woont al jaren in Amsterdam Oud-West. Hij zegt dat hij zich eigenlijk nog nooit zo 'dorps' heeft gevoeld en de buurt bijna niet verlaat.

Het helpt natuurlijk als mensen de regio, plaats of buurt kennen. Als je een leven lang in het centrum van Rotterdam hebt gewoond en dan naar een verpleeghuis op het platteland bij Maastricht verhuist, zal het wat moeite kosten om te wennen en de buurt te leren kennen. Maar zelfs dan: is dat een reden om het niet te proberen?

Na een verfrissende douche schuif ik bij mijn vaste groepje aan voor het ontbijt, met links Truus, die het liefst roddeltijdschriften leest en de rest van de dag tekent, tegenover me Rinske, die altijd goedlachs reageert op wat de dames aan tafel zeggen, en rechts van me de gangmaker, Marjolein, die vraagt: 'Zo vertel eens, begin je al te wennen aan deze plek?'

'Ik ben nog wel een beetje verwonderd,' antwoord ik.

'O ja, waarom dan?'

'Nou, het is zo mooi en groot hier. Dat maak ik niet elke dag mee.'

Marjolein kijkt opgetogen. 'Dat vind ik leuk om te horen, want ik had precies hetzelfde gevoel toen ik hier kwam. Ik kom gewoon van het platteland, dus om dan hier te belanden met al die antieke spullen, de schapen in de wei en dat uitzicht... Ja, we hebben geluk dat we hier mogen wonen, dat besef ik maar al te goed.' Ze strooit vruchtenhagel op haar boterham. 'Als we ons broodje ophebben, neem ik je mee naar mijn favoriete plekje, de grootste Japanse notenboom die je ooit hebt gezien. Die is echt schitterend, nietwaar, Rinske?'

'Ja, de *Ginkgo biloba* is prachtig, Marjolein,' zegt Rinske stellig.

Huize Hunderen bestaat uit een hoofdwoning en een koetshuis met in totaal negentien appartementen. De meeste mensen die wat slechter ter been zijn, zitten in het koetshuis vanwege de lagere bouw en de praktische indeling van de kamers. Ik slaap in de serre achter de woonkamer van het hoofdgebouw, waar ik door de metershoge ramen een mooi uitzicht heb over de gracht en de achterkant van het landgoed. Doordeweeks is de serre een 'gymzaal' voor de noodzakelijke ochtendgymnastiek en in het weekend een soort cultuurpodium voor pianoconcerten en andere kunstvormen. Het huis hebben ze vanbinnen zo veel mogelijk in de originele staat gelaten, waardoor het charmant ademt, kraakt en piept als je je erdoorheen beweegt. Dikke roodgekleurde gordijnen vangen het geluid op dat weerkaatst tegen de met ornamenten versierde plafonds, en de oude zetels met bijpassende bijzettafeltjes doen je af en toe geloven dat 'de vrouw des huizes' elk moment kan binnenkomen.

Als we de ontbijttafel afruimen, blijf ik even in de keuken staan om een praatje te maken met José, de manager, en ik vertel dat ik straks de oprichter van het huis ga ontmoeten. Ze zegt: 'Ik weet zeker dat jullie het goed met elkaar kunnen vinden.'

'Echt? Waarom?'

'Michiel komt oorspronkelijk niet uit de zorg maar uit de civiele techniek, dus hij heeft geen last van alle heilige huisjes, wat echt heel verfrissend is.'

'Nou, dat belooft veel goeds,' zeg ik, en dan stel ik de vraag die ik overal stel – en waarop ik meestal een negatief antwoord krijg: 'Zou jij hier zelf willen wonen?'

'Ja hoor. Morgen! En dat zeg ik niet omdat ik de manager ben, maar omdat ik vind dat je hier niet kan werken als je dat niet vindt. Ik zeg tegen alle mensen op de vloer: "Zorg dat je er met de bewoners een zo'n leuk mogelijke dag van maakt. Dat is wat telt." Ik hoef ze niet achter de broek te zitten om te kijken of ze alles wel bijhouden en taken op gezette tijden uitvoeren. Als iemand medicatie heeft, wordt dat natuurlijk niet vergeten, maar al het andere is ondergeschikt aan het geluk van de bewoners. Daarvoor komen ze hier, dus dat te ondersteunen is onze taak. Het is hun huis, en wij zorgen voor wat leven in de brouwerij of rust als ze dat willen. Heel simpel.'

'Fijn zeg! En krijg je daar ook ruimte voor?'

'Meer dan genoeg, en gelukkig hebben we een hele leuke club medewerkers die dat ook zo ervaren. Dat heb je nodig om dingen anders te doen, vertrouwen. Michiel geeft dat vertrouwen aan mij, en ik geef het aan de mensen die hier werken. Kijk, daar zul je hem hebben.' José wijst naar de oprit, waar een BMW-oldtimer aan komt rijden.

Uit de stoere auto stapt een vlotte man van in de veertig met witte gympen, een spijkerbroek en een lamswollen trui over zijn overhemd. Succesvolle vent, denk ik.

Michiel en ik besluiten een rondje over het landgoed te lopen en raken meteen in gesprek over de strijd tussen de verschillende zorgwerelden. Ik kan aan zijn gezicht zien dat hij wel in is voor een potje sparren.

'Met zo'n entree ontkracht je niet bepaald het beeld dat

mensen van particuliere zorg hebben,' plaag ik hem.

Michiel lacht. 'Precies goed, want ik ben niet degene die mijn beeld moet bijstellen, dat moeten de mensen doen die dat roepen. Zoals een van de wijste mannen uit onze geschiedenis ooit zei: "Onwetendheid is de bron van alle kwaad." Ik weet niet of onwetendheid inderdaad de bron van álle kwaad is, al wil ik niets aan Socrates' inzichten afdoen, maar ik denk dat het zeker de grootste is. Alles wat we niet kennen vinden we spannend. We oordelen er makkelijk over en veroordelen nog gemakkelijker. Dat is het punt met onwetendheid: omdat je iets niet kent, raakt het je ook niet. Ik ben supertrots op alle tachtig vestigingen die we hebben en de nog leukere medewerkers die er werken. Dus kom maar op, Teun, wat heb je nog meer voor me?'

De wederzijdse klik is meteen voelbaar, en het is fijn om een open gesprek te kunnen voeren. Ik zeg: 'Vanuit mijn sociaal hart moet ik het vragen: kan iemand die zijn hele leven gehuurd heeft, geen eigen kapitaal heeft opgebouwd en daardoor minimale middelen heeft echt bij jullie wonen?'

'Absoluut,' antwoordt Michiel. 'Ook dat is zo'n vertekend beeld. Kijk, nu zitten we in het meest luxe gebouw, maar we hebben als zorgbedrijf meerdere merken, waarvan de organisatie Dagelijks Leven de grootste is. Zij vertegenwoordigen vijftig van de tachtig huizen, en die zijn allemaal toegankelijk voor mensen met een AOW-uitkering, en net als hier eet iedereen er een boterham met hagelslag. Dus de reden waarom mensen bij ons soms meer betalen, is gewoon de locatie. We bieden graag aan waar behoefte aan is, net als in het echte leven, maar de visie en kwaliteit van de zorg zijn overal hetzelfde.'

Als we de houten brug van de gracht zijn overgestoken en buiten voor het huis op twee Franse stoeltjes plaatsnemen, zeg ik: 'Het grappige is inderdaad dat je bij aankomst denkt: wauw, wat een chic kasteel, het zal allemaal wel heel luxe zijn, terwijl dat helemaal niet is wat hier voor mijn gevoel het belangrijkste is. Het is prachtig om zo te kunnen wonen, begrijp me niet verkeerd, maar het is niet de luxe die zorgt voor de kwaliteit van leven. Die ontstaat vooral door de gemoedelijkheid tussen het personeel en de bewoners. En zoiets kost geen geld. Je krijgt hier de ruimte om te leven. Iedereen loopt het huis in en uit, en toen ik vanmorgen wakker werd van het geluid van schapen, zag ik dat er een kat op mijn voeteneinde lag. Dat ben ik echt niet gewend in mijn huis.'

Michiel leeft op van mijn woorden. 'Particulier of regulier is niet relevant. Het gaat om het uitgangspunt: wat hebben mensen met dementie nodig voor een goede dag? Daar begin je mee. Als je een tuin hebt waar je wel naar mag kijken maar niet in mag lopen, en je hebt niet de verstandelijke vermogens om te begrijpen waarom dat niet mag, dan zorgt dat voor verwarring. Dus dan moeten we kijken hoe we het wel mogelijk kunnen maken dat mensen erin lopen. Er zijn gelukkig heel veel reguliere instellingen die mooie zorg hebben, en helaas ook particuliere instellingen waar het slecht gaat, dus het draait niet om het geld, het draait om de visie die er is.'

'Mag ik erbij komen zitten?' vraagt Harry, die met zijn rollator op ons afkomt.

'Natuurlijk,' zegt Michiel. 'We zijn lekker aan het kletsen, dus doe vooral mee.'

Ik help Harry met het aansteken van zijn sigaret, waarna hij tevreden voor zich uit kijkt en zegt: 'Fijn plekkie hebben jullie uitgekozen.'

Ik richt me weer tot Michiel. 'Ik speel even advocaat van de duivel, maar ik zie dat jullie veel meer personeel op de vloer hebben dan op andere plekken. Zo is het toch stukken makkelijker om persoonlijke zorg te verlenen?'

Zijn ogen worden vuriger tijdens het spreken. 'Ik merk dat "de tweedeling" echt veel met me doet, want mijn intentie is om mensen te helpen. Dat je daar ook van kan eten is prima, maar dan moet je daar wel transparant over zijn. Geld verdienen in de zorg vinden we in Nederland bijna vies, maar ook dat is onterecht, want reguliere instellingen maken net zo goed winst. Zij geven daarvan soms maar liefst veertig procent uit aan overhead – lees: management – terwijl wij het met tien procent doen. Door dat verschil kunnen we de zorg inhoudelijk anders organiseren en veel meer mensen op de vloer zetten. Dus ook hier gaat het om visie die leidt tot beter beleid.

Ik vind het een gekke gedachte dat we ons in Nederland meer op ons gemak voelen bij een reguliere organisatie die rendement maakt en daarvan veertig procent uitgeeft aan overhead, dan bij een particuliere instelling die hetzelfde doet maar tien procent uitgeeft aan overhead en zo betere zorg kan leveren. We zien dus liever dat belastinggeld slecht wordt uitgegeven dan dat organisaties die gebouwd zijn op private investeerders evenveel rendement behalen.

Er gaat achttien miljard per jaar naar verpleeghuiszorg in ons land. Dus als we daar anders naar gaan kijken en om te beginnen de overhead terugbrengen van veertig of vijfendertig procent naar tien, kunnen we vijfentwintig tot dertig procent van die achttien miljard besparen. Ik zeg: laten we dat doen. Hoeveel extra mensen kunnen we daarmee niet op de vloer krijgen? Dan moeten we toch ophouden om klakkeloos te blijven betalen voor een systeem dat niet werkt en waar nauwelijks mensen in willen leven? Helemaal als je bedenkt dat de komende twintig jaar meer mensen zorg nodig zullen hebben, terwijl er minder geld zal zijn. Ik zou de reguliere zorg dan ook willen uitnodigen om samen met ons te kijken hoe we de zaken efficiënter of slimmer kunnen organiseren en tegelijkertijd meer kwalitatieve zorg kunnen leveren. Betere zorg voor dezelfde prijs, wie wil dat nou niet?'

'Dat klinkt bijna te mooi om waar te zijn. Kunnen we echt zo makkelijk zoveel overhead en dus managementlagen besparen?' vraag ik. 'Want ik denk niet dat de tien procent die jullie uitgeven aan overhead hetzelfde aantal mensen kan betalen als de reguliere zorg kan doen met veertig procent, toch?'

'Het is wel degelijk mogelijk, maar laat me eerst een ander misverstand uit de weg ruimen. We betalen onze medewerkers niet meer dan in de reguliere gezondheidszorg, en we werken ook niet met bonussen of iets dergelijks. Nogmaals, wat wij doen heeft veel meer te maken met visie en hoe je die in de praktijk brengt. Mijn collega's op de vloer moeten het werk elke dag doen, en zij weten hoe ze goede zorg moeten leveren, dus als ik me daarmee bemoei, gaat het mis. Ik moet ze ruimte en vertrouwen geven.

In de reguliere zorg heb je meer managers en managementlagen die weinig toevoegen of het werk zelfs moeilijker maken. Durf naar die functies te kijken in termen van wat ze bijdragen aan het geluk van de bewoners. Als dat onder de streep te weinig is, kunnen de mensen of het geld beter ingezet worden. Bij ons zijn de mensen in de huizen de baas, daarin zit echt het verschil. Dat betekent niet dat wij meteen gaan lopen als zij met hun vingers knippen, maar we proberen hun werk wel zo makkelijk en leuk mogelijk te maken. Dat zou de reguliere zorg heel goed kunnen overnemen, maar het vraagt veel van bestuurders en managers. We moeten daarvoor anders gaan kijken naar de huidige functies en beter leren faciliteren.

Ik hoop dat we een einde kunnen maken aan de onwetendheid over de verschillen in zorg en elkaar kunnen uitdagen om samen een beter landschap te realiseren. En ik ben ervan overtuigd dat dit mogelijk is.'

'Ik ook,' zegt Harry, waarop we alle drie in lachen uitbarsten.

'Ik heb echt genoten van ons gesprek, Michiel,' zeg ik.

'Je bent een bruggenbouwer. Heel inspirerend. We hebben veel meer verbinders nodig in de zorg, en minder mensen die de verschillen breed uitmeten, dat is me duidelijk. Heel erg bedankt.'

We schudden elkaar stevig de hand, waarna hij in zijn zilverkleurige oldtimer stapt. Terwijl hij langzaam uit zicht verdwijnt, zwaaien Harry en ik hem uit.

Een uurtje later zit ik naast Rinske en Marjolein naar André Rieu te kijken, die het ook tot dit kasteeltje heeft geschopt, als ik achter me ineens hoor: 'Dag jongeman.'

Ik kijk om.

'Ik had je toch iets beloofd?' Het is Anneke, die in de deuropening van de keuken staat met een zakje met kleine chocolaatjes.

'Natuurlijk, Anneke,' zeg ik meteen, om niet te laten merken dat ik het even vergeten was. 'Heb je het leuk gehad in het dorp?'

'Het was vooral een fijne wandeling. Dat doet me altijd goed. Kom je mee naar mijn kamer? Dan neem ik een kannetje thee voor ons mee.'

Wat later doet Anneke haar deur voor me open en zegt: 'Voel je thuis en kijk gerust rond, want er is veel te zien.'

Het is een ruime kamer die mooi uitkijkt over het landgoed en vol staat met klassieke meubels. Er ligt een hoogpolig tapijt op de vloer, dat goed past bij de dikke stoffen gordijnen die voor de ramen hangen. Maar wat echt opvalt is de hoeveelheid kunst.

'Ongelooflijk, wat een mooie kunstwerken heeft u.' Overal zie ik kleurrijke schilderijen in allerlei formaten, kleine bustes en schetsen die onder een halfleeg wijnglas liggen. 'U lijkt wel een echte kunstenaar zo in uw eigen atelier,' zeg ik als ze blijft staan voor een schilderij en aandachtig kijkt.

'Ik schilder best aardig, al zeg ik het zelf, maar mijn werk was vroeger om kantoorgebouwen van kunst te voorzien. Ik had dus altijd leuke vrienden in mijn leven, zoals de man van dat werk daar. Dat heb ik van Karel Appel zelf gekregen. Wat een feestjes heb ik met hem gehad.' Ze krijgt kleine blosjes op haar wangen. 'Ja, ik heb zo'n leuk leven gehad. Het was echt de moeite waard.'

'Was?' vraag ik. 'En nu dan?'

'Ach, wat kan ik zeggen. Mijn leven is als het schilderij dat ik deze week heb gemaakt.' Van haar secretaire pakt ze een klein doek, dat naast een foto van haar overleden man ligt. Het is een simplistisch boerenlandschap van aquarelverf, met bomen langs een zandpad dat naar de horizon toe steeds kleiner wordt en dan de hoek omgaat. 'Kijk, ik hou van de natuur en van bomen en mooie luchten met wolken die altijd zo beweeglijk zijn, dat ben ik namelijk ook. En het leven begint heel breed zoals dit pad en wordt smaller naarmate je ouder wordt, totdat je de hoek omgaat.'

'Wat omschrijft u dat mooi,' zeg ik.

Anneke glundert.

'U geeft aan dat het leven steeds smaller wordt. Waar op de weg bent u nu?'

Anneke bekijkt nogmaals haar werk en antwoord: 'Tja, dat weten we nooit hè, maar ik ben al tachtig, dus het zal vast niet heel lang meer duren voordat ik bij de hoek aankom. Maar tot die tijd blijf ik lekker doen waar ik zin in heb, ook al moet ik hier wat meer vragen en overleggen dan ik voorheen gewend was.'

'Ja, u lijkt me een vrije geest,' zeg ik.

'Nou en of. Ik laat me niet snel wat vertellen. Wat soms best vervelend is voor de medewerkers, maar dan neem ik altijd een bloemetje uit het dorp mee om het goed te maken.'

Waarop ze ondeugend kijkt en we allebei moeten glimlachen.

Het gewone paradijs

Mariahout, Nederland

'Het lijkt wel alsof we in het schilderij van Anneke lopen,' zegt Jonathan een week later als we met een groep bewoners door het Brabantse landschap wandelen.

Ik glimlach en zie dat het zandpad voor ons zich inderdaad uitstrekt tot aan de horizon. Aan weerszijden staan knotwilgen, die net als de wolken erboven stevig in beweging zijn. We zijn zojuist aangekomen op landgoed Grootenhout, maar mochten onze jas aanhouden om meteen een rondje te doen met de bewoners. Niet door de tuin, maar dwars door het bos dat achter het landgoed ligt.

Hoewel de naam dezelfde sfeer ademt, lijkt deze plek in het geheel niet op ons vorige optrekje, maar meer op het buitengebied waar ik ben opgegroeid; het woord 'land' staat hier voor weiland en het woord 'goed' voor het leven dat de mensen leiden. Landgoed Grootenhout bestaat namelijk uit meerdere zorgboerderijen, die met hun prachtige oude getrommelde bakstenen en kleurrijke deuren en luiken rechtstreeks uit de Bourgogne lijken te komen en verspreid liggen over de omliggende dorpen.

Het verhaal van landgoed Grootenhout is begonnen met

het inspirerende koppel Noudje (dierenarts) en Doris (makelaar), die als mantelzorgers voor de moeder van Noudje met dementie gingen zorgen. Het verbijsterde hen hoe de zorg voor mensen met dementie was opgezet, dus ze besloten ook de permanente zorg op zich te nemen toen de gezondheid van Noudjes moeder verslechterde. ‘Het leven dat we zagen in verpleeghuizen had niets te maken met het gewone leven dat we hier gewend waren. Dus dat moest anders kunnen, dachten we,’ zei Doris tijdens het kennismakingsgesprek aan het begin van ons onderzoek, dat we voerden op hun allereerste zorgboerderij, die ze hadden gekocht in Mariahout. ‘Niet gehinderd door enige kennis gingen we aan de slag om het leven van mijn moeder zo fijn mogelijk te maken, wat steeds meer de vraag opriep of we ook op die manier voor andere mensen wilden zorgen. En we dachten: dat moeten we gaan doen! Nu zijn we vele boerderijen verder, en het voelt nog steeds even goed als in het begin. Bij ons is het leven zo “gewoon” als maar kan, en mensen vinden dat bijzonder... Begrijp jij dat?’ Lachend voegde Doris eraan toe: ‘Dus als je een gewoon huis wil zien, ben je van harte welkom om hier te komen logeren.’

Tijdens de wandeling loop ik naast Wil, die niet naar de bomen kijkt, maar naar mijn zilverkleurige gympen. Om de drie stappen zegt ze: ‘Kijk nou eens, wat prachtig!’ Dementie leidt soms tot een verlies aan decorum, waardoor ongeremd gedrag ontstaat dat alle kanten op kan gaan: van extreem boos of verdrietig tot angstig, of zoals in het geval van Wil extreem vrolijk. ‘Nondepietjes, kijk nou, zo mooi!’ zegt ze als de hond van bewoner Hans langsloopt.

In landen waar dementie nog niet zo bekend is, zorgt ongeremd gedrag er vaak voor dat mensen zich gaan schamen voor hun ouders of geliefden, zodat niet iedereen aan ons onderzoek durfde mee te werken, hoe graag ze ook wilden. Vooral in landen waar de seksuele moraal of sociale omgangsvormen minder vrij waren, was er een grote angst voor het oordeel van de gemeenschap. Mensen zeiden dat de eer van de hele familie op het spel kon staan als buitenstaanders iets ongepasts zagen. Het bleef wrang om te zien dat de pijn bij de kinderen vaak niet zozeer voortkwam uit hun eigen interpretatie van het gedrag van hun ouders, als wel uit het stigma dat eraan kleefde. Iets wat naar mijn mening niet zo hoeft te zijn. Mensen moeten gaan inzien dat zulk gedrag voortkomt uit een aandoening waaraan je niets kan doen. Des te hoopvoller is het om vast te stellen dat het ook anders kan, want Wils dochter Irene, die vandaag meeloopt, lijkt erg gelukkig met haar moeder met dementie.

Als we het bos uit komen, is duidelijk te zien hoe de zorgboerderij is opgezet. We lopen eerst langs verschillende dressuurbakken en de stallen van de manege, waar met grote regelmaat bewoners te vinden zijn die de dieren verzorgen. Tegenover de 'grote bak' staan zes houten cottages, die met hun hans-en-grietjeachtige bouwstijl doen denken aan luxe vakantiehuisjes. De woningen grenzen aan de achterzijde aan een hofje, waar meerdere huizen staan. Rechts van de hoofdboerderij, Grootenhout I, waarin het eten en de dagbeleving plaatsvinden, staan weer twee dressuurbakken, met daarachter nog een huis en een grote schuur met een werkplaats voor de bewoners en een volwaardige kapsalon.

Niet alleen de levendige sfeer op de zorgboerderij valt me op, maar ook het feit dat van de ongeveer twintig mensen die meelopen niemand in een rolstoel zit. Dat is op zijn zachtst gezegd uniek, want bij mij thuis is de verhouding heel anders en zitten negen van de veertien mensen permanent in een rolstoel. Wat bij mij de vraag oproept: is dit een kwestie van selectie aan de poort of het resultaat van zorg met een visie? Met het eerste zou ik grote moeite hebben omdat je mensen dan een voorkeursbehandeling geeft, terwijl juist zij die minder goed ter been zijn hulp kunnen gebruiken bij het halen van een frisse neus. Maar als het door de visie komt, is dat bijna revolutionair te noemen, want in ons land en ver daarbuiten worden mensen met dementie vooral gezien als apathisch.

Bij binnenkomst in Grootenhout I wordt al snel de houtkachel opgestookt in de gemeenschappelijke woonkamer, die met zijn gestileerde wirwar van stoelen, banken en tapijten niet zou misstaan in een hoofdstedelijke koffiezaak. Op tafel staan grote pannen, waaruit de onmiskenbare geur van boerenkool en gebakken spek opstijgt.

'Ik hoop dat jullie honger hebben,' zegt een vrouw die met tafelzuur aan komt lopen.

'Nou en of, zeker na die heerlijke wandeling,' zeg ik. 'Mag ik vragen wie jij bent? Woont je moeder hier, of ben je misschien vrijwilliger?'

Ze lacht. 'Stom van me. Ik moet me inderdaad even aan nieuwe mensen voorstellen, maar ik heb je zo veel gezien op sociale media dat het voelt alsof ik je al tijden ken. Mijn naam is Anja, en ik ben verpleegkundige niveau 4.' (Ook een zorgding, altijd je opleidingsniveau benoemen tijdens het voorstellen.)

'Je normale kleding brengt me helemaal in de war,' constateer ik vrolijk. 'Mag je die gewoon zelf kiezen?'

'Zeker, dat is een belangrijk onderdeel van de filosofie hier, waarin gelijkwaardigheid vooropstaat. Dat verandert niet omdat je een diagnose hebt. Daarom lopen wij ook heerlijk in ons eigen kloffie te werken.'

Yes, denk ik, zie je wel. Ook dit is een kwestie van gewoon

doen. Alle mitsen en maren vervagen in deze omgeving, waar ik letterlijk het verschil niet kan zien tussen wie er op bezoek komt en wie er woont. 'Geweldig.'

Na twee volle borden 'boerenkool deluxe' met alles erop en eraan (augurken, Amsterdamse uitjes, mosterd, gebakken spekjes, een scheutje azijn en de beroemde U-vormige rookworst) brengen we onze tassen naar de logeerkamer in Grootenhout III, het huis tegenover de hoofdboerderij. Als we aankomen, zwaaien de bewoners naar ons, en we worden opgewacht door een van mijn allereerste 'zorgvrienden', Francien van de Ven, die de manager is en ook achter de visie van het landgoed zit. Deze trotse Brabantse van in de veertig is wat klein van postuur, waardoor haar opvallende bril en glimlach nog groter lijken. Elke keer als ik haar spreek, krijg ik het gevoel dat het personeelstekort in de zorg morgen al opgelost zou zijn als de helft van de medewerkers 'Franciennen' zouden worden. Haar opgewekte, bevlogen, empathische en daadkrachtige houding sterkt me in mijn overtuiging dat de echte kracht van zorg ligt in de handen die die zorg geven...

'Zo fijn om mijn jongens weer te zien!' zegt Francien, die zoals ik eerder al schreef Jonathan en mij ooit aan elkaar heeft gekoppeld. Sindsdien is ze een vraagbaak geweest bij onze reizen en ons onderzoek. 'Moesten jullie echt eerst de hele wereld over voordat jullie besloten thuis te komen?' plaagt ze. 'O, en Teun... Jullie slapen op de kamer van de slaapdienst. Hij is ziek, dus ik dacht dat jij het als verpleegkundige misschien wel wilde opvangen?'

Ik lach hardop. 'Jij regelt het wel weer even. Nooit problemen zien, alleen oplossingen. Natuurlijk doe ik dat voor je.'

Hoewel ik Francien vaak aan de telefoon heb gehad en het landgoed al eens kort bezocht heb voor een afspraak, heb ik hier nog niet eerder het ‘echte leven’ kunnen ervaren waarom deze organisatie bekendstaat. Vandaar dat deze bestemming op onze reis een absolute must was.

Terwijl mijn buurvrouw Wilma voor me de trap op loopt om me de kamer te wijzen, zeg ik tegen Francien, die achter me aan komt: ‘Ik moet het je meteen vragen: hoe komt het dat ik tot nu toe niemand in een rolstoel heb gezien? Iedereen zwaait als je binnenkomt, en mensen lopen zelf de trap op. Doen jullie aan selectie bij de poort?’

‘Fijn dat je dat meteen opmerkt, en dat meen ik echt,’ zegt ze. ‘Dat verwijt krijgen we vaak, dus dat zet ik graag even recht.’ Ze legt mijn koffer op het bed en komt bij me staan. ‘We hebben hier geen apathische mensen, maar mensen die reageren als er iemand binnenkomt, en dat is een enorm verschil met grote instellingen. Als je daar bent, zie je veel mensen met hun hoofd op tafel slapen. Wie jarenlang in dat systeem heeft gewerkt denkt dat het bij het ziektebeeld hoort, maar hier zie je allemaal alerte mensen, mensen die ramen wassen, afwassen, de tafel afruimen enzovoorts. Dan denk je misschien: dat zijn geen mensen met dementie, die zijn veel te goed voor dementie. Maar dat is niet zo. Het systeem maakt mensen apathisch.’

‘Dat is een vrij boude uitspraak,’ zeg ik.

‘Klopt, maar het is echt zo,’ antwoordt ze zelfverzekerd. ‘Om goede zorg te kunnen bieden moet je niet bang zijn, dus bij ons maken we mooie wandelingen dwars door het bos en laten we mensen de post rondbrengen op het terrein of de tuin schoffelen. We voeren samen de dieren op het erf, en iedereen neemt de trap. Doordat we meer wandelen en bewegen, vallen ze juist minder en zijn ze sterker als het wel gebeurt.’ Francien kijkt me aan met een voor haar typische blik, die lijkt te zeggen: logisch toch? ‘Laat de bewoners op deze manier sterkere spieren opbouwen, dan hebben ze een leukere en langere actieve laatste levensfase. En ik verzin dit niet, want de Technische Universiteit Eindhoven heeft er onderzoek naar gedaan bij ons, en de resultaten bevestigen het. Ik denk dat het ook een van de redenen is waarom mensen hier in het algemeen veel langer leven dan in het verpleeghuis. Daar leven ze gemiddeld zo'n zes tot acht maanden, maar bij ons is het tweeënhalf jaar. Je ziet ook dat de laatste fase, waarin mensen vaak bedlegerig worden, veel korter is. Dus als je de kwaliteit van leven vooropstelt, komt de kwantiteit vanzelf.'

'Uit jouw mond klinkt alles zo logisch.'

'Zorg is mensenwerk, en geen mens is hetzelfde, ook niet als je het hebt over mensen met dementie. Kijk wat goed voor ze is, wat ze fijn vinden, en wees lief voor ze. Als je dat kan, mag je hier komen werken. De praktische dingen leer je vanzelf. Dat is mijn logica, die ik uit het gewone leven haal, maar het werkt net zo goed in de zorg. En wat zorg betreft: we duiken nu meteen al helemaal de inhoud in, en ik heb je nog geen koffie aangeboden. Laten we een gezellig bakske doen.'

Na de koffie, met slagroomtaart om mijn aankomst te vieren, maak ik met Francien een rondje over het erf, waarbij we meteen de 'postbode' van de boerderij tegen het lijf lopen. Alle brievenbussen zijn op een grote houten stellage vastgemaakt, waarop sierlijk de namen van de bewoners zijn geschilderd. Als Thijs de brieven en pakjes uit zijn karretje heeft gehaald, schuift hij ze voorzichtig door de bus, en hij controleert bij elke handeling drie keer zorgvuldig of hij alles goed doet.

'Verwachten jullie ook een pakketje?' vraagt Thijs als hij ziet dat we staan te kijken.

'Nee, vandaag niet. Maar zo te zien anderen wel, hè?' antwoordt Francien.

'Zeker. Ik heb het erg druk, dus ik ga weer even verder, oké?' zegt hij terwijl hij de volgende brief pakt.

Achter de brievenbussen komen we in de binnentuin, waar een medewerker en twee bewoners de pasgeboren puppy's aan het knuffelen zijn. Francien zegt: 'Zoiets zou elk huis in Nederland moeten hebben, of het nou kittens, cavia's, konijnen of honden zijn. Wat is er leuker dan met zijn allen voor een paar van die schattige mormeltjes zorgen? Het creëert fijne ijkpunten op de dag om naar buiten te gaan, natuurlijke prikkels die leiden tot interactie, maar vooral zoveel geluksmomentjes. Ook dat heb ik geleerd van het gewone leven.'

Verderop zit Ties met zijn bolknak onder de kastanjeboom te genieten van de reuring in de tuin, en even later lopen we langs Ome Cor, die onder de veranda van zijn hans-en-grietjeachtige huisjes een bruin biertje drinkt.

'Jij mag het dan allemaal "gewoon" noemen,' zeg ik tegen Francien, 'maar dat is niet wat ik zie, dan is het wel het meest "gewone paradijs" dat ik tot nu toe heb gezien. Ook zonder dementie zouden veel mensen hier willen wonen, dat meen ik echt. De huizen zien er allemaal zo charmant uit, en alles is met zo veel liefde gemaakt dat het lijkt alsof het er al eeuwen staat. Of je het nou over de oude houten balken in mijn huis hebt, de klassieke windveer van het huisje bij Ome Cor, de sfeervolle Franse zitjes in de tuinen, de prachtige bloemperken met boerenhortensia's of de sierlijke kastanjehouten hekjes, aan werkelijk alles is gedacht.'

'Klopt, dat komt door Doris. Die haalt door het hele land "oude rommel" en restpartijen op en zorgt samen met de klusjesmannen dat het allemaal wordt omgetoverd tot deze prachtige dingen. Ze zegt dat alles wat hier gebouwd wordt geleefd moet hebben, en zoals je ziet geeft dat een heel ander gevoel dan elke paar jaar een compleet nieuwe inrichting kopen bij een medisch of specialistisch meubelbedrijf. We willen dat de mantelzorgers, kinderen, familieleden en vrienden het leuk vinden om hier te komen, dat het fijn is en dat je mooie plekjes hebt om samen te genieten van de dingen om je heen. Ik weet dat het weer heel vanzelfsprekend klinkt, maar ik kan het niet vaak genoeg zeggen. Zoiets zorgt voor een rijker en beter leven en kost niets meer.'

'Is dat zo?' vraag ik. 'Want jullie worden wel anders gefinancierd.'

'Klopt,' bevestigt Francien. 'Je kan veel zeggen over het zorglandschap in Nederland, maar niet dat er geen mogelijkheden zijn om het anders te doen. Iedereen met dementie kan ervoor kiezen om zelf zorg in te kopen in plaats van dat door een zorgkantoor te laten doen. Dat kan via het zogenaamde persoonsgebonden budget (pgb), waarmee de persoon zelf, samen met de mantelzorger, kan regisseren hoe die zorg eruitziet. Er zijn ook een paar andere publieke regelingen waarvan we ondersteuning krijgen, zodat we dit soort zorg in veel gevallen met hetzelfde of iets minder geld kunnen betalen. Iedereen, ongeacht inkomen of vermogen, kan hier op deze manier wonen, dat is het mooie ervan. Een bijkomend voordeel is dat we op deze manier ook niet gebonden zijn aan de regels van de verpleeghuizen en dus meer vrijheid hebben om de zorg vorm te geven. Daarbij heb ik het over de vorm, want ook wij zijn natuurlijk aan inspectie onderhevig.

Opvallend is dat we in de zorg snel naar redenen zoeken waarom veranderingen niet kunnen, en als het wel anders gaat, kijken we heel scherp of het wel goed is. Als we degenen die iets nieuws proberen meer toejuichen, zouden er volgens mij sneller stappen in de juiste richting worden gezet. Ik zeg dit niet voor onszelf, want wij hebben de weg al gevonden, maar voor de vele organisaties die zoiets ook zouden willen maar bang zijn om gestraft te worden voor fouten onderweg.' Francien haalt haar schouders op en kijkt me opnieuw aan met een blik van: ja toch?

Op dat moment komt er een zorgverlener het huis uit lopen en roept: 'Francien, er staan nieuwe mensen op je te wachten bij Grootenhout 1.'

'Glad vergeten. Ik kom eraan.' Ze draait zich naar mij toe. 'Ik zoek je later wel weer even op, oké?'

'Helemaal goed,' antwoord ik, en ik loop terug naar 'mijn' huis.

In de dagen daarop wordt me duidelijk hoezeer de visie tot in de poriën van de organisatie doordringt, bijvoorbeeld als mijn huisgenoten en ik worden opgehaald door Taxi Sjarrel (de naam van de chauffeur) voor een dagelijks bakkie op een andere boerderij. Bij deze 'thuiskomervaringen' gaan bewoners er 's ochtends en 's middags op uit om te socializen op een van de andere locaties. Niet alleen voor de gezelligheid of om de routine van alledag te doorbreken, maar vooral omdat het de bewoners in een veel beter humeur brengt.

'Misschien vergeten ze de ervaring soms, maar de emotie blijft,' is een andere oneliner van Francien waar ik het alleen maar mee eens kan zijn. Alleen al opgehaald worden door de taxi zorgt voor een speciaal sfeertje, waardoor we in de auto allerlei gesprekken hebben over de dingen die we onderweg zien en de eerdere reizen. Zoiets bereik je nooit door bewoners de hele dag binnen te houden, en het lijkt maar weer aan te tonen: wat je in mensen investeert, krijg je dubbel en dwars terug.

Dat laatste is zeker te zien bij een andere bewoonster, Toos, die meestal in de keuken zit. Haar dochter vertelde dat ze hier kwam in een rolstoel omdat ze echt nergens anders heen kon; de verpleeghuizen wisten niet wat ze met haar aan moesten. Toos praatte de hele dag non-stop, waar andere mensen niet tegen konden, en ze kreeg steeds meer medicijnen om dat gedrag te stoppen. Daardoor werd het praten geremd, maar verloor ze ook bijna al haar andere vaardigheden, zoals eten en bewegen. Nu de medicatie is afgebouwd, kan Toos weer contact maken met haar dochter. Ze eet weer zelf, en haar mobiliteit is zo goed dat ze geen rolstoel meer nodig heeft. Het praten is wel teruggekomen, dus ze helpt vaak met klusjes in huis of gaat met de zorgverleners mee naar de keuken als het even te veel wordt voor haar medebewoners. Alles om Toos te stimuleren in plaats van te sederen.

Veel van dit soort keuzes lijken in het begin de moeilijke weg omdat alles zoveel bewerkelijker is, maar je krijgt er gelukkigere bewoners en familieleden voor terug, en ook een dynamischere werkdag voor de zorgverleners. Dat individuele bewoners minder angst, boosheid en verdriet ervaren, heeft bovendien een positieve invloed op de groep als geheel, wat weer zorgt voor minder werkdruk. Een win-winsituatie dus.

Als ik op mijn laatste dag buiten in de zon zit met een kop koffie, krijg ik gezelschap van Francien en Riek. 'Hé, wat heb jij een grappig apengezicht,' zegt Riek lachend tegen me. Ze heeft dezelfde ongeremdheid als Wil, maar bij haar uit dat zich in haar taalgebruik, wat een beetje aan het gillesdelatourettesyndroom doet denken. Deze ongeremdheid verdwijnt echter helemaal als ze begint te zingen, wat ze als voormalig operazangeres maar al te graag laat zien.

'Dank je wel, Riek, dat hoor ik niet vaak,' zeg ik om geen olie op het vuur te gooien, waarna ze onderuitzakt in haar stoel en de zon zijn werk laat doen.

'Heb je een fijne tijd gehad?' vraagt Francien aan mij.

'Jullie hebben een heel bijzondere plek gecreëerd. Ik heb hier echt een paar dagen gewoon geleefd en niet overleefd, zoals het thuis vaak voelt. Ik heb genoten van mijn alerte en gevatte medebewoners, de prachtige omgeving en de liefdevolle zorg in de huizen. En wat nog het meest opviel: ik heb me geen moment opgesloten gevoeld.'

'Wat goed om te horen. Dank je wel,' zegt Francien, die zichtbaar geraakt is. 'Dat is waar we ons best voor doen, en dat laatste komt echt omdat wij geen gesloten deur hebben. Mensen voelen dat, dus door de deur van het slot te halen behaal je de meeste winst. Bij ons is het uitgangspunt: je bent vrij om te gaan, daarom kies je ervoor om te blijven. Op het moment dat je weet dat de deur open is, voel je je veel meer ontspannen, op je gemak. Als iemand die deur op slot doet en zegt: "Je mag pas naar buiten als ik het zeg", voel je je niet meer op je gemak. En dan wil je weg.'

'Is er dan nooit iemand die "ontsnapt", zoals ze dat vaak noemen?'

'Uitbreken, weglopen. Het gebeurt bijna nooit, en als het gebeurt, vinden we het geen probleem. We hebben er tijdens het kennismakingsgesprek met de families over gesproken dat zulke risico's deel uitmaken van onze visie om een zo goed mogelijk leven te creëren, waar ze gelukkig volledig achter staan. Voor de meeste mensen werkt het heel goed zo; ze willen gewoon weten dat ze vrij zijn. En geef ze eens ongelijk. Als we hier een fijne basis creëren, zien we dat ze veel minder weg willen en snel terugkomen als ze dat toch doen. Laatst kreeg je huisgenoot Ben ineens het plan in zijn hoofd om naar de supermarkt te gaan die ooit bij hem om de hoek had gezeten. Hij moest en zou de boerderij verlaten, dus we lieten het gebeuren en keken hoe het verderging. Na vijfendertig meter kwam hij terug omdat hij de "nieuwe wijk" die ze hadden gebouwd niet goed kende en weer naar huis wilde. Wat betekende dat we niets geks hoefden te doen om Ben te kalmeren. Hij was vrij om zijn gevoelens te verkennen en kon gewoon terugkeren naar zijn veilige plek.

Opgesloten zitten maakt mensen bang. Dan willen ze weg, wat problemen veroorzaakt, en vervolgens noemen we dat probleemgedrag en gaat de medische molen draaien. Maar de fout ligt bij ons: bewoners geven aan dat ze bang zijn en weg willen, en wij vertellen ze dat dat gevoel verkeerd is, waarna ze misschien wel een pilletje krijgen om rustig te worden. Als we beter luisteren naar wat mensen met dementie proberen te vertellen en met zijn allen de binnenwereld mooier maken dan de buitenwereld, dan moet je eens zien hoe weinig mensen nog weg willen.'

'Precies,' zeg ik. 'Van het begin af aan voor een visie gaan staan, duidelijk zijn over de risico's en daar gesprekken over voeren met de familie en mantelzorgers, hoe spannend dat ook is – daar kom je al een stuk verder mee. Als vrijheid voor de overgrote meerderheid van de mensen goed werkt, dan kunnen we ze toch niet als collectief zieke mensen zonder pardon opsluiten omdat een enkeling er meer moeite mee heeft? We moeten om te beginnen accepteren dat aan het leven altijd bepaalde risico's verbonden zijn, en dat geen van die risico's zomaar verdwijnt met de diagnose dementie. Of zoals jij het zou zeggen: gewoon "gewoon" blijven doen.'

'Zo is dat!'

Het dominante verhaal

Amsterdam, Nederland

'Wat is dementie?' vraag ik.

'Dat is een heel goede vraag,' antwoordt Anne-Mei. 'Volgens het dominante verhaal in onze maatschappij is het een vreselijke hersenziekte die uit diverse aandoeningen bestaat en in de verschillende stadia heel ontwrichtend werkt. Maar na jarenlang onderzoek ben ik achter een ander verhaal gekomen, dat eigenlijk veel belangrijker is: het verhaal dat mensen met dementie zelf vertellen. Zij zeggen: "De aandoening is inderdaad heel vervelend, maar het ergste is dat mensen in mijn omgeving me niet meer serieus nemen, dat ze me zien als een zielige patiënt, dat er een stilte valt als ik binnenkom, dat ze veelbetekenende blikken uitwisselen wanneer ik me iets niet kan herinneren, zo van: dus hij is al zo ziek? Of: klopt het nog wel wat hij vertelt?" Het is niet dat mensen met dementie grof gediscrimineerd worden, eerder dat ze door hun hele omgeving, zowel professioneel als privé, heel subtiel niet meer als volwaardig of zichzelf worden beschouwd.

Dus wat dementie is, hangt ervan af aan wie je de vraag stelt. De dokter zal iets anders zeggen dan de verpleegkundige of de mensen met dementie en hun dierbaren zelf. En het is heel belangrijk om die verschillende verhalen met elkaar in evenwicht te brengen. We moeten af van dat ene dominante verhaal over de hersenen en verlies, en beginnen met het vertellen van het volledige verhaal.'

Anne-Mei The, een vrouw van in de vijftig gekleed in krachtig zwart, is van huis uit cultureel antropoloog en werkt als bijzonder hoogleraar langdurige zorg en dementie aan de Vrije Universiteit Amsterdam. Daarnaast is ze oprichter van de Sociale Benadering Dementie, een beweging in de zorg die zich ervoor inzet om het leven van mensen met dementie vorm te geven op basis van hun behoeften en daarnaast hun sociale vangnet te versterken en vergroten.

Onderdeel van deze beweging is de plek waar Anne-Mei en ik nu al een paar dagen zijn, het Huis van de Tijd, dat in een prachtig oud grachtenpand in het centrum van Amsterdam is gevestigd. Het is een ontmoetingsplek voor mensen met en zonder dementie, en het doel ervan is om de bezoekers te helpen zo lang mogelijk thuis te blijven wonen. Anne-Mei en ik zitten samen aan een ronde houten tafel in een van de 'chillkamers' in het achterhuis, met uitzicht over de binnenplaats. Het strijklicht dat door de hoge vensters op de olijfgroene muren en bijpassende bank valt, versterkt de warme sfeer.

Hoewel het dicht bij huis is, geldt dit bezoek toch weer als een mijlpaal. Anne-Mei was een van de eerste adviseurs op onze zoektocht, en nu, tweeënhalf jaar en vele landen verder, zitten we weer samen aan tafel.

'De afgelopen jaren is het heel snel gegaan met de Sociale Benadering, hè?' vraag ik. 'Merk je een kentering bij het vertellen van dat "andere" verhaal?'

'Ik denk dat je vooral de laatste anderhalf jaar inderdaad kan spreken van een kentering,' antwoordt Anne-Mei. 'Vooral omdat wat we zeggen inmiddels door cijfers wordt ondersteund, dus de grote systeempartijen beginnen ook wakker te worden en te luisteren. Wat ik het belangrijkste en mooiste vind, is dat ze niet zozeer naar mij luisteren, als wel naar de mensen met dementie zelf. Die hebben immers deze aanpak bedacht, en daardoor worden zij nu beter gehoord. Dat is ons doel.'

'In welke zin hebben zij het bedacht? Want jij wordt doorgaans als bedenker gezien.'

'Dat klopt,' zegt ze met een glimlachje. 'Iemand moet het voortouw nemen, daar weet jij alles van. Maar dat betekent niet dat het van mij komt. Tijdens ons jarenlange onderzoek hebben we mensen met dementie gevolgd vanaf de eerste tekenen van cognitieve achteruitgang tot het einde van hun leven. Daarbij bekeken we voortdurend wat hen gelukkig maakte in deze levensfase, en we zagen een patroon dat verklaart waarom het in de praktijk zo vaak misgaat. Mensen met dementie vragen voortdurend om hulp bij het léven, en wij beantwoorden die hulpvraag met zorg. En dat is precies het probleem.

Mensen met dementie zeggen: "De ziekte drukt niet alleen op mij als patiënt, maar ook op alle rollen die ik tot nu toe had." Het wordt moeilijker om de rol van moeder te spelen, van vader, broer, zus, maar ook geliefde. Hoe zorg je dat ze daarmee zo lang mogelijk kunnen doorgaan zonder dat er ongelijkwaardige relaties ontstaan? Ook hun professionele rol als timmerman, bankdirecteur of ingenieur komt in het geding. Hoe voorkom je dat ze in een zwart gat vallen als ze arbeidsongeschikt worden vanwege een diagnose, terwijl ze nog steeds de behoefte voelen om zich bezig te houden met hun vakgebied en hun geest te trainen? Een laatste punt waar deze mensen moeite mee hebben is hun plaats in hun sociaal netwerk en kennissenkring. Of je het nou over een sportvereniging, muziekvereniging of andere club hebt, of over een buurt of school, het zijn allemaal situaties waarin de rol van mensen met dementie onder druk komt te staan. Daar willen ze vaak hulp bij, maar die krijgen ze niet. Het lijkt erop dat we, vaak onbedoeld, vanaf de diagnose niet langer de verschillende rollen zien die mensen in het leven hebben, maar alleen patiënten. En zoals ze ons vertellen, hakt dat er zwaarder in dan de dementie zelf.'

'Het blijft zo gek,' antwoord ik, 'dat veel van de kernproblemen die ik in het verpleeghuis en tijdens onze reis tegengekomen ben recht onder onze neus liggen, maar toch over het hoofd worden gezien. Bij mij thuis zie ik mensen ontdaan van al hun sociale rollen binnenkomen, wat hen ontmenselijkt en zorgt dat ze al in hun eerste weken als "bewoner" het gevoel ertoe te doen volledig verliezen.'

'Precies, het ontmenselijkt, en daarom is het zo belangrijk om te onderzoeken wat onze huidige visie op dementie met mensen doet. Eerst kwam dementie alleen van de dokters – "de hersenen zijn ziek" – en toen kwamen de psychologen, die uitlegden dat het ook een psychosociaal probleem was en probeerden uit te zoeken hoe je moet omgaan met mensen die dementie hebben. Wat wij als antropologen doen, is het podium groter maken. Dementie is niet alleen een ziekte of een ziek persoon. We maken deel uit van onze omgeving. *Context matters.* Hoe onze omgeving naar ons kijkt, doet ertoe, misschien wel meer dan we ooit durfden te geloven. Daarom vind ik het zo gaaf dat je hier vandaag met Rob en Joeri de dag gaat doorbrengen. Ik weet zeker dat zij je iets zullen laten zien wat ik nog niet in duizend woorden kan uitleggen.'

Ik check even de tijd op mijn telefoon. 'Nu we het daarover

hebben: ik zou ze ophalen met de fiets, dus ik zie je straks weer, toch?'

'Zeker,' zegt Anne-Mei.

Drie kwartier later druk ik op de gouden bel van een statig pand in Amsterdam Oud-Zuid. Een vriendelijke stem zegt door de intercom: 'Ja, wie is daar?'

'Ha Rob, Teun hier. Ga je mee? Joeri staat al naast me.'

'Gezellig. Geef me twee minuten, dan kom ik eraan.'

Rob en Joeri zijn naast Anne-Mei de grote reden voor ons bezoek aan de hoofdstad. Ze wonen allebei nog thuis met hun vrouw en kinderen en gaan een paar dagen per week naar het Huis van de Tijd om samen een leuke dag te hebben en met andere mensen met dementie te praten over wat belangrijk voor hen is en hoe ze dat kunnen realiseren.

Er wordt vaak gedacht dat dementie ons nooit zal treffen, of pas als we oud zijn en achter de geraniums zitten, maar helaas ziet de werkelijkheid er soms anders uit. Dementie kent namelijk geen leeftijd, gender of kleur, en houdt er al helemaal geen rekening mee wie of wat je bent. Beide mannen die ik oppik zijn jonger dan mijn vader. Joeri (56), een stoere lange vent met grijze coupe en felblauwe ogen, bestormde tot zijn diagnose de reclamewereld met zijn creatieve brein, en Rob (54) was tot voor kort een van de beste cardiologen van Europa.

Dementie op jonge leeftijd komt relatief weinig voor; volgens de laatste cijfers van de grootste dementie-organisaties zijn er in Nederland rond de vijftienduizend mensen die hiermee te maken hebben, en wereldwijd ongeveer 3,9 miljoen. Deze vorm van de ziekte is vaak des te progressiever. Door de combinatie van de jonge leeftijd en het snellere verloop zijn de veranderingen in het dagelijks leven extra heftig, want net als deze twee mannen bevinden de meeste mensen zich bij de diagnose nog midden in hun sociale en werkzame leven.

'Kijk, daar zal je hem hebben!' roep ik als Rob in zijn halflange legergroene jack met spijkerbroek en bruine suède schoenen door de deur komt. Hij loopt naar zijn fiets, die tegen de boom geparkeerd staat. Rob is ongeveer even lang als Joeri en heeft dezelfde blauwe ogen, alleen heeft hij een iets minder volle bos haar.

'Ik denk dat we hard moeten trappen om geen nat pak te krijgen, dus laten we gaan,' zegt Joeri, waarna de mannen op hun fiets springen.

Ik moet stevig op de pedalen gaan staan om ze bij te houden. Normaal gesproken fietsen Rob en Joeri met zijn tweeën, maar omdat ik graag wil ervaren hoe een zelfstandig leven met dementie eruitziet, rijd ik vandaag ook mee op dit fietstochtje door Amsterdam.

'Dus de weg vinden en fietsen is voor jullie geen probleem?' vraag ik als we moeten wachten bij het stoplicht.

'Geen enkel probleem,' zegt Joeri. 'Dus zolang het kan, blijven we het doen...'

'Precies,' zegt Rob. 'Gewoon lekker je ding blijven doen.'

Het stoplicht springt op groen, en we fietsen via het Frederiksplein richting de Magere Brug. De luchthartigheid in ons gesprek herken ik van mijn huisgenoten, die daarmee nogal eens verdoezelen hoe het echt gaat. Ik ben dus erg nieuwsgierig hoe deze twee stoere mannen omgaan met al de drastische veranderingen en hun sombere levensverwachting.

Als we bij de lange tafel in de woonkamer van het Huis van de Tijd staan en onze jassen over de stoelen hangen, valt Joeri's glimmende Rolex me op. 'Mooi klokje,' zeg ik.

'Ja, ik hou nog steeds van mooie dingen.' Hij glimlacht.

Door dit verworden statussymbool van zakelijk succes

vraag ik mij nog meer af hoe ze hun leven op dit moment ervaren, nu ze geen deel meer uitmaken van die rationele apenrots. Ik vraag: 'Hoe is het, Joeri, als je altijd je creatieve geest hebt gebruikt en daar je beroep van hebt gemaakt, om op een gegeven moment te beseffen dat dit gaat veranderen?'

'Ja, dat was wel even slikken,' zegt Joeri. 'Ik heb me er lang tegen verzet, wel een of twee...' Het blijft stil terwijl hij naar het juiste woord zoekt. 'Hé, nu ben ik een woord kwijt,' zegt hij gefrustreerd.

'Jaar?' opper ik voorzichtig.

'Ja, daar was ik naar op zoek.'

'En hoe reageerde je partner erop?'

'Mijn vrouw vond mijn grappen niet meer leuk,' zegt Joeri, en hij grinnikt lichtjes.

'Oei, dat is inderdaad niet best,' antwoord ik op dezelfde luchtige toon. 'En mag ik vragen welke vorm van dementie je hebt?'

Het blijft weer even stil, en Joeri beweegt onrustig op zijn stoel. 'Waar heb ik toch dat pasje waarop dat staat?' zegt hij, druk gravend in zijn jaszakken.

'Frontotemporale dementie? Lewy-body-dementie?' help ik hem op weg.

'Ja, Lewy-body, dat was het.' Hij haalt opgelucht adem.

Lewy-body-dementie is een vorm van dementie die veroorzaakt wordt doordat er hoopjes eiwitten ontstaan in de zenuwcellen van je hersenen. Die hoopjes heten Lewy-lichaampjes. Het kan leiden tot allerlei klachten, zoals problemen met denken, bewegen en gedrag.

'Heb je dan ook last van hallucinaties?' vraag ik. 'Want dat is toch een bekend verschijnsel bij deze vorm?'

'Dat varieert heel erg. Op dit moment niet, maar het is ook weleens zo erg dat ik het niet meer kan negeren. Ik heb bijvoorbeeld een hele tijd doorgebracht met een kabouter, die ik echt zag en met wie ik echt praatte. Waarop mijn vrouw vaak zei: "Schat, er is helemaal geen kabouter, echt niet..." Nou, dat is confronterend, kan ik je vertellen.' Joeri zucht diep. 'Het is een soort trage glijbaan, waarop je zonder dat je het doorhebt steeds verder glijdt, dus dat is best eng. Tijdens zo'n hallucinatie heb ik vaak het gevoel dat ik om hulp schreeuw, maar dat niemand me hoort. En nog enger is het besef dat ik de hallucinaties af en toe nog kan beheersen, maar dat ook dat zal verdwijnen. Het voelt alsof ik langzaam word overgenomen door iets wat elk stukje Joeri vernietigt en daarmee zal doorgaan tot er niets meer over is.'

Ontdaan kijk ik hem aan. Hoe het moet zijn om met zo'n vooruitzicht te leven, komt harder bij me binnen dan ooit, en zijn onzekerheid en angst voor wat komen gaat, lijken de hele kamer te vullen.

'Daarom ben ik hier zo gelukkig,' zegt hij na een lange stilte.

'O ja, hoezo?'

'Hier is het niet gek als ik dit soort dingen vertel, want hier begrijpen mensen het. Dat is weleens anders. Kijk, ik praatte vroeger ook niet over kabouters met mijn collega's, hoor,' grapt hij. 'Maar hoe bekenden nu naar me kijken tijdens gesprekken of als ik langsloop op straat, dat doet soms echt pijn. Het is alsof ik niets meer te maken heb met de man die ze ooit zo aardig vonden. Je wordt van het ene op het andere moment een tweederangsburger, terwijl je juist een steuntje in de rug kan gebruiken als je zoveel moeilijke en enge dingen meemaakt. Dat moet anders, want ik leef hier nu al een paar jaar mee, en dit is het enige wat maar niet lijkt te veranderen.'

'Denk jij er ook zo over, Rob?' vraag ik.

'Nou en of,' zegt Rob, die aandachtig heeft zitten luisteren.

'Als cardioloog ben ik de hele wereld over gevlogen om op de belangrijkste congressen te spreken, maar na mijn diagnose heb ik niemand van mijn werk meer gehoord of gezien, niemand. Als er mensen zijn die horen te begrijpen wat ik heb, dan zij. Maar het is inderdaad wat Joeri zegt: hoe belangrijk je ook was, voor veel mensen doe je er letterlijk niet meer toe na de diagnose dementie.'

Op dat moment gaat een deur open en roept een oudere vrouw in een kunstzinnig paars joggingpak: 'Heren, het is tijd voor wat wijn en een dansje. Doen jullie mee?'

'Heerlijk, Brigitte!' roepen de twee vrienden vrijwel tegelijkertijd.

'Weet je wat het is, Teun?' zegt Joeri, en hij staat op. 'We willen niets liever dan leven, genieten van de momenten die ons gegeven zijn, zolang als we kunnen. Met de rest moeten we dealen, of we het nou leuk vinden of niet. Maar alles eromheen kunnen we wel veranderen, dus het is tijd voor een revolutie. En ik heb wel wat ideeën over de manier waarop die moet worden vormgegeven.' Hij lacht en kijkt me ondeugend aan. 'Kom, dan zullen we eens voor wat leven in de brouwerij zorgen. Voorkeur voor een liedje, *anyone*?'

Waarop Rob ook opspringt en zegt: 'Dire Straits, altijd lekker!'

Als de flessen wijn op tafel komen en de muziek door het gebouw schalt, druppelen er nog meer bezoekers binnen en verandert de ietwat sobere woonkamer in een verhitte dansvloer. Alle aanwezigen laten hun heupen swingen alsof er niemand kijkt. Wanneer Anne-Mei als laatste door de deur komt, wordt ze onder luid gejuich aangemoedigd om ook de dansvloer te betreden, wat ze zich geen twee keer laat zeggen.

Terwijl de feestvreugde binnen doorgaat, ga ik een paar nummers later met Anne-Mei op de stoep van het gebouw zitten om een praatje te maken. 'Ik word wel een beetje stil van de verhalen van Rob en Joeri,' zeg ik. 'Ik begrijp heel goed dat zij het moeilijk vinden om straks in een verpleeghuis te moeten wonen, met het vooruitzicht dat ze elke dag in de woonkamer worden opgewacht door een walsende violist op tv. Hun levens zagen er zo anders uit voor de diagnose, en je voelt dat ze bang zijn om deze sociale rollen straks allemaal te verliezen. Hebben wij als zorg echt een betaalde benadering, zoals de Sociale Benadering, nodig waarin we socialer leren doen om dit te ondervangen? Kunnen we niet gewoon beginnen om anders met elkaar om te gaan?'

'Ik zou niets liever willen,' antwoordt Anne-Mei. 'Helaas werkt het in de praktijk niet zo. Er is echt een diepgaande verandering nodig om als samenleving anders om te gaan met mensen met dementie. Dat bereik je niet door met zijn tweeën te besluiten dat het anders moet. Voor een structurele verandering heb je de massa nodig, en die moet daarbij geholpen worden, wat helaas geld kost.

Ten eerste moet je trainers hebben om organisaties of gemeentes te helpen begrijpen waarom we anders naar dingen moeten kijken. Vervolgens heb je teams nodig die deze veranderingen langdurig begeleiden, zodat er draagvlak ontstaat in de hele organisatie en de visie echt onderdeel wordt van de dagelijkse uitvoering. Veranderen kost tijd, dus je moet mensen de ruimte geven en ze niet afschrikken met een te snelle of harde overgang. Het is immers nogal een schok om er niet langer op beoordeeld te worden of de vloer schoon is, of het eten op de juiste temperatuur wordt geserveerd en of er niemand is gevallen, maar hoe gelukkig de bewoners zijn. Sociale activiteiten moeten worden bestempeld als onmisbare componenten van geluk in het verpleeghuis, om mensen te helpen inzien waarom die activiteiten zo belangrijk zijn en welk effect ze hebben. Dus is meneer Steggerda met plezier naar de supermarkt gegaan voor een boodschap? Heeft Jannie nog gezellig gekletst, en kon Mark zijn favoriete muziek laten horen aan zijn huisgenoten?

Het klinkt in eerste instantie misschien een beetje kinderachtig om dat in het systeem op te nemen, maar als we eraan wennen om op die manier te werken, is dat een eerste stap in een grootschalige verandering. Mensen willen grip op hun werk hebben, dus als we ze een raamwerk kunnen geven, is dat de manier om het vertrouwen op te bouwen dat nodig is.'

'Maar hoe werkt dat in de praktijk voor mensen als Rob en Joeri?'

'Wat wij hier het belangrijkst vinden, is mensen weer in hun kracht zetten, ze coachen, de talenten benutten die ze altijd behouden, en ze op die manier zo veel mogelijk zelfvertrouwen teruggeven. Daardoor zie je onze bezoekers vanaf de eerste week helemaal weer opbloeien, wat een enorm positief effect heeft op hun thuissituatie.

Tegelijkertijd proberen we het sociaal netwerk om hen heen te reorganiseren. Je hebt waarschijnlijk ook van de mannen gehoord dat zo'n netwerk na een tijdje bijna helemaal afbrokkelt. Daar doen we iets aan door als team in gesprek te gaan met de verschillende sociale pijlers in het leven van de persoon met dementie, om te kijken hoe die mensen hun steentje kunnen bijdragen aan een rijker bestaan. En we zien geen weerstand of onbegrip, juist het tegenovergestelde: we zien dat ze het met alle liefde willen doen. Ze vertellen dat ze zich verlamd hebben gevoeld door de diagnose. Wat moet ik doen, vroegen ze zich af. Kan ik nog iets doen? Zit die ander wel op mij te wachten? En daardoor wordt uiteindelijk de afstand groter en verdwijnt het vangnet. Wij proberen met onze benadering precies het tegenovergestelde te bereiken, zodat mensen na hun diagnose geen sociale dood ervaren, maar juist een sterk sociaal vangnet opbouwen.

Wat we hier doen, is een verlengstuk van waar we hen mee ondersteunen in hun thuissituatie. We helpen de mensen die hier komen om zelf te bepalen hoe ze hun dag en avond indelen, zodat niet de dementie, maar hun behoefte als persoon centraal staat. Dat draagt bij aan de kwaliteit van leven waarnaar ze in deze fase zo op zoek zijn. Doordat we mensen zowel hier als in hun thuissituatie ondersteunen bij het zelf vormgeven van hun vangnet, houden ze het langer vol, kunnen ze veel langer de dingen blijven doen die ze de moeite waard vinden, en voelen ze zich sterker en meer mens. Daardoor kunnen ze vaak ook langer thuis blijven wonen, wat voor veel van hen hun diepste wens is.'

'Het is inderdaad een heel mooi streven om meer te luisteren naar de behoeften van de mensen zelf,' zeg ik. 'Niemand wil immers zijn huis uit, maar is thuis blijven wonen soms ook niet een laatste strohalm waaraan iemand zich wanhopig vastklampt terwijl het eigenlijk niet meer gaat? Volgens mij wordt namelijk vooral voor een verpleeghuis gekozen omdat de mantelzorger er letterlijk aan onderdoor gaat.'

'Ja, precies. Dat is ook zo verschrikkelijk aan de situatie,' zegt Anne-Mei. 'Ik heb zo veel verdrietige voorbeelden gezien van mantelzorgers die de achteruitgang van hun partner als een persoonlijk falen opvatten, nog harder hun best gingen doen en zich soms letterlijk begroeven in de zorg voor hun dierbare. Het is zelfs zo dat driekwart van de mantelzorgers eerder overlijdt dan hun leeftijdsgenoten, en soms zelfs eerder dan de persoon met dementie voor wie ze zorgden. Dat is ongelooflijk triest. Door in een vroeg stadium een vangnet te creëren voor de persoon met dementie doen we automatisch hetzelfde voor de mantelzorger, die zo ontlast wordt en het langer kan volhouden. We moeten het woord "samenleven" in de breedste zin van het woord opvatten: niet alleen als het samenleven van twee of meer mensen in een huis, maar als het leven met alle mensen om je heen, in een gemeenschap. Daar moeten we in durven investeren, met duidelijke financieringsmethoden, zodat mantelzorgers niet in hun werk verstrikt raken, maar er juist bij geholpen worden.

Het is geen kwestie van blindelings meer geld investeren, eerder van substitutie. Dat vraagt ook een andere kijk van de overheid, die nieuwe criteria moet maken om geld beter en slimmer te besteden. Ik hoop dat er de komende jaren nog veel andere maatschappelijke initiatieven ontstaan die daarbij helpen, zodat uiteindelijk voor alle mensen met verschillende behoeften gezorgd wordt, met samenleven als norm. En dan worden wij als initiatiefnemers in feite overbodig. Dat is het doel!'

'Zitten jullie hier nou nog?' zegt Joeri vanuit de hal, en hij komt achter ons staan. 'Het feestje lijkt bijna ten einde, maar Rob en ik dachten dat jullie het misschien leuk zouden vinden om samen met ons een afzakkertje te nemen bij Brasserie Van Dam, die bij Rob om de hoek zit. We moeten toch die kant op...' Hij zet weer zijn ondeugende blik op.

'Wat ken je me toch goed, Joeri,' zegt Anne-Mei. 'Ik ben alleen al veel te laat voor mijn volgende afspraak, maar ik denk dat Teun en Jonathan best een biertje lusten. Toch, jongens?'

'Zeker, wel meer dan één,' reageer ik.

Joeri draait zich om en schreeuwt door de gang: 'Rob, ik heb ze zover. We gaan een deurtje verder...'

XI Een nieuwe horizon

Een wereldse conclusie

Noorwegen – Zwitserland – Nederland – Slovenië – Moldavië – Verenigde Staten – België – Zuid-Korea – Denemarken – Zweden – Zuid-Afrika

Als één vraag me tijdens onze hele zoektocht blijft bezighouden, is het wel waarom verandering zo ongelooflijk langzaam gaat terwijl de meeste mensen met wie ik spreek het morgen graag anders zouden willen doen. Ik ben me er uiteraard van bewust dat ik niet de eerste ben die zich dit afvraagt, en zeker niet de laatste. Bij elk land dat ik bezoek en iedere persoon die ik spreek, krijg ik sterker de indruk dat verandering iets is waar we allemaal naar verlangen, maar wat we moeilijk in gang kunnen zetten. Vaak lijken we de verantwoordelijkheid buiten onszelf te plaatsen zodra actie nodig is. We denken dan dat het te groot is voor ons alleen, te klein voor een onmiddellijke impact, te omslachtig om uit te voeren, of we zijn bang om voorop te lopen of vinden het niet meer cool als te veel mensen iets roepen.

Het mooie aan verandering is echter juist dat het een proces is dat nooit stopt. En eigenlijk hoort dat proces steeds weer de vorm aan te nemen van een vraag, zoals de oprichter van het lieflijke huis met allemaal warme materialen in

België, Carla Molenberghs, zo mooi beschrijft: 'Elke verandering moet gestoeld zijn op een visie die een ideaalbeeld nastreeft, en het allerbelangrijkste is dat die visie constant het onderwerp van gesprek blijft. Ze moet dus in de vorm van een vraag gegoten worden: is dit zo? Ben ik het ermee eens, en hoe denkt een ander erover? Op die manier blijf je samen schaven aan geluk en aan een continu veranderende wereld die elke tijd kan doorstaan.'

Het is een gedachtegang die mij niet meer loslaat en mij steeds meer laat beseffen dat dit streven naar een ideaalbeeld misschien ook wel de grootste hindernis is op weg naar echte verandering.

Streven naar zoiets alomvattends zorgt voor talloze teleurstellingen onderweg, en het einddoel kan daardoor idealistisch of onmogelijk lijken, waardoor het snel wordt opgegeven. Vaak betekent dit dat naast het ideaalbeeld zelf ook de goede dingen die tussentijds bereikt zijn mee het graf in gaan. Er is dus een andere aanpak nodig. In de woorden van de manager van de Brabantse zorgboerderij Francien van de Ven: 'We moeten degenen die proberen te veranderen meer aanmoedigen, zo ontstaat er een cultuur waarin wij durven te veranderen in plaats van bang zijn om te falen.'

Het begint allemaal met het stellen van haalbare doelen, hoe klein ook. Daarbij moeten we elke vorm van succes vieren en delen, want succes verkoopt elke boodschap, zeker een hoopvolle. Zoals Jonathan zei toen we bespraken hoe we het verhaal van dementie op een andere manier konden vertellen: 'Kijk ernaar alsof het Coca-Cola is, waarbij succes geen doel is maar een middel om je verhaal vertellen. Als we gaan geloven dat het succes er al is en dat we het alleen nog moeten delen, kunnen we nooit falen.'

Het mooie is: na alle voorbeelden die ik over de hele wereld heb gezien, weet ik hoeveel we al gewonnen hebben en gelóóf ik niet alleen dat die hoopvolle toekomst mogelijk is, maar weet ik het zeker. De voorbeelden van dat succes moeten alleen nog worden gedeeld, of zoals de mensen van het rodeblikjesmerk zouden zeggen: 'Share the happiness.'

Geluk in de reguliere zorg

Net als de grootschalige reguliere zorg heeft ook kleinschalige particuliere zorg te kampen met een groot vooroordeel. Alles zou makkelijker zijn omdat er minder mensen wonen, de huizen beter en moderner zijn en de omgeving er huiselijker uitziet. Dat is inderdaad zo bij veel van de kleinschalige huizen die ik gezien heb, maar het levert niet per se gelukkige bewoners op.

Met andere woorden: de vorm gaat nooit boven de inhoud. Want hoe mooi de plekken die ik zie ook zijn, het echte geluk komt altijd voort uit een visie. Een van de allerbeste voorbeelden daarvan zijn mijn ervaringen in een grootschalig verpleeghuis in België, waar ik bij binnenkomst eigenlijk meteen wil omkeren. Weer zo'n treurige plek, denk ik. Maar dat gevoel verdwijnt als sneeuw voor de zon als ik ervaar dat er liefdevoller met mensen wordt omgegaan dan ik ooit in een huis van deze omvang heb gezien. 'Het beste medicijn voor mensen met dementie is nabijheid,' vertelt Patricia Bauters, afdelingshoofd van verpleeghuis Aymonshof. 'Is er altijd een zorgverlener in de buurt, dan is het nooit nodig om iemand te brutaliseren. Ik leer de zorgverleners hier om naar mensen te kijken alsof het hun eigen vader of moeder is. Of het nou de huishoudelijke hulp is of het management, iedereen zorgt op die manier voor elkaar. En dat verandert echt alles.'

Dat laatste wordt duidelijk als een vrouw wat angstig en

boos aan de gesloten deur staat te trekken. Een hulpverlener die koffie aan het inschenken is, loopt meteen naar haar toe en zegt: 'Ha Feline, kom eens hier. Gaat het niet zo goed? Wat vervelend nou. Kan ik je helpen?' Ze geeft de vrouw vervolgens een dikke knuffel. Op zich is de snelheid van handelen al bewonderenswaardig, en de manier van aanspreken nog meer, maar wat daarna gebeurt gaat nog veel verder. Zachtjes over Felines rug wrijvend neemt de zorgmedewerker haar mee naar haar kamer, waarna ze haar favoriete Franse muziek opzet en naast haar in bed gaat liggen. Het resultaat is direct rust en kalmte, en zodra Feline is ingedommeld, gaat de zorgverlener gewoon weer verder met de koffie.

Dus geen geruzie met bewoners over de vraag waar hun huis is, wat de situatie alleen maar erger maakt, en geen pil door hun appelmoes om dit soort situaties te vermijden. Gewoon anders kijken, wat weer tot anders doen leidt. 'Uitzoeken wie een persoon is en wat hij of zij nu nodig heeft, en daarnaar handelen, waarbij elke emotie er mag zijn – dat is volgens ons de enige juiste manier om met mensen met dementie om te gaan,' vertelt Patricia als ze ziet hoe ontroerd ik ben. 'Ze leven in het eeuwige nu. Hun verleden vervaagt, en bij hun toekomst kunnen ze zich weinig meer voorstellen, waardoor wij hun "nu" zo veel mogelijk moeten respecteren.'

In dit verpleeghuis in Dendermonde wordt zichtbaar dat alle mooie spullen, materialen en innovaties ter wereld nooit de liefdevolle benadering kunnen creëren die deze even eenvoudige als briljante visie oproept. Waarmee ik absoluut niet wil zeggen dat alle andere inspanningen irrelevant zijn – helemaal niet, want ze kunnen de zorg nog beter maken. Het komt er alleen op neer dat een thuis begint met een liefdevolle omgang in de praktijk en niet met hippe termen op de website als 'persoonsgerichte zorg' en 'eigen regie'. En daarbij maakt het niet uit hoe groot of klein een huis is; deze visie en manier van werken kunnen overal een impact hebben. Dat dit specifieke huis nog een weg te gaan heeft in het openen van de deuren, het verbeteren van de huiselijkheid en het verhogen van de kwaliteit van het eten doet daar niets aan af. Integendeel, als dat de grootste problemen zijn, ziet de toekomst er in Aymonshof hoopvoller uit dan ooit.

Dat er reden is om hoopvol te zijn over de grootschalige zorg, wordt bevestigd als ik in een huis voorbij de Noorse fjorden terechtkom, waar ze ook druk op zoek zijn naar een betere levenskwaliteit voor mensen met een vorm van dementie. Opnieuw blijkt dat echte verandering niet begint bij nieuwe regelgeving maar bij een cultuurverandering.

Bij binnenkomst worden op het eerste gezicht alle verpleeghuisstereotypen bevestigd, maar na een paar minuten weet ik: hier is iets bijzonders aan de hand. De zorgverleners lopen in klassieke uniformen, het decor is dat van een klassiek verpleeghuis, waarbij ook hier verschillende woningen in het gebouw zijn gemaakt, maar de mensen die er wonen zien er fris en gelukkig uit. Ja, net als op eerdere plekken krijgen ze vers gekookt eten en wordt er muziek gespeeld, maar ik ben vooral positief verrast door een visie die ik nog nergens anders heb gezien: om het geluk en de onderlinge interactie te vergroten krijgen bewoners hun woonruimte niet toegewezen op basis van hun ziekte of indicatie, maar op basis van behoefte. Waar vragen ze zelf om? Wie wonen graag bij elkaar en wie juist niet? Willen ze beneden of boven wonen, aan de tuin of dicht bij de woonkamer? Het allergrootste verschil met andere huizen is echter dat de woningen volledig prikkelvrij worden gemaakt voor degenen die extra gevoelig zijn voor prikkels.

De meeste mensen in deze woningen leven met frontotemporale dementie, een vorm die volgens velen extra aandacht nodig heeft vanwege het impulsieve gedrag dat kan ontstaan. En dat is een hele uitdaging voor de zorgverleners. In Duitsland spraken we tijdens ons onderzoek bijvoorbeeld met een huis dat mensen met deze vorm van dementie uit het hele land opving omdat veel verpleeghuizen het moeilijk vonden om de juiste zorg te bieden. Om de overprikkeling tegen te gaan die vaak tot het impulsieve gedrag leidt, ziet deze woonkamer in Noorwegen eruit alsof iedereen er net in is getrokken en de vrachtwagen met spullen nog moet komen. Grote stukken raamfolie maken het bijna onmogelijk om naar buiten te kijken, en er zijn precies genoeg stoelen voor de bewoners, plus één. In deze woonruimte krijgen de bewoners een-op-eenbegeleiding, omdat de zorgverleners hebben gemerkt dat ze daardoor veel minder angstig en agressief worden. Soms gaan ze zelfs atypisch maar positief gedrag vertonen en zoeken ze prikkels en andere bewoners juist weer op. Het geeft maar weer aan dat wij niet alles vanuit ons eigen perspectief moeten benaderen, want hoe naargeestig het voor een buitenstaander ook kan aanvoelen, het kan werken voor mensen die hier wonen en die er wel behoefte aan hebben.

Door deze werkwijze is de dynamiek in het verpleeghuis van de ene op de andere dag veranderd en heerst er weinig of geen onrust meer. Met een verbluffend resultaat: actieve en gelukkige mensen die samen de dag doorbrengen in de tuin of in de huiskamers, waardoor in de andere woningen slechts één zorgverlener nodig is en er de afgelopen vijf jaar slechts één keer antipsychotica is gebruikt om iemand te kalmeren.

Vanbuiten gezien is het klassieke verpleeghuiszorg, maar

door een verlichte visie voelt het vanbinnen als een huis van de toekomst. Er heerst geen cultuur van angst om fouten te maken of ergens de schuld van te krijgen, zoals ik zo vaak zie; alles is bespreekbaar als het erom gaat hoe de zorg wordt verleend, en er wordt altijd over nagedacht hoe die zorg de bewoners zo veel mogelijk ten goede kan komen. De maatstaf voor geluk is niet een of andere strenge checklist, maar de mate van activiteit en onderlinge interactie, wat net zo goed geldt voor degenen die niet meer zelfstandig kunnen lopen. Er wordt geprobeerd om in de hoofden van de bewoners te kruipen door naar hen te luisteren, in plaats van 'ze' naar 'ons' te laten luisteren. Incidenten worden niet meteen beantwoord met deuren die op slot gaan of meer medicatie, integendeel. Er wordt dan in teamvergaderingen geanalyseerd wat de organisatie en het personeel anders kunnen doen om zoiets in de toekomst te voorkomen. Het leidt tot een open en stimulerende cultuur en bewijst dat de nodige verandering in de grootschalige verpleeghuiszorg niet lichtjaren ver weg is, maar om de hoek.

Deze verlichte kijk op zorg zie ik ook in het zuiden van Europa. In Slovenië is een groep wetenschappers onder leiding van professor Zvezdan Pirtošek er in korte tijd in geslaagd om zorg voor mensen met dementie op de kaart te zetten. In de beginfase discussieerden ze er nog over welke kant van de wereld als voorbeeld moest dienen, want familiebanden spelen in Slovenië een belangrijker rol dan in het Westen; uiteindelijk besloten ze echter hun eigen weg te kiezen, wat geresulteerd heeft in inzichten die hun tijd ver vooruit zijn, met als opvallendste inzicht de 'positieve zorgprikkel'.

Bij ons bezoek aan een verpleeghuis op tien minuten rijden van Ljubljana krijgen we te horen dat de organisatie niet extra geld krijgt voor ziekere mensen, zoals bij ons in Nederland het geval is, maar voor gezondere mensen. Het neemt de perverse zorgprikkel weg die bij ons de norm is, want in Nederland proberen organisaties massaal mensen met een hogere zorgzwaartepakketindicatie (zzp 5 of 7) binnen te halen om meer geld te krijgen. Het effect van de positieve zorgprikkel is dat ze in dit Sloveense verpleeghuis nu zo veel mogelijk doen om mensen fit te houden, wat niet alleen leidt tot gezondere, maar ook gelukkigere bewoners. Naast het plezier dat bewoners beleven tijdens de sportsessies, zie je overal op het terrein sociale clubjes ontstaan, waardoor je meer het gevoel hebt in een klein dorp te wonen dan in een verpleeghuis.

Niet veel later beland ik in Balstahl, een klein dorpje even over de Zwitserse grens, waar ik een van de traditioneelste zorgsystemen aantref die ik tot nu toe heb gezien. Waarbij de hiërarchie niet alleen vanaf het allereerste moment duidelijk wordt als ik binnenkom en de rollen van de verschillende zorgverleners krijg uitgelegd, maar ik ook zie hoe meer geld tot meer problemen in een zorgstelsel kan leiden. Artsen krijgen hier namelijk commissie op de medicijnen die ze voorschrijven, zodat de meerderheid van de mensen apathisch aan tafel zit in het modernste miljoenengebouw van het land. Maar gelukkig kom ik ook in contact met een dappere zorgbestuurder die zich hiertegen verzet en langzaam terrein wint in dit traditionele en hiërarchische zorgsysteem – niet met een vijandige houding, maar door met praktische voorbeelden te laten zien dat de bewoners in de eerste plaats mensen blijven en niet stilgehouden hoeven te worden, hun eigen rust kunnen vinden in hun laatste levensfase. De zorgbestuurder in kwestie, Gina Kunst, noemt als grootste uitdaging dat de kwaliteit van de zorg in Zwitserland niet wordt beoordeeld op basis van 'echte' maar 'papieren' zorg, wat ook in ons eigen land al jaren een van mijn grootste ergernissen is.

Een belangrijke excuusreden die ik hoor om niet te veranderen, is dat alle dagelijkse administratieve taken er simpelweg te veel tijd voor opslokken. Mensen zouden echt verontwaardigd zijn als ze zagen hoe uitgebreid de elektronische cliëntendossiers (ecd's) van mijn huisgenoten zijn en hoeveel tijd al die papieren zorg vraagt van degenen die eigenlijk het verschil moeten maken in de praktijk. Niemand lijkt zich af te vragen wie deze lijsten heeft bedacht en of het nog steeds een goed idee is om ze te gebruiken. Ik snap dat sommige mensen het moeilijk vinden om dit te horen, maar vraag je eens af: waarom? Wie heeft er belang bij om elke type ontlasting te laten registreren op kleur, geur en vorm?

De bewoner? Nee.

De zorgverlener? Nee.

De directie? Nee.

De inspectie? Nee.

De familie? Nee.

De wettelijk vertegenwoordiger? Nee.

De arts of so (specialist ouderengeneeskunde)? Misschien?

Ik verwoord het wellicht wat simpel om mijn punt te maken, maar is een medische rapportage alleen genoeg om dit soort informatie voor iedereen bij te houden? Of moeten we per bewoner beslissen of er aanleiding toe is? We weten toch dat het verpleeghuis een eindstation is voor de mensen die er wonen, dus moeten we ons dan niet veel vaker gaan afvragen hoe deze gegevens bijdragen aan het geluk van deze laatste levensfase? Want het erge is dat dit slechts één voorbeeld is van de vele punten die vaak vanuit de organisatie moeten worden geregistreerd of gerapporteerd. Het lijkt wel alsof we uniforme regels hebben gemaakt om zelf niet meer te hoeven nadenken en vooral geen verantwoordelijkheid te hoeven nemen. Een tijdje geleden hoorde ik zorgmedewerkers met elkaar praten over een mic (melding incident cliënt) die ze moesten invullen, en daarbij kwam de kern van het probleem sprekender naar voren dan ik in duizend woorden kan beschrijven.

'Hoe kan het nou dat mevrouw Van Ginkel voor de tweede keer is gevallen deze week?'

'Geen idee. Ik heb net nog gekeken, en er stond niks geks in haar dossier.'

'Hm, oké...'

Laten we al die standaarddossiers, rapporten en afvinklijstjes de deur uit kieperen en zorgverleners weer de ruimte geven om te kijken, praten, voelen en luisteren. Laten we in gedachten houden dat mensen hun laatste levensfase in een verpleeghuis doorbrengen en daarbij persoonlijke aandacht willen, geen uitdraai van hun verblijf. Ik geloof echt dat er op die manier veel meer zorgverleners (niet alleen medisch opgeleide) komen, wat op dit moment als een van de grootste uitdagingen in de zorg wordt gezien. De zorgverleners kunnen dan weer meer aandacht geven aan de bewoners, en ook de behoefte aan managers wordt gehalveerd. Want als er minder gecontroleerd hoeft te worden, hoeft er ook minder gemanaged te worden, waardoor ruimte ontstaat voor echte in plaats van papieren zorg.

Een stap in de goede richting zag ik laatst toen ik een lezing gaf bij een organisatie waar iedereen, inclusief de directeur en het management, verplicht één dag per week als zorgverlener aan de slag ging. Het was een regel die in het begin op veel weerstand stuitte, maar al snel door alle lagen van de organisatie enthousiast werd omarmd. De maatregel zorgde niet alleen voor wederzijds begrip op meerdere niveaus, maar ook voor structureel meer zorgverleners, zonder dat er extra mensen aangenomen hoeven te worden. Een knap staaltje management als je het mij vraagt.

Een andere kwestie naast de papieren zorg die kan leiden tot een betere kwaliteit van leven, is een van de meest besproken onderwerpen van de afgelopen jaren, en iets waar ook ik al jaren voor pleit, namelijk het einde van de gesloten deur. Op de plekken die ik bezoek waar ze geen gesloten deuren hebben, is het dagelijks effect op het geluk van de bewoners ongekend. Het gekke is dat bijna iedereen denkt dat bewoners massaal vluchten als de deur opengaat, maar het tegendeel is waar, want juist het gevoel opgesloten te zijn maakt mensen angstiger, waardoor ze ook eerder geneigd zijn te willen vertrekken. Nogmaals, het hoopvolle is ook hier dat steeds meer mensen en organisaties opstaan om dit te veranderen, zoals de bestuurder van het Twellose landgoed Huize Hunderen.

'Maak een einde aan de gesloten deur, want waarom moet alles per se veilig zijn?' betoogt zorgvernieuwer Michiel van Putten. 'We hebben het onszelf zo moeilijk gemaakt in de gezondheidszorg. Alles is risicomijdend, en er is voortdurend twijfel of het geld wel goed besteed wordt. Dat zorgt al voor een enorme papierwinkel, laat staan als ook nog eens de inspectie langskomt en iedereen in een kramp schiet bij de vraag: "Hoe zorgen jullie dat de mensen veilig zijn?" Je kan denken: we laten in overleg met de familie iedereen zo vrij mogelijk, om daarmee een optimale kwaliteit van leven te bieden. Maar nee, wat er gebeurt is dat er massaal lijstjes worden gemaakt, want dan kunnen we laten zien wat we doen. Daarmee begint de ellende echter. Ik probeer dat tegen te gaan door het hele personeel te vragen: waarom moet het veilig zijn? Iedereen loopt al zijn hele leven risico, dus waarom zou dat nu niet mogen? We zijn in Nederland in vier decennia heel goed geworden in het controleren van elke cent die we uitgeven, en het liefst kwantificeren we ook nog eens de kwaliteit van leven voor mensen. Het gaat erom dat we accepteren dat vrijheid risico's met zich meebrengt. Mensen van zeventig, tachtig, of ze nu dementie hebben of niet, kunnen makkelijker vallen, onder meer omdat hun evenwichtsorgaan vaak niet meer werkt zoals vroeger. Moet dat een reden zijn om iedereen de hele dag in een stoel te zetten? Dat is toch heel ongezond? Dus laten we de stap maken van opvangcentra waar mensen veilig in leven worden gehouden, naar levendige huizen die met alle risico's van dien het gewone leven weer oppakken.'

Het zijn mensen zoals Michiel die mijn zoektocht zo hoopvol maken, omdat ze letterlijk laten zien dat het anders kan en zo de angst voor het onbekende kunnen wegnemen bij die mensen die vrezen dat hun dierbare zal weglopen zodra ze de deuren openen. En als het toch gebeurt, hoe erg is dat dan als je het afzet tegen een maanden- of jarenlange opsluiting? Het zijn vragen die mij telkens weer leiden naar de oplossingen die zo gewoon lijken, maar echt de uitzondering op de regel zijn.

Maak van verpleeghuizen plekken waar we zelf zouden willen wonen. Koop niet elke vijf jaar een nieuw interieur bij een groothandel, maar creëer een thuis zoals bij May in Denemarken, bij Carla in België, of bij Francien in Nederland. Waar echte spullen, echte planten en echte dieren de basis vormen voor een fijne leefomgeving, en waar vers en lekker eten wordt gemaakt, want ook dat doet er nog toe in de laatste levensfase. Dus niet de hele dag door onbeperkt koffiedrinken, en geen vruchtenhagel op witbrood voor ontbijt en lunch, met als klap op de vuurpijl doorgekookt en smakeloos voedsel als avondeten. Neem als uitgangspunt dat de mensen nog steeds volwaardig deelnemen aan het leven en niet drie keer per dag 'gevoerd' moeten worden.

Zorg dat verpleeghuizen weer onderdeel worden van de gemeenschap waarin ze staan, en laat bewoners niet alleen door het raam naar buiten kijken. Ga ook echt naar buiten en laat de buitenwereld binnen. Geef betekenis aan de dagen, en vraag sociale buurtinitiatieven, organisaties of bedrijven om een of twee keer per maand hun vergadering of kaartavond in het huis te houden. Betrek bewoners bij buurtscholen, zoals in Amerika, en maak daarbij geen onderscheid tussen gezonde en minder gezonde mensen. Zorg dat het duurzame relaties worden, en geen eendagsinitiatieven voor de bühne. Laat vrijwilligers zelf beslissen wanneer ze langskomen; er is altijd wel iemand in voor een praatje, een kop koffie of een wandeling. Zorg dat ze werk en privéleven niet hoeven om te gooien om op bezoek te komen, want dat verkleint meteen de kans dat het blijft gebeuren. Regelmaat heeft voor mij nooit het gevoel opgeroepen dat ik leef, spontaniteit daarentegen wel.

Koester verschillen, onder meer door mensen niet op basis van een diagnose bij elkaar te zetten. Zorg er net als in Moldavië voor dat mensen met allerlei soorten hulpbehoeften en leeftijden kunnen samenwonen met elkaar. Vorm huishoudens waarin dagelijkse activiteiten zorgen voor verbinding, levendigheid en invulling van de dag. Organiseer uitstapjes, hoe klein ook, waardoor je bijbehorende thuiskomervaringen creëert zoals ze dat op landgoed Grootenhout doen, waarbij de blije emotie van de actie blijft hangen, ook al wordt de handeling zelf vergeten. Of het nu een bakkie is op een andere afdeling, een rondje door de binnentuin of een bezoek aan de plaatselijke bakker, maakt niet uit, zolang het maar echt telt. En doe je werk met een glimlach, want dat is een kracht die we allemaal bezitten – een die geen geld kost, veel geluk brengt en de wereld waarin we werken zoveel mooier maakt.

Het mooie van zulke uitjes is dat iedereen ze kan begeleiden, dus medicaliseer deze activiteiten niet, maar normaliseer ze. Zo kunnen ook mensen zonder medische opleiding ze begeleiden, waardoor de andere zorgverleners meer tijd krijgen voor hun werk.

Overheidsgeluk

Mensen die willen dat er iets verandert in de zorg, kijken vaak naar de overheid, alsof een groep alwetende bestuurders het volk gelukkig kan maken. Dat laatste geloof ik zeker niet, maar ik heb ook gezien wat voor vacuüm er ontstaat als de overheid zich helemaal niet bemoeit met de zorg voor kwetsbare mensen. Wat we in elk geval niet nodig hebben, is een regering die alleen maar van termijn naar termijn rent en ondertussen belastinggeld uitdeelt aan de groepen in de zorg die het hardst schreeuwen. Ik geloof in een overheid die visie heeft en de verantwoordelijkheid op zich neemt om het stigma rond dementie te doorbreken en de beeldvorming ervan te verbeteren. Visie is niet alleen het kloppende hart van goede zorg, maar moet ook leidend zijn voor de mensen die onze belangen als samenleving behartigen.

Belangrijk is dat ieder mens evenzeer onderdeel wordt van die visie. Een overheid die mensen afgescheiden houdt, op wat voor manier dan ook, creëert uitsluiting. In die zin krijgt 's werelds bekendste zorginstelling, het gesloten dementiedorp Hogeweyk, voor de markante Zuid-Afrikaanse wetenschapper uit Houtbaai, Rayne Stroebel, een heel nieuwe betekenis: 'Hogeweyk is niets anders dan een getto voor mensen met dementie. Een plek met muren om mensen af te schermen van de buitenwereld is pertinent niet-inclusief, en dat zal altijd hun geluk ondermijnen.' Iets wat ik met eigen ogen heb gezien toen een bewoner ook daar aan de gesloten deur stond te rammelen. Investeer als overheid in een visie die mensen betrokken houdt bij de samenleving en zo bijdraagt aan hun geluk, door niet massaal in incidenten te duiken, deze breed uit te meten en op basis daarvan met regels voor een hele groep mensen te komen, maar ook dan het debat aan te gaan vanuit het perspectief van kwaliteit van leven.

Waar ook nog eens over nagedacht moet worden, is hoe we de organisaties die zogenaamd de belangen van mensen met dementie behartigen maar in de praktijk het tegenovergestelde lijken te doen, positief kunnen bijsturen. Het grootste gedeelte van de Nederlanders heeft een zwaar vertekend beeld van de gesloten afdeling waar ik al drie jaar samenleef met bewoners, wat niet gek is, aangezien ze vooral angstaanjagende tv-programma's voorbij zien komen waarin jonge mensen met dementie in huilen uitbarsten omdat ze niet meer weten hoe hun kinderen heten. Ze krijgen reclames te zien met kreten als 'Door dementie verlies je jezelf en elkaar' en 'Help dementie de wereld uit'. Natuurlijk kan dementie angstaanjagend, moeilijk en pijnlijk zijn voor iedereen die ermee te maken krijgt, maar met welke goede bedoelingen zulke campagnes ook zijn bedacht, ze schetsen uiteindelijk een zeer beperkt beeld, waardoor ze naar mijn mening meer schade aanrichten dan goeddoen. Het enige antwoord van al deze campagnes en bangmakerij is een verzoek om geld, wat jaarlijks tientallen 'verliesmiljoenen' oplevert. Op deze manier wordt een kringloop van angst gecreëerd waarmee de belangengroepen en organisaties zichzelf in stand houden ten koste van de mensen die ze vertegenwoordigen. En lijkt er een systeem te zijn ontstaan waarin geld geen middel meer is, maar het doel.

Een neveneffect van de focus op het ophalen van de 'verliesmiljoenen' door al deze programma's en spotjes is dat zulke schrikcampagnes mensen met dementie zo hopeloos afschilderen dat het niet lijkt uit te maken wat er met hen gebeurt omdat ze het toch niet beseffen. Het is de reden waarom mijn positieve ervaringen in het verpleeghuis vaak reacties oproepen als: 'Zijn dat wel mensen met dementie die bij jou wonen?', 'O, bij jou zijn "ze" allemaal nog "goed"...', of: 'Die mensen kunnen toch niets onthouden, laat staan relaties onderhouden?'

Als de partijen en organisaties die de belangen van mensen met dementie behartigen al zo de plank misslaan bij de beeldvorming, hoe kunnen we dan van de 'gewone burger' een opener en positiever perspectief verwachten? De miljoenen mensen die vandaag of morgen met een vorm van dementie moeten leven, zijn er zeker niet bij gebaat dat 'hun' belangenbehartigers het inktzwarte stigma tijdens campagnes alleen maar vergroten. Het zorgt er vooral voor dat deze groep elke dag gebukt gaat onder een gevoel van verlies en schaamte.

Natuurlijk worden met deze verliesmiljoenen soms projecten gefinancierd die het leven van mensen met dementie verbeteren, maar wat heb je daaraan als de volgende campagne die positieve beweging in één klap weer tenietdoet?

Waar het meeste geld in wordt geïnvesteerd als het om dementie gaat, is onderzoek naar 'de remedie' die alles oplost. Miljoenen, zelfs miljarden per jaar worden wereldwijd gestoken in de zoektocht naar 'de gouden pil', maar is die verhouding gerechtvaardigd ten opzichte van de huidige investeringen in de zorg voor mensen met dementie, als het nog steeds de vraag is of een pil die alles oplost er ooit zal komen? Zoals professor Peter Whitehouse zegt: 'Het is een mythe om te geloven dat die ene pil mogelijk is, aangezien de algemene opvatting steeds meer is dat er niet één oorzaak bestaat voor dementie of alzheimer. Dus hoeveel gouden pillen moeten er dan komen?'

Ik vind het zoeken naar betere medicijnen ook belangrijk, maar als we een deel van die miljoenen kunnen gebruiken voor het welzijn van mensen die nu en in de nabije toekomst met dementie leven, kunnen we volgens mij een groter verschil maken voor meer personen. Dus laten we niet te eenzijdig focussen op 'genezen' en een gezondere balans zoeken tussen dat streven en het verbeteren van de kwaliteit van leven. Daarbij is het belangrijk om eerlijk het hele verhaal te vertellen over mensen die wereldwijd met een vorm van dementie leven, en dan eerlijk in alle opzichten, want dementie blijft natuurlijk een ontwrichtende aandoening die niemand wil krijgen. Ook ik zou het liefst zonder een centje pijn oud worden en op een zonnige dag vredig onder een boom sterven, maar de realiteit is dat het meestal anders uitpakt.

Daarnaast moet de overheid gaan investeren in een andere manier die ook de kwaliteit van leven flink kan vergroten: preventie. Door de focus op preventie wordt de zoektocht naar een gouden pil minder relevant, want ook hier geldt het aloude principe dat voorkomen beter is dan genezen. Als mensen het allerliefst zorgeloos en gezond oud willen worden, waarom zetten we daar dan niet massaal op in? Zeker nu studies uit Zweden en Zuid-Korea hebben laten zien hoe groot de kansen al zijn om vormen van dementie te voorkomen of uit te stellen. Uit die studies blijkt bovendien dat preventie in alle opzichten kostenefficiënter is, en de druk op de zorg neemt logischerwijs sterk af als het aantal mensen met dementie afneemt.

Help mensen om gezond te leven door gezonde producten goedkoper te maken, en ongezonde producten duurder. Waarom kun je nog steeds een hamburger krijgen voor iets meer dan een euro, maar moet je je best doen om voor dat geld een gezonde tegenhanger te vinden? Maak supermarkten, school- en sportkantines meer dan de veredelde suikerfabrieken die ze nu zijn. Ook hier is het natuurlijk belangrijk om een eerlijk beeld te schetsen. Nee, van een glas cola krijg je morgen geen diabetes, maar wat doet het met je als je dat dagelijks of wekelijks drinkt, naast allerlei andere ongezonde dingen die je eet? Waarom gaan we zo met onze gezondheid om als we de langetermijngevolgen van ons consumptiegedrag allang begrijpen en de diabetes- en obesitascijfers de pan uit rijzen? Investeer als overheid in een gezondere levensstijl door te zorgen dat gezond voedsel betaalbaar is voor iedereen, dat lichaamsbeweging en sociale interactie worden bevorderd en dat mensen worden gestimuleerd om te blijven leren. Nieuwe dingen leren creëert veel nieuwe verbindingen in de hersenen, wat je kunt vergelijken met het maken van een netwerk van snelwegen door je hoofd: hoe meer je er hebt, hoe meer routes je kunt nemen naar je bestemming. Als je er weinig hebt, is er weinig nodig om alles te blokkeren. Dus zorg ervoor dat je zo veel mogelijk toegangswegen krijgt.

Als laatste speerpunt zou de overheid een transparant vergoedingssysteem in het leven moeten roepen, zodat mantelzorgers niet van loket naar loket worden gestuurd als ze voor iemand willen zorgen, maar daarbij geholpen worden door makkelijke routes en aanvragen. Er komen in de toekomst nauwelijks nog verpleeghuisplaatsen bij, en wij moeten dat als samenleving zien op te vangen. Help daar als overheid bij. Zorg dat mensen langer thuis kunnen blijven wonen als dat de wens is, maar zorg ook dat mantelzorgers er niet de dupe van worden omdat ze niet weten waar ze terechtkunnen met hun hulpvraag. Geef hun financieel de ruimte om zo veel mogelijk bij hun dierbare te zijn in deze ontzettend zware periode, en dan op een zo mooi mogelijke manier – zodat ze zich, net als Arlene in Zuid-Afrika, de geluksvogel voelen in plaats van de pechvogel.

Laat mensen met dementie niet vallen, maar kijk hoe verschillende initiatieven en benaderingen kunnen bijdragen aan het zo lang mogelijk voortzetten van hun normale leven. En nogmaals: daarbij is het van cruciaal belang dat er een nieuw narratief komt dat de angst voor dementie vermindert en ervoor zorgt dat mensen geen sociale dood sterven, maar worden opgevangen door hun sociaal netwerk. Families, werkgevers, verenigingen en buurten moeten worden aangemoedigd en voorgelicht om zoiets mogelijk te maken, want zoals we van Joeri en Rob uit Amsterdam kunnen leren, zijn de reacties van de omgeving misschien wel het allerzwaarst voor mensen met dementie. In de woorden van Anne-Mei: 'Het is tijd om het toneel van dementie groter te maken en te gaan luisteren naar wat mensen zelf te zeggen hebben en hoe zij dementie zien. En zo beter te leren begrijpen hoe belangrijk de context is van hoe we een verhaal vertellen.'

Klein geluk

Het belangrijkste wat ik heb geleerd na meer dan drie jaar reizen over vier continenten en door elf landen, is dat het geluk waar we zo naar streven recht onder onze neus ligt. We moeten weer leren samenleven. Een goede kwaliteit van leven begint, zoals Lia in Apeldoorn uitlegde, met ertoe doen, van betekenis zijn. Dat is een universeel verlangen dat in alle landen en culturen even krachtig en relevant is, en waaraan we vandaag al tegemoet kunnen komen door gemeenschappen op te bouwen die mensen met dementie een gevoel van betekenis en bestaansrecht geven. Bij iedereen op mijn reis die buiten de maatschappij meende te staan, was het verlangen naar de dood groter dan dat naar het leven, maar bij degenen die zich door familie, vrienden, buren of kennissen gezien voelden, gold het tegenovergestelde. Ik geloof dan ook echt dat als wij andere verhalen gaan vertellen, de grootste verandering van allemaal binnen handbereik ligt. Of zoals professor Peter Whitehouse zegt: 'Als we erin slagen om de houding van de samenleving te veranderen met de boodschap "O, het echte antwoord zijn vriendelijker gemeenschappen", dan zullen vriendelijker gemeenschappen ons in de toekomst allemaal helpen. Op die manier creëren we gelukkiger levens voor ons allemaal, en niet alleen voor mensen met dementie.'

Om dat te bereiken moeten we het narratief van dementie veranderen en een ander verhaal gaan vertellen. Moeten we een eerlijker beeld gaan schetsen van dementie en er niet over nadenken hoe we hun leven moeten inrichten, maar naar een wereld gaan waarin we naar hen luisteren om te weten te komen hoe zij willen leven, en dat zo lang mogelijk proberen te faciliteren. Dat is het verschil tussen verzorgen en echt zorgen voor de mens. Dus in plaats van over de mensen met dementie te praten en hun hulpvraag blind te beantwoorden met zorg, zouden we naar hen moeten gaan luisteren en helpen faciliteren wat zij willen. Tot de laatste snik aan toe.

Faciliteer mensen om zo lang mogelijk thuis te wonen door te luisteren naar hoe dat kan, zonder dat de mantelzorger omvalt. Het is aan ons om daarbij te helpen. Dat betekent dat de overheid zorgt voor duidelijke financieringsstromen en heldere regelgeving om die aan te vragen. Nu hoor ik te vaak dat mensen niet meer weten welk 'potje' waarvandaan moet komen, en kreeg ik zelfs een huisgenoot omdat zijn partner en mantelzorger niet langer wist hoe ze alles thuis moest financieren. Dit zou toch nooit de reden voor een verhuizing naar het verpleeghuis moeten zijn?

Dat betekent dat werkgevers, werknemersorganisaties en arbodiensten in samenwerking met de overheid ervoor moeten gaan zorgen dat mensen met dementie niet meteen arbeidsongeschikt worden verklaard na de diagnose, maar juist moeten proberen hen zo lang mogelijk in dienst te houden, door bijvoorbeeld een kortere werkweek om de belastbaarheid te verminderen, te kijken naar demoties na verloop van tijd om de werkdruk te verminderen, en vooral te blijven kijken naar wat nog wel kan.

Dat betekent dat sportorganisaties mensen moeten helpen zo lang mogelijk bij de club te blijven. En buurten moeten meer naar elkaar omkijken. Alleen samen kunnen we omgaan met wat komen gaat. Dus laat mensen met dementie niet vallen, maar vang hen op.

We moeten ophouden onszelf op de borst te kloppen door het beeld te schetsen dat we de beste gezondheidszorg ter wereld hebben, zolang de mensen die in ons systeem van achttien miljard wonen nog steeds vaak de dood boven het leven verkiezen. Daar kan nooit de kwalificatie van 'de beste' aan verbonden zijn, toch? Laten we daarom ook dat verhaal veranderen, door te streven naar de beste zorg ter wereld in plaats van te berusten in de illusie.

We moeten af van het idee dat een verpleeghuis een opvang voor ouderen is waar niets kan gebeuren. Het moet een thuis zijn, waar het normale leven zo veel mogelijk doorgaat, waarbij je je ook kunt stoten, verbranden, verslikken of kunt vallen. Grootschalige reguliere zorg kan geweldig zijn als we het anders gaan organiseren, maar dan hebben we ook zekerheid van bovenaf nodig dat andere vormen of meer risico's oké zijn, en niet jouw schuld als er iets gebeurt. Kinderen, naasten, geliefden en mantelzorgers moeten van tevoren het gesprek hebben over waar ze hun dierbare naartoe brengen, hoe het leven eruit zal zien, welke afwegingen daarbij worden gemaakt voor een zo goed mogelijk leven en wie daar verantwoordelijk voor is.

Totdat we een nieuw beeld hebben van mensen met dementie en nieuwe kaders scheppen om met hen om te gaan, zal elke nieuwe visie falen. Persoonsgerichte zorg, eigen regie – het ziet er allemaal prachtig uit op de website, maar betekent niets als het overkoepelende idee nog steeds gericht is op veiligheid en controle.

Laten we daarom een kader creëren waarin vertrouwen vooropstaat in plaats van veiligheid. Waarin zorgverleners het vertrouwen krijgen om een vorm van zorg te bieden waarin het om kwaliteit van leven gaat in plaats van kwantiteit. Dat betekent dat de invulling van de dag kan variëren al naargelang de behoefte van de bewoner zelf of van de groep bewoners als geheel, zolang het gevoel van erbij horen en ertoe doen maar altijd het uitgangspunt is.

Wanneer ik op een vroege ochtend op het bed van mijn kamer in Amstelveen lig en naar het systeemplafond staar, voel ik hoe de eerste zonnestralen mijn gezicht raken door de vitrage van mijn raam. Op dat moment besef ik dat al drie lentes lang het verpleeghuis mijn thuis kan noemen, al drie lentes lang zie ik hoe het frisse groen van de jonge blaadjes aan de bomen op de omheinde binnenplaats komen, en al drie lentes lang droom ik dat de volgende lente anders zal zijn...

Droom ik van een lente waarin wij niet meer achter gesloten deuren en hoge hekken zitten, maar in alle vrijheid kunnen genieten van die tijd van het jaar waarin alles net even hoopvoller en mooier lijkt dan daarvoor. Waarin deze lente dat gevoel van hoop sterker is dan ooit. Waarom?

In de afgelopen drie jaar heb ik namelijk gezocht hoe een betere kwaliteit van leven eruit zou kunnen zien voor mensen die nu of in de toekomst leven met een vorm van dementie, maar wat ik heb gevonden overtreft alles. Ik heb mensen, wetenschappers en organisaties gezien die laten zien dat anders kijken echt leidt tot anders doen. Ik heb gezien hoeveel mooie en liefdevolle voorbeelden er al zijn van zorg in de wereld, maar bovenal heb ik een gemene deler gevonden die essentieel is voor een gelukkiger leven en die de kern raakt van kwaliteit van leven: het gevoel van betekenis te zijn. Ertoe te doen in het leven. En de schoonheid van dit gevoel is dat het alle grenzen en culturen overstijgt en daarom als universele basis kan dienen, niet alleen voor een nieuwe manier van zorgen, maar vooral voor een nieuwe manier van samenleven. Goede zorg is namelijk niet de winst van een individu, maar het resultaat van een collectief.

Een hartenkreet II

Mijn naam is Teun Toebes, en ik vind nog steeds dat er te weinig wordt omgekeken naar mensen die leven met een vorm van dementie. Dat maakt mij ongelooflijk verdrietig.

Maar...

Tegelijk heb ik hoop, hoop dat we de toekomst mooier en inclusiever kunnen inrichten voor mensen met dementie als we over onze eigen grenzen durven te kijken, als we durven te geloven dat het antwoord er altijd al is geweest en dat we het alleen terug moeten vinden. Maar vooral als we durven te verliezen...

Want ik geloof dat we moeten durven verliezen om als mensheid vooruit te komen. Durven de denkbeelden kwijt te raken waaraan we ons zo krampachtig vastklampen, durven te erkennen dat de weg die we zijn ingeslagen niet naar de bestemming voert waar we willen komen en durven te geloven dat er een andere wereld mogelijk is.

Want hoe erg is het verlies van een systeem dat mensen uitsluit?

Hoe erg is verlies als er vrijheid en waardigheid
voor in de plaats komen?

Is er dan überhaupt nog wel sprake van verlies?

Ik geloof dat als wij durven te verliezen,
degenen die ertoe doen winnen.

#HumanForever

Dankwoord

Een gevoel van dankbaarheid vervult ons als we denken aan het grote aantal mensen dat deze zoektocht heeft gesteund en mogelijk heeft gemaakt. Het is mede dankzij jullie dat we hebben kunnen doen waar we van droomden, en dat we ons bij elke stap op deze weg gedragen voelden. Voordat we specifiek een paar mensen uitlichten, willen we alle mooie mensen die aan dit avontuur hebben deelgenomen uit de grond van ons hart bedanken. Dank voor jullie verhalen, voor jullie steun in moeilijke tijden, voor jullie openheid, voor jullie wijze lessen, scherpe analyses, inzichten en contacten die jullie met ons hebben gedeeld, maar bovenal willen we jullie bedanken voor het geloof in ons, deze missie en het vertrouwen dat jullie ons hierin hebben gegeven.

Daarnaast zijn er mensen die een speciale rol hebben gespeeld tijdens deze zoektocht en die we via deze weg alle lof willen geven die ze verdienen. Allereerst de familie van Jonathan, en in het bijzonder Inge Geerdink (de vriendin van Jonathan), die drie jaar lang alles op alles heeft gezet om ons avontuur te laten slagen. Jij hebt er zoveel voor overgehad, en er nog meer in geïnvesteerd, dat we je daarvoor niet genoeg kunnen bedanken. We willen ook onze bewondering uitspreken voor Jonathans kinderen Juliette, Bastus en Cato, die hun vader zo moesten missen en toch zo vrolijk en geduldig bleven tot we weer terug waren. We houden van jullie.

Ook willen wij Greg (de vriend van Teun) bedanken voor wie hij is, en voor de steun die hij voor Teun en ons als team is geweest. Daarnaast zijn natuurlijk de huisgenoten van Teun onmisbaar en we willen hen bedanken voor alle bijzondere vriendschappen en liefde door de jaren heen. Lieve Ad, Leny, Muriëlle, Tineke, Elly, Juul, Marjan, Piet, Eugenie, Clara, Lambert, Janna, Nel, Teunie, Jeanne en Ida, Wil, Janny, Jopie, Christel en Ko, we zullen jullie en alle ontroerende, leuke en bijzondere momenten voor altijd bij ons dragen.

Iemand die ons ook zeer dierbaar is en onze missie vanaf het begin heeft gesteund, is onze goede vriend Bastiaan Brand. Hij heeft niet alleen een essentiële rol gespeeld bij het maken van de documentaire, maar is ook altijd bereid om te helpen, op welke manier dan ook. Je bent echt een steunpilaar voor ons. Iets wat door je rol achter de schermen niet veel mensen weten, maar weet dat wij dat des te meer zo voelen. Waarbij we ook je vriendin Stephanie en dochter Bobbie willen bedanken voor hun geduld met ons.

Daarnaast willen wij onze families en vrienden bedanken voor hun liefdevolle support, wij hopen de gemiste tijd met elkaar de komende jaren weer goed te kunnen maken.

We willen ook graag onze dank uitspreken aan woonzorgcentrum Voorhoeve en Groenelaan, AxionContinu en Amstelring, voor hun moed en vertrouwen om hun wereld en daarmee die van velen open te stellen. Wij vinden het zo ontzettend gaaf dat jullie Teun de kans hebben gegeven om vanuit de gesloten afdeling van het verpleeghuis een stem te zijn voor alle mensen die nu zo weinig gehoord worden. Dat getuigt niet alleen van lef, maar vooral van kwetsbaarheid en bereidheid om te werken aan een betere toekomst van de gezondheidszorg. In het bijzonder dank ook aan de zorgverleners en mantelzorgers.

Aan alle andere mensen die we hebben gesproken voor dit boek, waar ook ter wereld: bedankt dat jullie ons geïnspireerd hebben om dit verhaal te kunnen vertellen. Jullie verhalen en boodschap zullen we delen met zo veel mogelijk mensen, wereldwijd, op zo'n manier dat we recht doen aan alle verschillende verhalen die er zijn over dementie, en benadrukken hoe waardevol elk verhaal daarin is. Samen met en door jullie verhalen kunnen we het dominante verhaal van verlies het hoofd bieden en laten zien dat er een hoopvollere en inclusievere wereld dichterbij is dan we denken, als we anders gaan kijken naar mensen in het algemeen en mensen met dementie in het bijzonder.

We willen ook Elik Lettinga van Uitgeverij De Arbeiderspers en Paulien Loerts van Singel Uitgeverijen bedanken voor het vertrouwen in ons tweede boek. Onze redacteur Esther Hendriks voor het uitdragen en begeleiden van dit boek en Jasper Velzeboer voor het zetten van de puntjes op de i.

Ten slotte willen wij alle mensen en organisaties bedanken die ons al deze tijd hebben gesteund en geïnspireerd, zonder jullie hulp hadden we dit nooit allemaal kunnen doen. Dank aan de mensen en instellingen uit:

- NEDERLAND – Henk Nies, AxionContinu, Martin den Hartog, Marie-Claire van Hek, Zorggroep Apeldoorn, Margje Mahler, Landgoed Grootenhout, Francien van de Ven, Noudje van Bussel, Doris van Vuuren, Huis van de Tijd, Anne-Mei The, Wonen bij September, Michiel van Putten, Huize Hunderen, José Driessen, Amstelring, Inge Borghuis, Jeroen Lambriks, Tante Louise, Marcha Kwisthout, De Wever, Chantal Beks, Vivium Zorggroep, Jeanette Spiering, Anne-Margriet Pot, Rina Knippenberg, het ministerie van Volksgezondheid, Welzijn en Sport, PGGM, Vilans, ActiZ, Alzheimer Nederland, V&VN, Zorgverzekeraars Nederland, Inspectie Gezondheidszorg en Jeugd, Nederlandse Zorgautoriteit, Zorginstituut Nederland, Moniek Beekx, Hans Toebes, Giel Toebes, Joep Toebes, Lieve Toebes en Moeder (oma) Beekx, Wouter de Jong, Wiesje Houweling, Emaan de Jong, Jehuda de Jong, Aram de Jong, Chawwa de Jong, Thabije de Jong, Christiaan de Jong, Mechteld Prijs, Constantijn Prijs, Olivier Prijs, Johan en Els Geerdink.

- BELGIË – Alle bewoners van de verpleeghuizen, Huis Perrekes, Carla Molenberghs, WZC Aymonshof, Tanja Everaert, Patricia Bauters, WZC De Weister, Jan Goddaer, Dirk Doucet, Kris Matuscsak, Paul van Tendeloo, Gudrun Callewaert en Jan van Wezer.
- MOLDAVIË – Alle bewoners van het psychiatrisch ziekenhuis Orhei, het ministerie van Volksgezondheid, de stad Chişinău, de stad Grebleşti, het dorp Calfa, Marcella Zbigli, Piotr +, Aliona Chricu, Petru Stratan, Ludmila Ceaglic, Andrei Pirgaru, Gheorghe Cornea.
- ZUID-KOREA – Ministerie van Volksgezondheid, viceminister Yang Sung-Il, Congreslid Jonghean Baek, de stad Seoul, de stad Busan, Team Superbrain, Solomon Han, Soyoung Moon, Jeehyang Jeong, Changhyung Hong, Hee Kyung Park, Seong Hye Choi, Hee Kyung Park, Seong Hye Choi.
- NOORD-AMERIKA – De staat Ohio, de stad Cleveland, Intergenerational School Cleveland, Case Western Reserve University Cleveland, Peter Whitehouse, Danny George, Pia Kontos, Teepa Snow, Al Power en Bry Weathly.

- ZUID-AFRIKA – De stad Kaapstad, de stad George, de stad Mosselbaai, Tante Gloria, Tommy Gozongo, Arlene Seconds, David Seconds, Rayne Stroebel, Adele van Wyk, Jaco Hofmann, Marguerite Schneider, Izak Niehaus, Celeste de Jager, Sebastiana Kalula en Henry Spencer.
- DENEMARKEN – Alle bewoners van de verschillende verpleeghuizen, Plejecenter Hundested, Mette Sofie Haulrich, Dagmarsminde, May Bjerre Eiby, Anneke Dapper.
- ZWEDEN – De stad Stockholm, Karolinska-instituut, World Wide FINGERS Network, Miia Kivipelto, Sigrid Eklöf en Petra Tegman.
- NOORWEGEN – Stavanger Kommune, Stokka Sykehjem, Irene Todnem Hiis, Henriette Stavnem, Ruth-Karin Haslerud en Rita Weum.
- SLOVENIË – Ministerie van Volksgezondheid, de stad Ljubljana, Zvezdan Pirtošek, Milica Gregorič Kramberger, Stefania Zlobec, Spomincica en David Krivec.
- VERENIGD KONINKRIJK – Gill Livingston, September Publishing, Hannah MacDonald, READ Media en Katie Read.
- DUITSLAND – Alexander Kürz, Lea Pfäffel.
- ZWITSERLAND – De stad Balstahl, woonzorgcentrum Lindenpark, Gina Kunst.
- CHINA – André Jager.
- INDIA – Sridhar Vaitheswaran, Zarin Gupta, Stichting Nightinggale.
- NIGERIA – Kikelomo Laniyonu Edwards, Temitope Farombi, Josephine Anenih.
- KENIA – Wanjiku Joyce Kairu.
- GUINEE – Kadiatou Karouma, Aly Traore.
- BOLIVIA – Anita Badani.
- ITALIË – Marcello Galetti.
- SPANJE – Laura Westers en Marcelo Diaz.

- BOSNIË EN HERZEGOVINA – Osman Kuçuk.
- NOORD-MACEDONIË – Gabriela Novotni.
- SLOWAKIJE – Sabine Gergely, Mária Čunderlíková, Alexandra Palkovič.
- BULGARIJE – Ivo Popivanov.

Ethische verantwoording

In *Een Wereld te Winnen* onderzoeken we met een rizomatisch-narratieve benadering hoe een beter leven voor mensen met dementie eruit kan zien. Het rizoomdenken is gebaseerd op het principe dat mensen niet één enkel levensverhaal hebben, en dat er naast het verhaal dat op een specifiek moment belicht wordt nog heel wat andere verhalen bestaan. Of zoals de Franse filosoof Jean-François Lyotard ooit zei: 'Alleen het ontvankelijk zijn voor datgene waarop het denken niet voorbereid is verdient "denken" genoemd te worden.'

Het idee van *Een Wereld te Winnen* is voortgekomen uit de documentaire *Human Forever* die wij hebben gemaakt. Daarom zijn beide verhalen nauw met elkaar verbonden, net als de hoofdpersonen in het boek en de film. Alle mensen die in het boek voorkomen gaven ons expliciet toestemming om hun verhalen op te nemen en te verwoorden voor de documentaire, waarvoor we hen erg dankbaar zijn. Omdat we niet alle verhalen in de film konden passen, besloten we hun waardevolle bijdrage niet voor niets te laten zijn en deze uitgebreid in ons boek te verwerken, met dien verstande dat hun expliciete toestemming voor op beeld ook geldt voor de, minder herkenbare, schriftelijke weergave van hun verhaal.

Uit respect voor de mensen met dementie zijn hun eigen

belevingen en bewoordingen aangehouden, ook wanneer die feitelijk niet juist kunnen zijn. We hebben ieders privacy gerespecteerd, en wanneer iemand (of iemands wettelijk vertegenwoordiger) zelf aangaf liever niet als personage te willen terugkomen, hebben we hem of haar andere persoonskenmerken gegeven, zodat niet te herleiden valt om wie het gaat. We hechten grote waarde aan de autonomie van mensen die leven met dementie, en daarom heeft Teun zijn medebewoners allereerst zelf om toestemming gevraagd. Pas daarna heeft hij zich tot hun wettelijk vertegenwoordigers gericht. Vaak waren die vertegenwoordigers de kinderen van zijn huisgenoten.

De gesprekken in landen met een andere taal dan het Nederlands zijn gevoerd in het Engels en Duits, of met behulp van een tolk. We zijn uitgegaan van de juistheid van deze vertalingen en de uitleg van gevoelens door de tolk.

Onze opvattingen, meningen en uitspraken zijn gebaseerd op onze eigen ervaring en moeten daarom nooit worden beschouwd als dé waarheid, maar als onze waarheid. Bij sommige uitspraken hebben we bewust nuances weggelaten om een punt beter over te brengen; bijna altijd is er wel een uitzondering op de regel te bedenken, en we hebben steeds een afweging moeten maken als we iets opschreven.

Geen woord in dit boek is bedoeld om mensen persoonlijk aan te vallen, en we willen ons bij voorbaat distantiëren van elke beschuldiging door derden die dat in twijfel trekt.

Onze onderzoeksinformatie is afkomstig van wetenschappers uit diverse wetenschappelijke stromingen en met verschillende culturele achtergronden. uit de volgende landen: Nederland, België, Duitsland, Engeland, Zweden, Noorwegen, Finland, Denemarken, Frankrijk, Spanje, Italië, Slowakije, Bulgarije, Roemenië, Noord-Macedonië, Moldavië, Slovenië, Servië, Saoedi-Arabië, Cyprus, Griekenland, Zwitserland, Nigeria, Kenia, Ghana, Guinee, Zuid-Afrika, Bolivia, Colombia, Argentinië, Brazilië, de Verenigde Staten, Canada, China, India en Zuid-Korea.

We hebben met name veel hulp gekregen van Francien van de Ven, Anne-Mei The, Michiel van Putten, Anne Margriet Pot, Margje Mahler, Henk Nies, Carla Molenberghs, Jan Goddaer, Dirk Doucet, Kris Matuscsak, Paul van Tendeloo, Gudrun Callewaert, Jan van Wezer, Tanja Everaert, Patricia Bauters, Marcella Zbigli, Piotr +, Aliona Chricu, Petru Stratan, Ludmila Ceaglic, Andrei Pirgaru, Gheorghe Cornea, Solomon Han, Soyoung Moon, Jeehyang Jeong, Changhyung Hong, Hee Kyung Park, Seong Hye Choi, Peter Whitehouse, Danny George, Pia Kontos, Teepa Snow, Al Power, Bry Weathly, Rayne Stroebel, Adele van Wyk, Jaco Hofmann, Henry Spencer, Mette Sofie Haulrich, May Bjerre Eiby, Anneke Dapper, Miia Kivipelto, Sigrid Eklöf, Petra Tegman, Gill Livingston, Irene Todnem Hiis, Henriette Stavnem, Ruth-Karin Haslerud, Rita Weum, Zvezdan Pirtošek, Milica Gregorič Kramberger, Stefania Zlobec, David Krivec, Alexander Kürz, Lea Pfäffel, Gina Kunst, André Jager, Sridhar Vaitheswaran, Zarin Gupta, Kikelomo Laniyonu Edwards, Temitope Farombi, Josephine Anenih, Wanjiku Joyce Kairu, Kadiatou Karouma, Aly Traore, Anita Badani, Marcello Galetti, Laura Westers, Marcelo Diaz, Sabine Gergely, Mária Čunderlíková, Alexandra Palkovič, Gabriela Novotni, Osman Kuçk en Ivo Popivanov.

We zijn ervan uitgegaan dat de mondelinge en schriftelijke informatie die onze contactpersonen in dit boek hebben gedeeld, naar eer en geweten is gebeurd. Vooral omdat de geïnterviewde onderzoekers in veel gevallen vooroplopen in wetenschappelijk onderzoek en studies hebben geleid die zijn gepubliceerd in algemeen erkende wetenschappelijke publicaties.

Locaties en mensen zijn nooit betaald om mee te werken, en we hebben geen geschenken, donaties of steekpenningen aangenomen om plaatsen te bezoeken en bepaalde perspectieven wel of niet te belichten.

Ten slotte zijn alle verhalen in dit boek waargebeurd, maar soms hebben we tijd, plaats en volgorde aangepast om het verhaal het best te kunnen vertellen. We hebben ons uiterste best gedaan om feiten en bronvermeldingen zo volledig mogelijk weer te geven.

Bronnen

1. De Wereldgezondheidsorganisatie, wereldwijde cijfers dementie
https://www.who.int/news-room/fact-sheets/detail/dementia.

2. *The Lancet*, verspreiding dementie over de wereld
https://www.thelancet.com/journals/lanpub/article/PIIS2468-2667(21)00277-2/fulltext

3. Nederland, cijfers dementie
https://www.alzheimer-nederland.nl/factsheet-cijfers-en-feiten-over-dementie

4. Zorgcijfersdatabank is een van de websites van Zorginstituut Nederland. Het Zorginstituut ontvangt veel (financiële) data om alle verschillende wettelijke taken goed te kunnen uitvoeren. Onder meer financiële data en declaratiegegevens van verzekerde zorg via zorgverzekeraars en zorgkantoren. Deze datastromen worden geanalyseerd met gebruikmaking van de brede zorginhoudelijke kennis van het gezondheidszorgstelstel waarover het Zorginstituut beschikt. Zo worden kostenontwikkelingen in de zorg zichtbaar.
www.zorgcijfersdatabank.nl.

5. Nederland, over wat belangrijk is volgens en voor mensen met dementie https://onlinelibrary.wiley.com/doi/10.1002/gps.5983

6. België, cijfers dementie
https://www.dementie.be/home/wat-is-dementie/prevalentie/

7. Scandinavië, lijstjes van beste zorg
https://www.dailyscandinavian.com/nordic-healthcare-why-scandinavians-are-so-healthy/

8. Zweden, een van de beste landen qua zorg
https://sweden.se/life/society/healthcare-in-sweden

9. WW-FINGERS, methode
https://fbhi.se/world-wide-fingers-network/

10. The lancet, dementiepreventie
https://www.thelancet.com/article/S0140-6736(20)30367-6/fulltext

11. *The Lancet*, Dementiepreventie in geheugenklinieken: aanbevelingen van de European task force for brain health services https://www.thelancet.com/journals/lanepe/article/PIIS2666-7762(22)00272-1/fulltext

12. Zuid-Afrika, onderzoek Hangberg
https://dspace.stir.ac.uk/handle/1893/34641

13. Zuid-Afrika, cijfers over vergrijzing
https://www.un.org/en/development/desa/population/publications/pdf/ageing/WPA2017_Highlights.pdf

14. Zuid-Afrika, demografie oudere bevolking
https://www.statssa.gov.za/?p=13445

15. Zuid-Afrika, cijfers townships
https://www.treasury.gov.za/divisions/bo/ndp/ttri/ttri%20oct%202007/day%201%20-%2029%20oct%202007/1a%20key-note%20address%20li%20pernegger%20paper.pdf

16. Zuid-Korea, meest vergrijsde land ter wereld
https://www.chinadaily.com.cn/a/202209/05/WS6315b3d-5a310fd2b29e7604c.html

17. TEAM SUPERBRAIN, invloed van leefstijlinterventie met meerdere domeinen
https://www.ncbi.nlm.nih.gov/pmc/articles/PMC9606175/

18. TEAM SUPERBRAIN, invloed van een multi-domein leefstijlinterventie op de integriteit van de witte stof: de verkennende deelstudie SUPERBRAIN
https://www.frontiersin.org/articles/10.3389/fnagi.2023.1242295/full

19. TEAM SUPERBRAIN, organisatie
https://www.rowan.kr/en_index.php

20. Verenigde Staten, intergenerationele school
https://www.igschools.org/

21. Amerika, dementie in een hypercognitieve samenleving (Peter Whitehouse)
https://www.press.jhu.edu/books/title/1351/concepts-alzheimer-disease

22. Nederland, de Sociale Benadering Dementie
https://socialebenadering.nl/

23. Nederland, Huis van de Tijd
https://www.huisvandetijd.nu/

24. *The Lancet*, sociale dood bij dementie
https://www.thelancet.com/journals/lancet/article/PIIS01406
7361061286X/fulltext